隠れた名城

# 日本の山城を歩く

小和田哲男 監修
かみゆ歴史編集部 編

山川出版社

はじめに――

# 土塁や石垣しか残らない山城に ようやく市民権が与えられた

歴史学者、日本城郭協会理事長
小和田哲男

竹田城。天守台から城下を見下ろす

## 若かりし山城探訪の日々

少し前まで、城というと天守や櫓《やぐら》などの建造物がある近世城郭を指すのが普通だった。ところが、最近、戦国期及び近世の山城に人々の関心が集まり、建造物のない、土塁《どるい》や堀、石垣しか残らないような山城歩きを楽しむ人が増えてきた。

実は、私自身も城に足を踏み入れたきっかけは近世城郭からだった。大学に入った頃、そのときはまだ任意団体だった日本城郭協会に入会し、その見学会で関東近辺の城を歩いていたが、年輩者に交じって同じ年頃の何人かと友達になり、そのうちに「学生だけで城を調査しに行こう」ということになった。

そこで、同会の下部組織という形で学生研究会というものを立ちあげ、毎月のように自主的に城の見学会をはじめたのである。東京在住の学生が中心だったので、日帰りで行ける範囲となると、近世の城は限られていて、すぐ行きつくしてしまい、勢い、戦国の山城を歩くことになる。本書でも取りあげている杉山城⇒P22や滝山城⇒P30などは、私としても、山城にはまることになった思い出の城である。

そのあと、学生研究会では近畿支部というものもでき、交流をかねて、丹波《たんば》や但馬《たじま》の山城ばかりを1週間かけて歩いたこともあった。旅館代節約のため、テントを背負って八上城(兵庫県)、竹田城⇒P38にはじめて登ったときの感慨は忘れられない。竹田城が「天空の城」としてこんなに人気が出るとは、その頃は思いもしなかった。

私の卒業論文は今川《いまがわ》氏で、その関係で、本書でも取りあげている高天神城⇒P94や諏訪原城⇒P120は一人で歩いており、修士論文は浅井《あざい》氏だったので、やはり本書で取りあげている小谷城⇒P62を一人で登った。その頃は、どこもいまみたいに整備されていなかったので、人と出会うことはなかったし、草茫々のため蛇が出てきそうで、びくびくしながら歩いたことを覚えている。

## 市民権を与えられた山城

その点、現在は地元の教育委員会や観光協会、さらにはボランティアの方が草を刈ったり、木を伐ったりしてくれているので、城内が歩きやすくなっていてありがたい。

実は、この点が重要だと考えている。というのは、多くの方が山城に魅力を感

岩村城。本丸表門からの眺望

じ、訪ねる人が増えたことによって、山城のある自治体の皆さんの考え方が変わってきたように思われるからである。

私が山城を歩きはじめた1960年代初頭の頃は、多くの自治体ではまだ山城を史跡という形で文化財として認識していなかったのである。もっといえば、保存ということを考えてくれていなかったといってよい。素晴らしい城が、これといった調査もされず、ゴルフ場になったり、マンション用地になったりして壊されてしまった事例がいくつもあった。近年になってようやく、山城にも城としての市民権が与えられるようになったというのが正直な気持ちである。

## 本書をガイド役として

いうまでもなく、城そのものの歴史は古く、弥生時代の環濠集落《かんごうしゅうらく》までさかのぼり、神籠石《こうごいし》や朝鮮式山城のような形で、古代にも山城はあった。また、南北朝の動乱期に多くの山城が築かれ、それが発展して戦国時代から江戸時代初期にかけて日本全国に爆発的に山城が築かれることになったのである。

よくいわれるように、城という字は「土」と「成」に分解され、「土から成る」

# 多くの方が山城に魅力を感じ、訪ねる人が増えたことによって、山城のある自治体の皆さんの考え方が変わってきた

玄蕃尾城。地元の方々の整備のおかげで、遺構が手にとるようにわかりやすい

と読める。土を掘り、その土を盛り上げた土塁と堀が原初形態であった。その後、土の城から石垣の城へと改修された山城も多い。

本書は、そうしたいくつもある戦国から近世までの山城の中から20城を厳選した。文字通り〝厳選〟である。初心者向け、攻城戦の舞台となった城、石垣が見事な城など、代表的な山城を取りあげている。

しかも、専門家や各教育委員会の担当者など、その城を一番見ている人が執筆しているのが最大の売りといってよい。執筆者のほとんどの方とは一緒に城を歩いている城仲間であり、その城に関しては師匠だと思っている。

実際に山城を訪ねても、どこを見たらよいのか、どのように歩いたらよいのかわからないことが多い。本書では、モデルコースを設定し、「ここではこれを見落とさないように」とアドバイスを書き記してくれている。執筆者がガイド役をしてくれているわけで、これまでの城の本とは一味違うのではないかと、いささか自負しているところである。

ともあれ、本書を片手に、戦国及び近世の山城に足を運び、実際に歩く人が増えることを願っている。

**そうしたいくつもある戦国から**
**近世までの山城の中から20城を厳選した。**
**文字通り“厳選”である**

岩村城

隠れた名城
# 日本の山城を歩く
contents

## 4章 発掘整備が進む城



## 5章 石造りの山城



## 本書の使い方

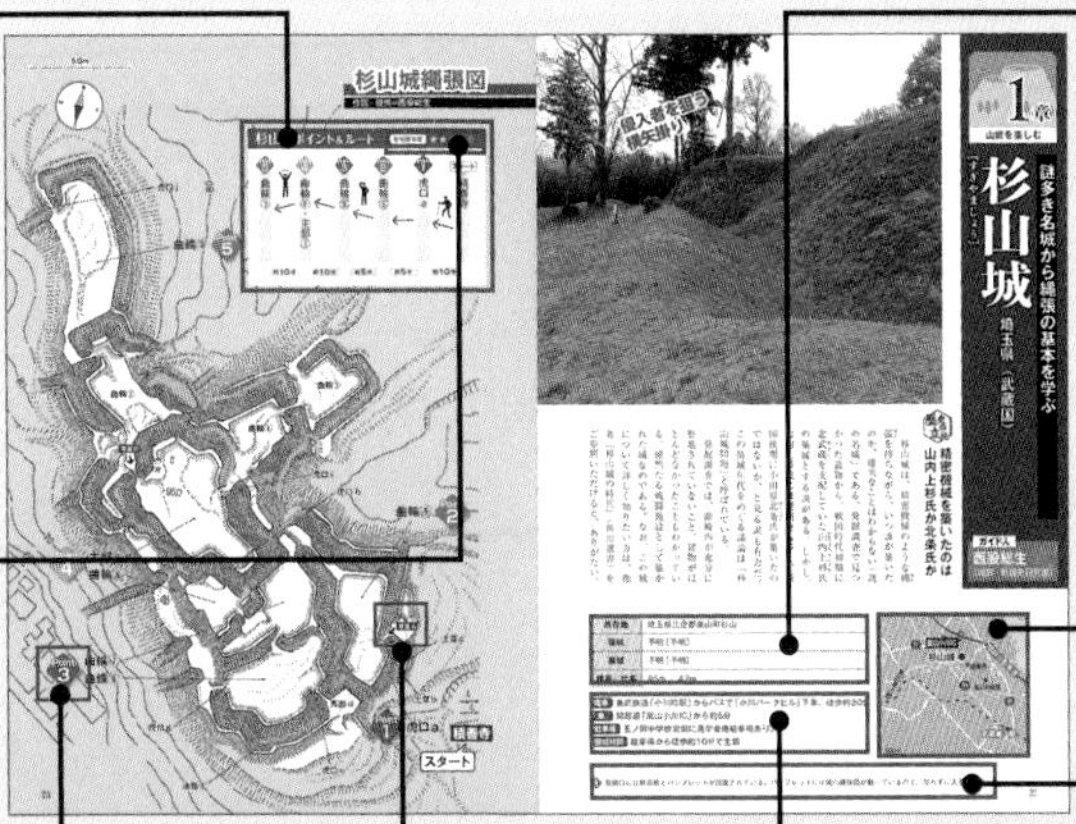


**ルートガイド**

スタート地点から見どころとなる各ポイント間の移動時間を示す。移動時間は原則徒歩だが、徒歩移動が困難な場合は車・バスでの時間を並記した。矢印は、ポイント間の高低差を簡略的に示す。

**登城難易度**

登城道の険しさや登城時間などを総合的に5段階で評価。星が多い城ほど登城難易度が高い。

**見どころポイント**

見るべき遺構を各城4～5か所ピックアップし、Pointとして紹介した。Pointは本文中の写真やルートガイドにも対応。

**撮影ポイント**

本文で紹介している撮影ポイントをアイコン 写真A で示した。該当箇所で撮影した写真も同じアイコンで示している。

**基礎データ**

【所在地】城の所在地
【築城】築城年と築城者
【廃城】廃城年と廃城理由
【標高／比高】山頂もしくは主郭の標高と比高。比高とは山麓と、山頂部または主郭の高低差のこと。

**アクセスマップ**

最寄り駅やICからのアクセスを示すマップ。

**インフォメーション**

トイレや売店、観光案内所など、登城に必要な補足情報を記載。

**アクセスデータ**

【電車】最寄り駅からのアクセス方法
【車】高速道路を利用したアクセス方法
【駐車場】城付近の利用可能な駐車場
【登城時間】登城口や駐車場から本丸までの登城時間

- 本書のデータは2020年6月現在のものです。
- 一部の山城や施設、駐車場は、新型コロナウイルス感染拡大の影響で閉鎖されていたり、開館時間が変更になっていたりする場合があります。詳しくは自治体のHP等をご確認ください。
- 登城時間やルートガイドの移動時間は、ガイド人、または編集者の実地調査に基づき算出したものですので、個人差があります。
- 遺構名や曲輪名の表記は、各自治体やガイド人の記載に従っています。
- 縄張図は著作物であり改変はできません。また、著作権法の範囲を超えての使用は禁じられています。

玄蕃尾城

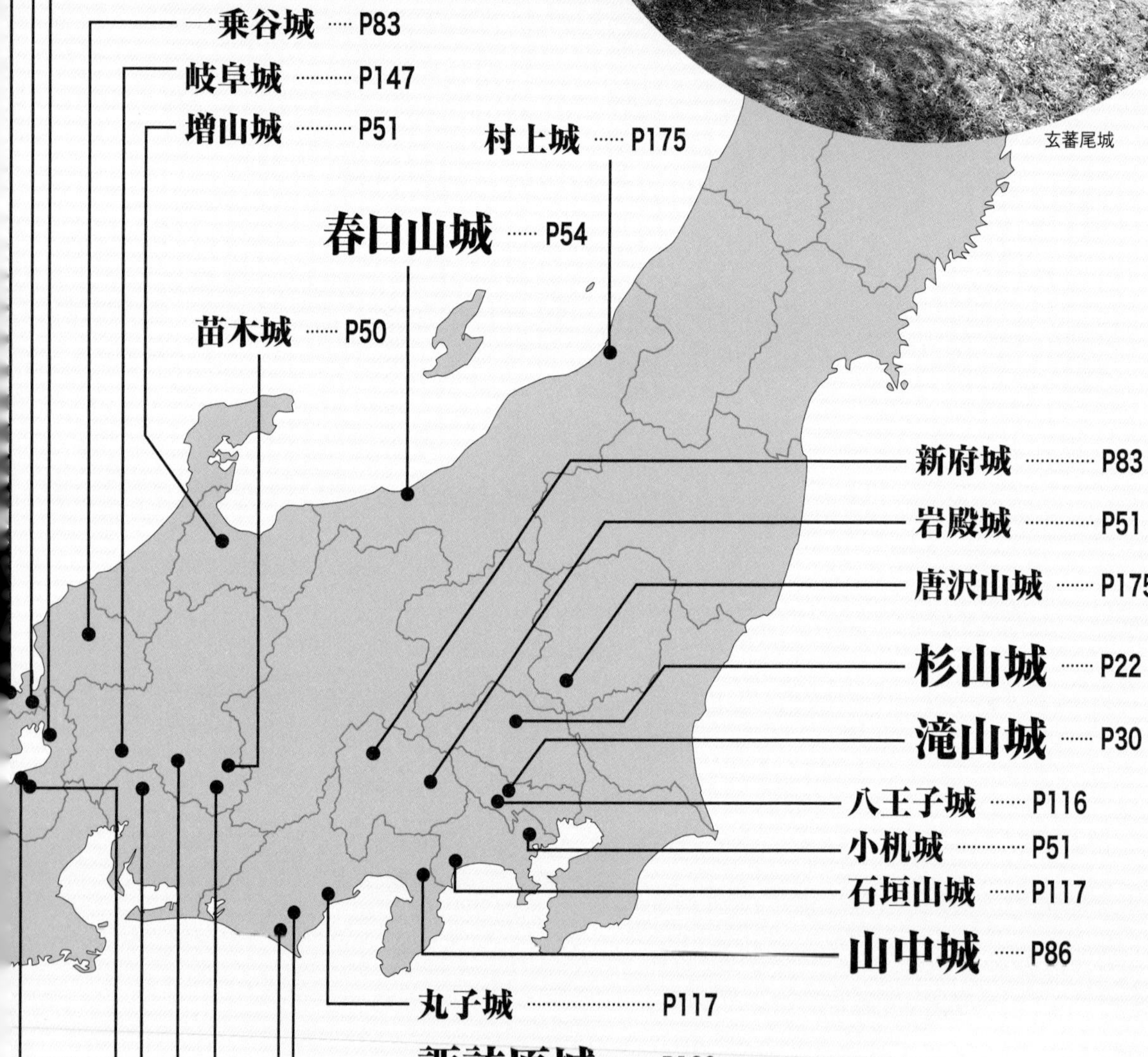
国吉城 P128
玄蕃尾城 P102
小谷城 P62
一乗谷城 P83
岐阜城 P147
増山城 P51
村上城 P175
春日山城 P54
苗木城 P50
新府城 P83
岩殿城 P51
唐沢山城 P175
杉山城 P22
滝山城 P30
八王子城 P116
小机城 P51
石垣山城 P117
山中城 P86
丸子城 P117
諏訪原城 P120
高天神城 P94
岩村城 P150
安土城 P82
美濃金山城 P147
小牧山城 P146
観音寺城 P68

竹田城

全国各地に残る山城を攻略しよう！

# 全国山城マップ

本書では、全国から厳選した20の山城を紹介。
さらに章末でも5城ずつ、計25城の山城を取り上げている。
まずは、紹介している山城の位置をこのマップで確認し、
近くの山城からチャレンジするのもいいだろう。

山中城

岡城

小谷城

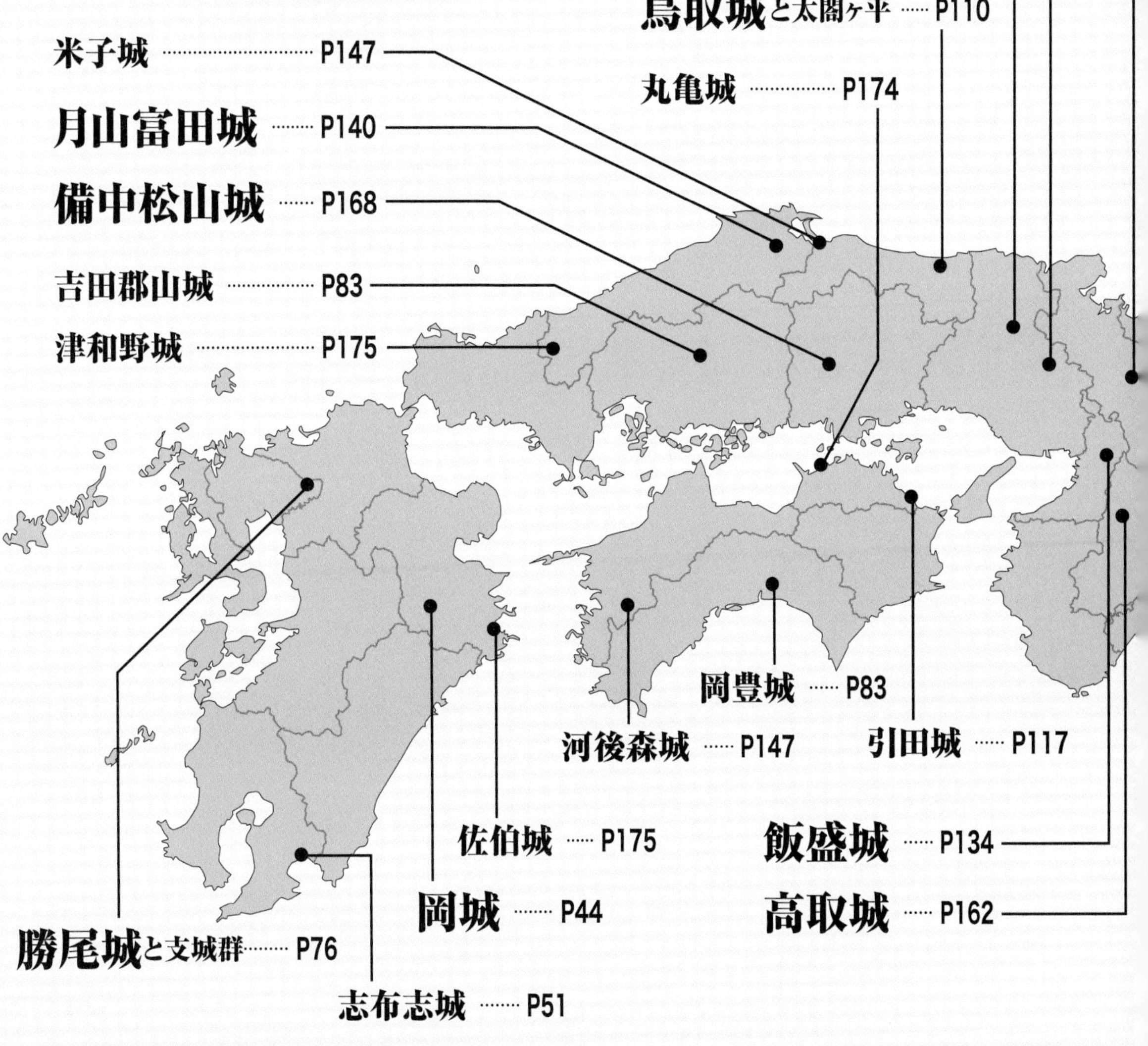

山城基礎講座 其の壱

城の歴史と山城

# 山城が築かれたのはいつ頃か？

山城は有史以来、合戦とともに発達してきた

## 戦国の群雄割拠により山城は急速に発達した

山城はいつ登場し、どのように発達してきたのか。居住空間であり軍事拠点である城の起源は、弥生時代の環濠集落《かんごうしゅうらく》までさかのぼるとされる。水田稲作の開始とともにムラ同士の争いが発生し、堀や柵を設けた環濠集落が各地に築かれた。

7～8世紀頃には、大陸の新羅《しらぎ》や唐《とう》との関係が悪化。その侵攻に備えて北九州や瀬戸内海一帯に築かれたのが古代山城である。史書に記された城を「朝鮮式山城」、記事がないものを「神籠石《こうごいし》系山城」と呼ぶが、構造は同じである。渡来人を通じてもたらされた朝鮮式の石積みが特徴だが、その役割を終えると城は山中に埋もれ、石積み技術もすたれてしまう。

土の城と石垣の城の両方の遺構が残る備中松山城

山城が本格的に全国に築かれるのは、南北朝の争乱が契機となった。後醍醐《ごだいご》天皇に応じた楠木正成《くすのきまさしげ》が千早城（大阪府）で幕府軍を撃退したことに代表されるように、全国に広がった争乱の中で山城が利用されるようになった。ただし当時の山城は臨時的なもので、守りは急峻な地形に頼るだけの簡素なものであった。また、古代以来の山岳寺院が城として利用された例も多い。

戦国時代に入ると、争乱が大名や国人《こくじん》領主、宗教勢力や惣村《そうそん》にまで広がり、山城が爆発的に増加した。軍事拠点だった山城は政治的な性格も帯びるようになり、長尾《ながお》（上《うえ》杉《すぎ》）氏の春日山城➡P54や毛利《もうり》氏の吉田郡山城（広島県）のように、山全体を城砦《じょうさい》化して山上に居を構える巨大山城も登場する。

その後、織田信長の手で近世城郭が登場する。信長は安土城（滋賀県）において、高層建造物である天主（天守）と礎石建物、そして石垣を用いた新しい城を誕生させた。それ以前の城は中世城郭と呼ばれ、「中世城郭（戦国の城）＝土の城」、「近世城郭＝石垣の城」と大きく分けることができる。

信長が創出した近世城郭は権威の象徴となり、信長を継いだ豊臣秀吉のもとでさらなる発展を見せ、全国で石垣の城の築城ラッシュが起こった。土造りから石垣の城へと改修された山城も多い。本書で取り上げた城だと、竹田城➡P38や岩村城➡P150、備中松山城➡P168などは石垣の城へと改修された山城である。そうした城を訪れる際は築城年だけでなく、いつ改修されたのかも意識したい。江戸時代に入り藩主の居城となった山城もあるが、多くは一《いっ》国一城令《こくいちじょうれい》によって廃城処分となった。

# 日本における山城の変遷

7〜8世紀

## 古代山城

白村江の敗戦後、国防強化のために造られた山城。大きな曲輪を土塁や石塁で囲んだシンプルな構造が特徴だ。曲輪をめぐる石塁は、長方形に加工した石材を目地を通して積んだものが多い。

↓

**外交的緊張の緩和により廃城処分となり、石積み技術も継承されなかった。**

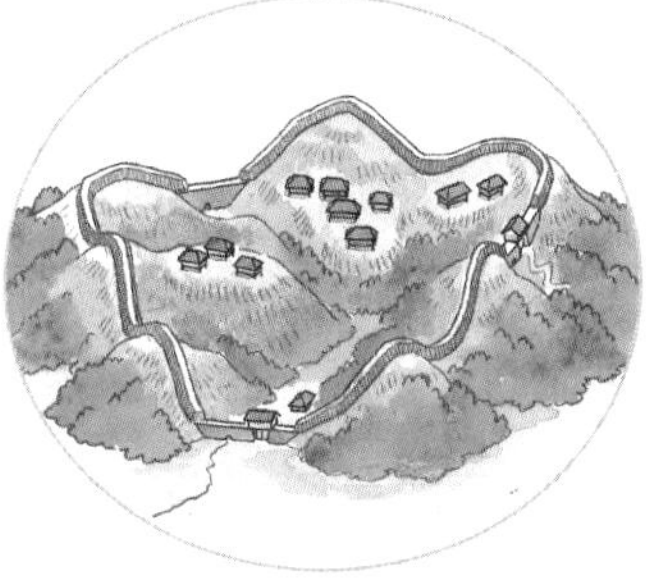

復元された屋島城（香川県）の石塁

14世紀

## 南北朝時代の山城

南北朝の動乱期に築かれた山城は、天嶮の要害が利用され、合戦が終わると放棄される臨時的な拠点であった。尾根筋を堀切で断ち、人工的な崖（切岸）を設けるだけのシンプルな構造となる。

↓

**堀切や切岸といった築城技術は戦国時代に受け継がれた。**

楠木正成が拠った千早城（大阪府）

15〜16世紀

## 戦国時代の山城

争乱が常態化すると、山城の数は爆発的に増加する。居城や前線基地、兵站の拠点など、山城の目的も多様化した。また、合戦規模の拡大に応じて縄張も複雑化し、横矢などの技術も発達する。

↓

**近世城郭の普及により、石垣造りへと改修された山城も多い。**

掘立建物が復元された荒砥城（長野県）

16〜17世紀

## 近世の山城

城が治政や経済の中心地になったことと、築城技術の発達で平地でも人工的な要害を築けるようになったため、平城や平山城が主流となる。ただし、近世城郭へと改修され、藩庁となった山城も存在する。

↓

**多くの山城は一国一城令で廃城となるも、藩庁として幕末まで存続した山城もある。**

Illustration＝香川元太郎

藩庁となった村上城（新潟県）の高石垣

山城基礎講座
其の弐

## 山城の特徴と役割

# なぜ、山上に城が築かれたのか？

山登りがたいへんなのは昔もいまも変わらない。不便な山頂に城が築かれた理由とは？

### 360度視界が開け軍事的に有利だった山城

山頂の城跡を目指していて、「なんでこんな不便なところに城を築いたの？」と疑問を抱く人も多いだろう。なぜ、利便性の悪い場所に城が築かれたのか？　一言で言えば、そこが「攻め難く守りやすい」からであった。城の本質は軍事施設であり、押し寄せてくる敵を撃退するために、山上や丘陵が利用されたのである。なお、本書では台地上や台地突端に築かれた城（滝山城➡P30や諏訪原城➡P120）も「山城」として紹介している。

山上が守りやすいというのは、一つには眺望が四方に開けており、街道や城下を見張ることができたからだ。敵の動きをいち早く察知できればそれに対して備えることができるし、敵の兵力や行動を確認することで対処方法も考えられる。

山城が攻め難い理由に、守る側にとって高低差が有利に働くということもある。登るのがたいへんなのは当然敵軍も同じで、登坂を強要することで軍事力（やる気）を削ぐことになる。また、高低差によって守り手から敵軍は丸見えなのに対して、敵から城内の様子をうかがうのが難しいというのも有利な点の一つだ。

このような理由から、山城は軍事的に圧倒的な利があった。それでは、戦国大名は普段から山上で暮らしていたのかというと、それは城によって異なる。本書で紹介する城では、春日山城➡P54や高取城➡P162は山上に屋敷が設けられ、そこが生活空間となっていた。

一方で、平地の居館と山城がセットで築かれ、普段は居館で暮らし、戦時の際に山城を利用するケースも多かった。有事に籠もることを目的として築かれた山城を「詰《つめ》の城」と呼ぶ。武田《たけだ》氏の居館である躑躅《つつじ》ヶ《が》崎館《さきやかた》と要害山城（ともに山梨県）のように、居館と詰の城がやや離れているパターンもあるが、多かったのは、居館のすぐ背後の山に詰の城が築かれるパターンである。本書内では、観音寺城➡P68、勝尾城➡P76、鳥取城➡P110、国吉城➡P128、月山富田城➡P140、備中松山城➡P168は居館の背後に築かれた山城であり、山麓の居館跡の遺構が今も残されている。

さて、現在に残る城は、すべてが戦国大名の居城だったわけではない。戦国時代には、離れた領地を支配するための「支城《しじょう》」や国境を警備する「境目《さかいめ》の城」、連絡網や兵站《へいたん》のために築かれた「つなぎの城」など、様々な目的の城が築かれた。例えば、山中城➡P86は東海道を押さえるための城であり、玄蕃尾城➡P102は柴田勝家《しばたかついえ》の本拠である越前《えちぜん》と前線となっていた北近江《おうみ》の中間に築かれた城であった。

全国には数万の山城が残るが居城だった城はごく一部だった。山城を訪れた際は、その城が築かれた目的にも注目したい。

# 山上や丘陵を利用して城が築かれた理由

## 理由1 城下町や街道、国境を見張ることができる

山上などの高所が利用されたのは、街道や国境などの動向を監視し、攻めてくる敵をいち早く発見するためであった。そのため、四方に視界が開け、遠くまで見通せる場所が「地選」された。現在は木々に覆われた山城も多いが、当時は山頂部は伐採され、360度の視野が確保されていたのである。眺望が開けた山城では何が見えるのかを確認し、その絶景を楽しもう。

飯盛城➡P134の本郭からの眺望。現在でも大阪平野一帯から瀬戸内海まで見通すことができる

## 理由2 敵軍が丸見えな一方、敵は城内の様子がわからない

山上からは敵軍の兵力や布陣、行動などが確認できるため、それに対する手段を講じることができる。敵兵力が大手側に偏っていたら大手に多くの守備兵をさけるし、敵兵が自軍より少なければ打って出ることもできるのだ。逆に、高低差があるため攻城側から城内をうかがうのは困難である。兵力や防御態勢がわからないため作戦が絞られ、心理的恐怖が募ることになる。

竹田城➡P38の見附櫓を見上げる。この先に大手門があるが、それを視認することはできない

## 理由3 敵兵は攻め難く、高低差を利用した守りが可能

攻城戦に限らず、合戦では基本的に高い場所に陣取ったほうが有利になる。登坂を強いることで突破力（衝力）を弱めることができるし、弓矢や鉄砲の場合は高所から低い場所を狙ったほうが精度も威力も上がるからだ。山城では、よじ登ることができない切岸や、敵の行動を制限するための竪堀など、高所に建つことを利用した様々な防御施設が設けられていた。

ほぼ垂直に反り立つ山中城➡P86の切岸。甲冑を着てこれを登るのは不可能である

## 理由4 領内のどこからでも視認でき、統治のシンボルとなる

これは軍事的な理由ではないが、戦国大名の居城となるような城は、独立峰や屹立した山容であるなど、領内のどこからでも視認しやすい山に築かれたケースが多い。それは城が建つ山自体が権力の在りかを示しており、求心性を担っていたからだ。近世以降、高層建造物である天守が権威を示す象徴的存在となったが、山城も同様に統治のためのシンボルだったと考えられる。

きれいな半円を描く鳥取城➡P110が建つ久松山。城下からの見映えを意識してこの山が選ばれたのだろう

山城基礎講座
其の参

## 山城の防御施設と構成要素

# 山城はどのように守られていたのか?

山城を構成する堀や土塁などの防御施設を学ぶ

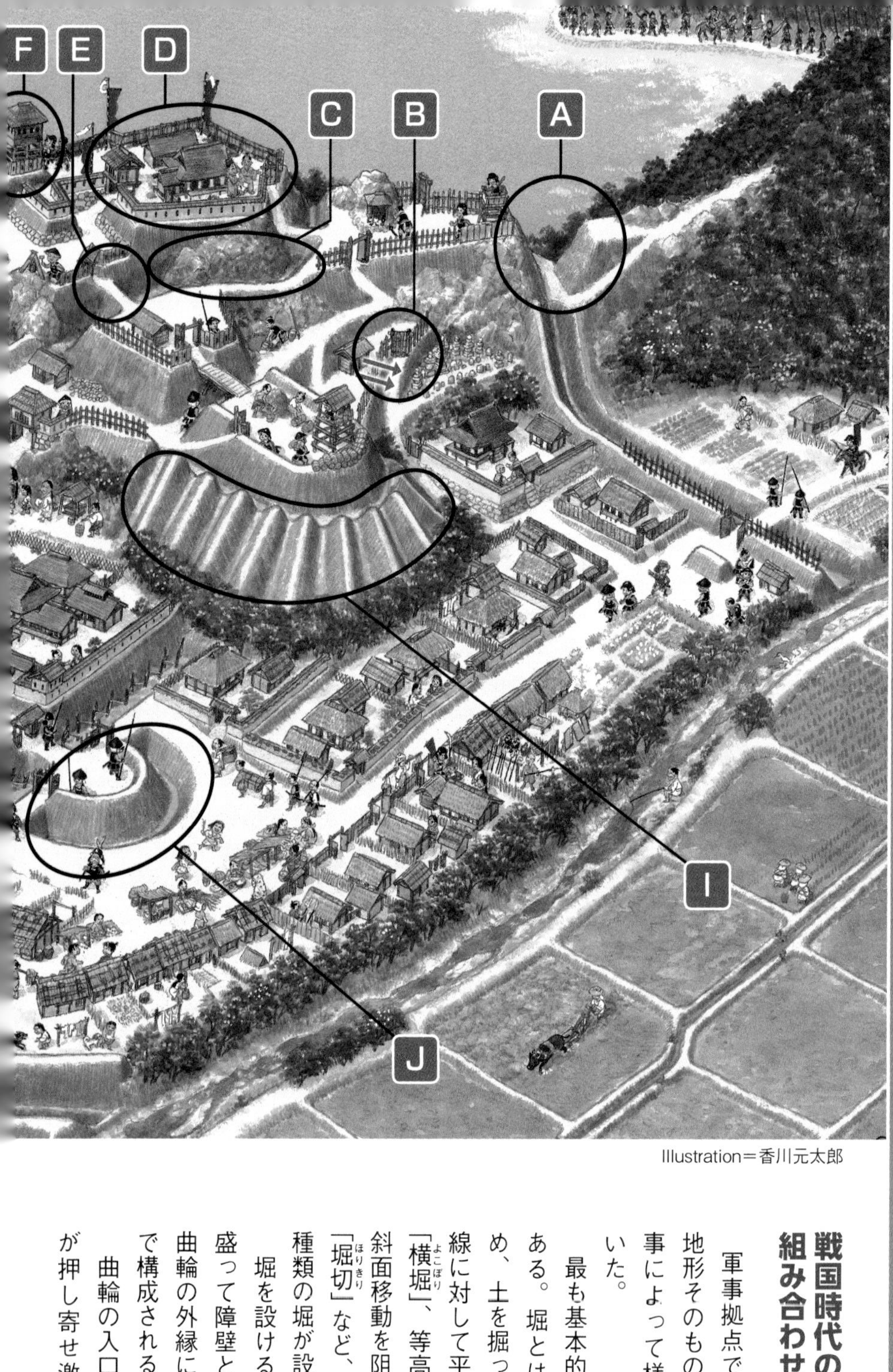


Illustration＝香川元太郎

### 戦国時代の山城は堀と土塁の組み合わせで守る!

軍事拠点であった戦国時代の山城には、地形そのものによる守りに加えて、土木工事によって様々な防御施設が設けられていた。

最も基本的な防御パーツとなるのが堀である。堀とは敵の曲輪《くるわ》への侵入を防ぐため、土を掘って造った遮断線のこと。等高線に対して平行に掘られ曲輪や虎口《こぐち》を守る「横堀《よこぼり》」、等高線に対して垂直に設けて敵の斜面移動を阻む「竪堀《たてぼり》」、尾根筋を断ち切る「堀切《ほりきり》」など、山城には役割に応じて様々な種類の堀が設けられていた。

堀を設ける際には排土が出る。その土を盛って障壁としたのが土塁《どるい》である。土塁は曲輪の外縁に設けられるため、堀とセットで構成されることが多い。

曲輪の入口となる虎口は、合戦で攻め手が押し寄せ激戦地となる要所である。そ

## 模式イラストで見る山城の構成要素

**A 堀切**（ほりきり）
敵の侵入経路となる尾根筋を遮断する堀。城外との境界に設けられることが多い。

**B 横矢**（よこや）
曲輪の塁線や通路を屈曲させて側面攻撃をかけること。虎口では特に横矢が意識された。

**C 横堀**（よこぼり）
敵の侵入を阻む堀。曲輪側に土塁を設けて内外の高低差をつけることが多い。

**D 主郭**（しゅかく）
城の中心となる曲輪。最終防御拠点であり、合戦時には城主がここで指揮を執った。

**E 土橋**（どばし）
堀の通行のために掘り残された土手。通路が細いため、曲輪から射撃殲滅できる。

**F 櫓**（やぐら）
見張りや合戦の指揮、射撃拠点などに使われた建物。中世には壁のない井楼櫓が多かった。

**G 堀障子**（ほりしょうじ）
堀底での敵の移動を制限するため仕切りを設けた堀。小田原北条氏の城で多用された。

**H 逆茂木**（さかもぎ）
枝がついた木を敵の方向に並べて足止めする。原始的だが高い防御力を誇る。

**I 竪堀・畝状竪堀**（たてぼり・うねじょうたてぼり）
斜面に対して垂直に刻み、敵の斜面移動を阻む堀。複数並べたものは畝状竪堀と呼ばれる。

**J 馬出**（うまだし）
虎口の外側に設けた小曲輪で、防御だけでなく反撃の起点にもなった。

**K 切岸**（きりぎし）
曲輪の法面を絶壁にした人工的な斜面。

**L 枡形**（ますがた）
枡のような方形の空間を設けた虎口で、城内に入るには１度直角に曲がることになる。

のため、入口の前後に遮蔽物を設ける「一《いち》文字《もんじ》土居《どい》」、両側の土塁をずらす「喰違《くいちが》い虎口」、曲輪前面に小曲輪を設ける「馬出《うまだし》」、方形の空間に敵を誘い込み殲滅《せんめつ》する「枡形《ますがた》」など、様々な工夫をこらして防御されていた。

　山城の曲輪や石垣には屈曲がつけられていることが多いが、これは敵に横矢《よこや》を掛けるためである。横矢とは側面攻撃のことで、弓矢や鉄砲などの飛び道具を効率的に生かすことができた。敵が集中する虎口は特に横矢が意識され、虎口左右の塁線を張り出させたり、虎口脇に櫓《やぐら》を配置したりという工夫が見られる。前述の枡形虎口は、最も有効に横矢攻撃が行える虎口で、枡形内の敵を十字砲火するキルゾーンであった。

山城基礎講座 其の四

# 山城歩きには何が必要か？

## 服装・持ち物・注意点

安全な山城歩きには、事前準備や服装選びが大切！

## 登城に必要な持ち物

### すぐに使えるようにしておく物

☐ **ストック**
登山による足腰の負担を軽減してくれる。

☐ **カメラ**
遺構をすぐ撮影できるようにストラップで首にかける。

☐ **飲み物**
いつでも飲めるようにストラップつきのケースで首にかけるのがおすすめ。

☐ **時計・コンパス**
時計は腕につけ、コンパスはポケットなどに入れておこう。

☐ **縄張図**
遺構の配置や斜面の傾斜が描かれた図面。すぐに確認できるよう首から吊るすと便利。

☐ **ハンカチ・タオル**
こまめに汗を拭けるようポケットに入れておこう。

☐ **ウェットティッシュ**
土や草木の汁などで手が汚れた際に使おう。

☐ **虫除けスプレー**
山中には蚊などの虫がいるので、登城前にかけておく。

☐ **ビニール袋**
城内にはゴミ箱がないので、ゴミは袋にまとめて持ち帰る。

### リュックに入れておく物

☐ **軽食**
登城中の栄養補給として、チョコレートや飴などを持参しよう。

☐ **着替え**
大量に汗をかいた時のために、Tシャツなどを1～2枚持っておこう。

☐ **雨具**
山の天気は変わりやすいので、晴れでもレインコートか折りたたみ傘は持参したい。

### 必要に応じて持っていく物

☐ **救急セット**
怪我の応急処置用に絆創膏や湿布、ガーゼなどを入れておく。

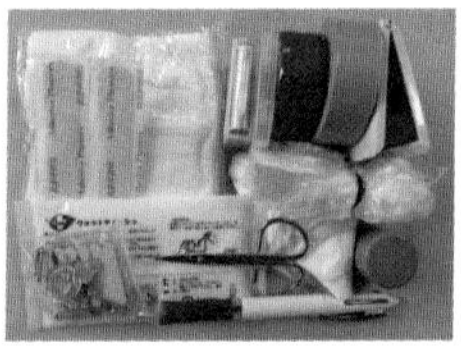

☐ **日焼け止め**
日差しの強い夏は、日焼け対策が必須だ。

☐ **筆記用具**
登城中に気づいたことや考えたことをメモする。

☐ **熊鈴**
熊の出没情報がある城では、バッグに吊るしておこう。

写真提供＝本間智恵子（ちえぞー！城行こまい）

### 山城歩き Q&A

**Q1 初心者でも山城に行って大丈夫？**

A 山城は遺構がわかりづらいため、はじめは登城経験のある友人と一緒に行くか、ガイドやセミナーを活用しよう。複数人で登城する方が不測の事態に対処できるという利点もある。一人だと遭難や怪我の可能性もあるので、身分証明書や保険証を忘れないように。

**Q2 山城歩きにはどんな季節が適しているの？**

A 草木が生い茂り遺構が隠れ、危険な虫や動物に遭遇する確率が高い夏季は避けたい。適しているのは草木が枯れる10月～5月初旬。ただし、冬期は雪が積もるため危険で、入山が制限される山城もあるので事前に調べておこう。

## 山城歩きに適した服装とは？

**ウインドブレーカー**
天候変化に対応できるよう、防寒・防水性があるものを選ぼう。

**ストック**
足腰の負担を軽減してくれる。下草や蜘蛛の巣を払う時にも役立つ。

**登山用リュック**
本格的な登山の場合は、疲労を軽減する登山用リュックが良い。

**熊鈴**
野生生物に存在を知らせる鈴。バッグに吊るす。

**紐つきクリアファイル**
縄張図や筆記用具など頻繁に使う物を入れておく。防水素材が望ましい。

**トレッキングシューズ**
険しい山城では滑落の危険性があるので、登山用の靴を履こう。

**フットカバー**
ズボンの隙間から虫や小石などが入ってくるのを防いでくれる。

**帽子**
熱中症対策に有効な他、頭上の枝や虫からも守ってくれる。

**カメラ**
遺構や風景の撮影用。ストラップをつけて肩や首から下げる。

**スニーカー・登山靴**
靴擦れを避けるため、履き慣れたものを選ぼう。

**タオル**
汗と虫対策をかねてタオルを1枚首に巻いておく。

**長袖シャツ**
虫刺されや怪我の恐れがあるので、必ず長袖を着用しよう。

**軍手**
藪こぎやとっさに木などをつかむ時に手指を守る。

**リュック**
両手を空けるため荷物はリュックに入れる。

**ズボン**
怪我防止のため長ズボンを着用。汗を吸収しにくいジーンズは避ける。

Illustration＝白藤与一

**これはNG!**
×肌が露出する半袖・半ズボン
×足元が不安定になるサンダル・ハイヒール
×蜂が好み、暗闇に溶け込んでしまう黒い服

## 安全に山城を楽しむポイント

### 熊に遭遇してしまったら…？

熊を見かけたら、熊鈴や話し声、ラジオなどで音を立てて存在をアピールする。接近してしまった場合は、熊よけスプレーが有効だが、人にとっても有害なので扱いに注意が必要。

### 藪にひそむ虫にも気をつけよう

山の中にはヒルや蜂などがいるので、刺されないよう露出を減らす。もし刺されたら、すぐ下山して病院へ行くこと。

### スマートフォンを活用しよう

時計やカメラ、地図機能がある他、アプリで城のARなどを楽しめる。モバイルバッテリーも持参しよう。

### 自然や他の登城者にも配慮しよう

山城の遺構はもろいので、登城路以外の場所にはむやみに入らないこと。騒音やポイ捨てなどの迷惑行為もやめよう。

**Q3 登城前にはどんな準備をしておけばいいの？**

**A** まずは、城までのアクセスと登城時間を調べ、当日の計画を立てるのが重要。公共交通機関の場合は最寄り駅からの経路、車の場合は城までの道と駐車場の有無を調べておく必要がある。そして登城時間を加味して無理のない計画を立て、夕方前には下山できるようにすること。日程が近くなったら当日の天気を調べ、悪天候の予報なら無理せず中止すること。山の天気は変わりやすいので、晴れ予報でも雨具は準備したい。

**Q4 縄張図ってどこで手に入れられるの？**

**A** 公園化されている城は、観光案内所や登城口で入手できることもあるが、基本的には事前に準備したい。近年では縄張《なわばり》図《ず》を掲載している書籍も多いし、各自治体のHPにアップされていることもあるので、それらを印刷して持参する。ただし、城によっては教育委員会に問い合わせないと手に入らないこともある。

山城基礎講座 其の五

## 縄張図の読み方

# 山城歩きの必需品『縄張図』とは？

### 現存遺構を図示した縄張図は山城歩きの〝水先案内人〟

はじめて訪れた山城では、どこに何の遺構があるのかわからないもの。それはビギナーだからということではなく、専門家であっても同様である。そこで、山城歩きでは「縄張図《なわばりず》」が必需品となる。

一般的に、縄張とは動物のテリトリーのことだが、城用語における「縄張」は、城の構造や設計（グランドデザイン）を指す。築城にあたり曲輪《くるわ》などの配置を決める際、土地に縄を張って指示したことが語源とされる。縄張は城の出来映えを左右するため城づくりの中で決定的に重要であり、築城者の発想や知識が試される場であった。

この縄張の言葉が転じ、現在の地表面に残る遺構の形状や配置を読み取って、図示したものを「縄張図」と呼ぶ。縄張図のルールは戦前の陸軍による城郭研究によって発達したという経緯を持つが、研究者や教育委員会により全国的に縄張図の作成が本格化するのは1970年代からのことである。以前は縄張図を入手するには研究者や教育委員会に問い合わせるしかなかったが、近年では本書を含めて縄張図を掲載した専門書が多数刊行されているし、各自治体のHPで開示されていることもあるので、ずいぶん手に入れやすくなった。

さて、縄張図の最大の特徴は、「ケバ式図法」で描かれている点だ。「ケバ」とは短い線のことで、ケバによって遺構として残る人工的な斜面を表現している。また、曲輪や土塁《どるい》の輪郭線（上端）を実線で、堀などの底部（下端）を破線や点線で示すのがルールとなる。斜面を示すケバと上端・下端を示す実線・破線（点線）を読めば、遺構の形や配置・規模がわかるのだ。

なお、縄張図は研究者らが作成した著作物となる。許可を得ることなく、誌面やウェブに掲載したり、勝手に改変したりする行為は避けたい。

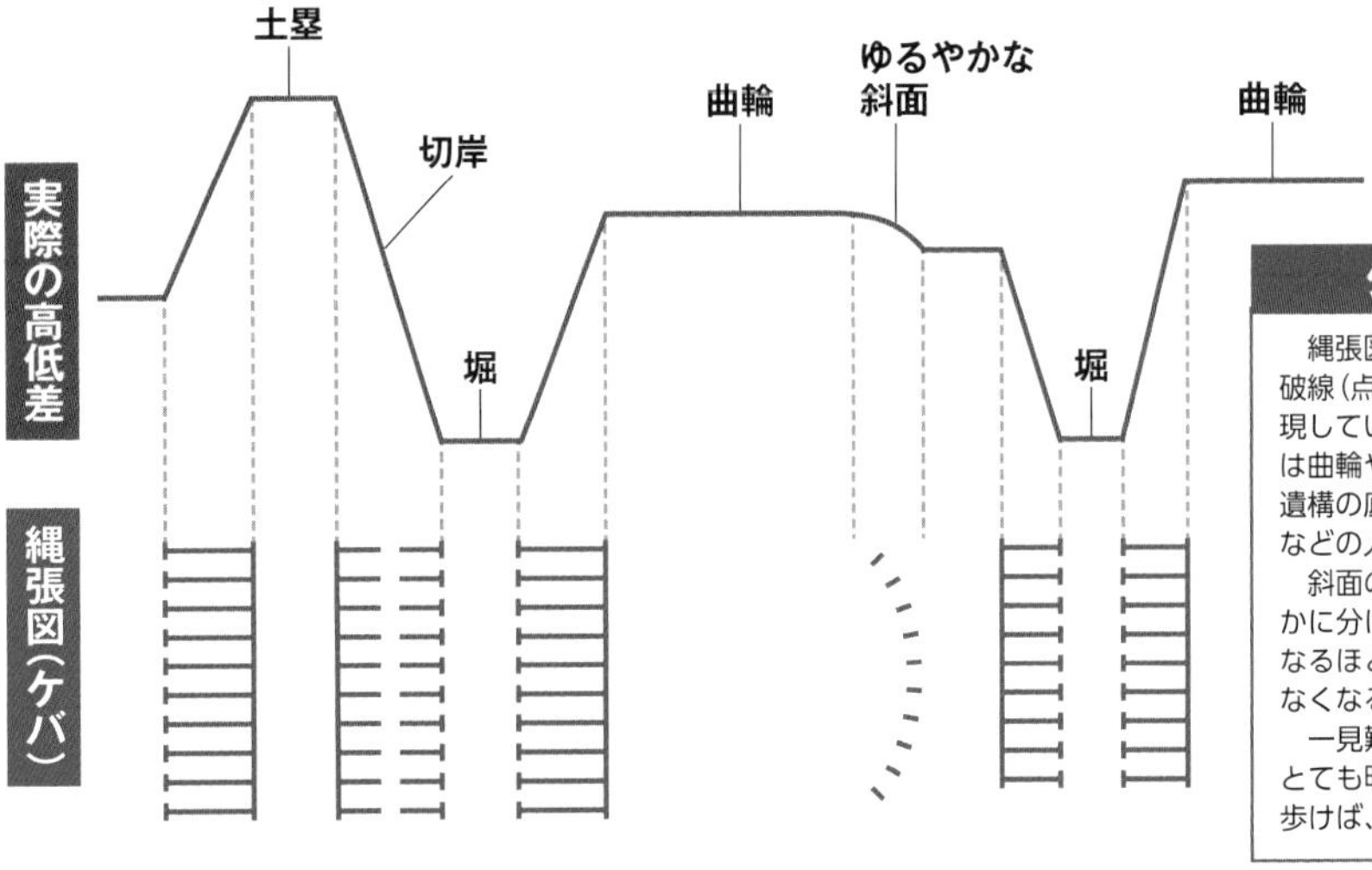


### ケバ式図法のルール

縄張図は「ケバ」と呼ばれる短い線と、実線・破線（点線）を用いて、城内の遺構や構造を表現している。実線は遺構の頂部（上端）、主には曲輪や土塁の縁を、破線（点線）は堀などの遺構の底部（下端）を、そしてケバが堀や切岸などの人工的な斜面を表す。

斜面の高低差が大きい場合は、ケバを何段かに分けて引く。ただし、斜面が垂直に近くなるほどケバの長さと実際の高低差は比例しなくなるので、注意が必要である。

一見難しく感じるかもしれないがルールはとても明解であり、縄張図を持参して何城か歩けば、自然と読みとれるようになるだろう。

## 縄張図の読み方（このページの写真・縄張図は諏訪原城→P120）

### A 馬出

丸馬出は諏訪原城のシンボルとなる遺構。縄張図では半円形状に実線と破線が描かれており、それが丸馬出の前面に付く三日月堀であることがわかる。

### B 横堀

縄張図では堀底が破線、堀の上端が実線で描かれ、堀の斜面（切岸）がケバで表現されている。堀を読み取ることができれば、縄張図の理解が早まる。

**縄張図**（中井均作図）

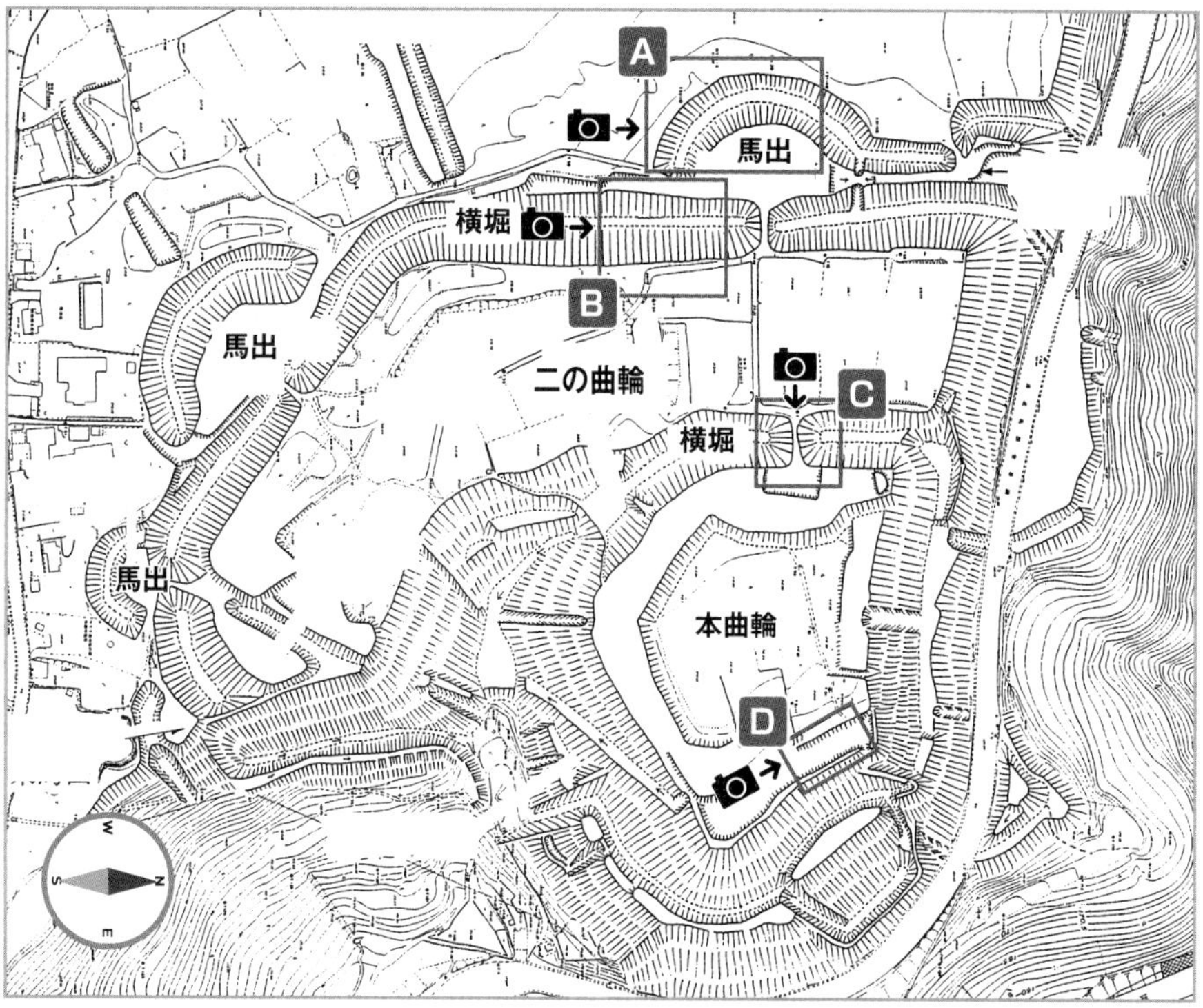


### C 土橋

曲輪と曲輪をつなぐ土橋の両端は、通常、横堀や竪堀であることが多い。縄張図では土橋は実線で描かれ、その両端が堀となっていることがわかる。

### D 本曲輪内の段差

本曲輪の東側は中央部と段差があり、一段下がる構造となる。縄張図では短いケバで段差を表現しており、実線が引かれているほうが高いことがわかる。

## 守りやすく攻めにくい城を模索した戦国武将たち

# 築城術と縄張名人

戦国時代、大名に従って多くの城を築き、優れた縄張を模索し続けた武将がいた。彼ら〝縄張名人〟は、どのような築城思想で城を造ったのか。

### 大名家によって異なる築城術

日本の城は、築城地を決める「地選《ちせん》」、城の規模を決める「地取《じどり》」、防御施設の配置などの設計を決める「縄張《なわばり》」（「経始《けいし》」ともいう）、曲輪《くるわ》や堀の造成を行う「普請《ふしん》」、天守などの建物を建てる「作事《さくじ》」という工程を経て造られる。この中でも、城の防御能力を決める縄張は特に重要視され、大名家ごとに独自の築城術が考案されていたようだ。丸馬出《まるうまだし》に代表される武田《たけだ》流築城術もその一つである。

『甲陽軍鑑《こうようぐんかん》』（以下『軍鑑』と表記）によれば、武田氏の築城を牽引していたのは、有名な軍師・山本勘助《やまもとかんすけ》とされる。長らく実在が疑われていた人物だが、近年では『軍鑑』の記述には誇張があるものの実在していたことは間違いないと評価されている。『軍鑑』によれば、勘助は馬出を「城どり（縄張）のまなこ」と重視しており、曲輪は「ちいさく、まろく」造るのが良いとも記述されている。

**馬場信春**
山本勘助から築城術を受け継いだ、武田氏の築城名人。手がけた城は、諏訪原城、深志城など（恵林寺蔵／武田信玄公宝物館保管）

勘助の死後、こうした築城術は勘助に学んだ馬場信春《ばばのぶはる》（信房《のぶふさ》）に受け継がれたとされる。信春は武田信玄・勝頼《かつより》の命令で、諏訪原城➡P120、田中城（静岡県）などを手がけているが、これらの城には丸馬出や円形の曲輪など、右記の築城術に基づいた縄張が確認できる。

### 縄張を規格化した藤堂高虎

近世に入り織豊《しょくほう》政権下でも、安土城を手がけた丹羽長秀《にわながひで》や豊臣期大坂城の縄張を引いた黒田官兵衛《くろだかんべえ》、熊本城を築いた加藤清正《かとうきよまさ》など優れた築城術を有する武将が登場する。その中でも、城郭史に大きな影響を与えた縄張名人が藤堂高虎《とうどうたかとら》だ。

伊賀上野城（三重県）や今治城（愛媛県）などに見られる、高く直線的な石垣を得意としたことで知られる高虎だが、築城史における彼の一番の功績は天下普請《てんかぶしん》だろう。関ヶ原の戦い後に実施されたこの大規模築城事業では、新築だけで10以上の城が築かれた。短期間でこれほど多くの城を造ることができた一番の理由は、高虎が築城術のフォーマット化を行ったことにある。縄張の基本構造を規格化した上でその構造を公開したため、作業を効率的に進めることができたのだ。また、それまでの望楼型《ぼうろうがた》天守からよりシンプルな層塔型《そうとうがた》天守を考案するなど、築城にかかるコストの削減も行った。

規格化された高虎の縄張は、防御上の利点もあった。天下普請以前の城は、大名家の軍事戦略に基づいて築かれていたが、高虎が手がけた城は広く長大な水堀と高石垣で侵入経路を絞り、巨大な枡形《ますがた》虎口《こぐち》で敵を殲滅《せんめつ》するという、共通の防御戦術で造られている。そのため、城主が変わっても充分な兵力があれば守ることができる。こうした合理的な縄張の城を高虎が考案したことで、軍事的優位性のために高所に築かれ、複雑な縄張を持っていた山城の役割は終了したと言うこともできるだろう。

**藤堂高虎**
築城の規格化を進めた築城名人。天下普請で縄張を手がけた城は、名古屋城、篠山城など（東京大学史料編纂所蔵・模写）

1章

# 山城を楽しむ

巧妙な縄張や迫力ある石垣など、山城には様々な楽しみ方がある。この章では、初心者も経験者も楽しめる四つの山城を紹介。

1章
山城を楽しむ

# 杉山城
［すぎやまじょう］

## 謎多き名城から縄張の基本を学ぶ

埼玉県（武蔵国）

ガイド人
西股総生
（城郭・戦国史研究家）

歴史と立地

### 精密機械を築いたのは山内上杉氏か北条氏か

杉山城は、精密機械のような縄《なわ》張《ばり》を持ちながら、いつ誰が築いたのか、確実なことはわからない「謎の名城」である。発掘調査で見つかった遺物から、戦国時代初期に北武蔵《むさし》を支配していた山内上杉《やまのうちうえすぎ》氏の築城とする説がある。しかし、山内上杉説には疑問点も多く、戦国後期に小田原北条《ほうじょう》氏が築いたのではないか、と見る説も有力だ。この築城年代をめぐる議論は「杉山城問題」と呼ばれている。

発掘調査では、曲輪《くるわ》内が充分に整地されていないこと、建物がほとんどなかったこともわかっている。純然たる戦闘施設として築かれた城なのである。なお、この城について詳しく知りたい方は、拙著『杉山城の時代』（角川選書）をご参照いただけると、ありがたい。

| 所在地 | 埼玉県比企郡嵐山町杉山 |
|---|---|
| 築城 | 不明 |
| 廃城 | 不明 |
| 標高／比高 | 95m ／ 42m |

**電車** 東武鉄道「小川町駅」からバスで「小川パークヒル」下車、徒歩約20分
**車** 関越道「嵐山小川IC」から約5分
**駐車場** 玉ノ岡中学校北側に見学者用駐車場あり
**登城時間** 駐車場から徒歩約10分で主郭

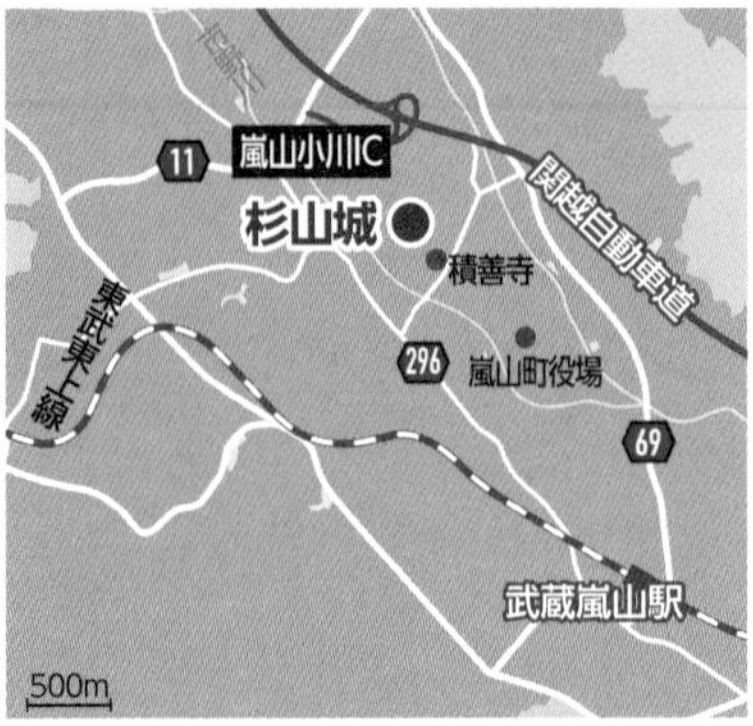


i 登城口には解説板とパンフレットが設置されている。パンフレットには城の縄張図が載っているので、忘れずに入手しよう。

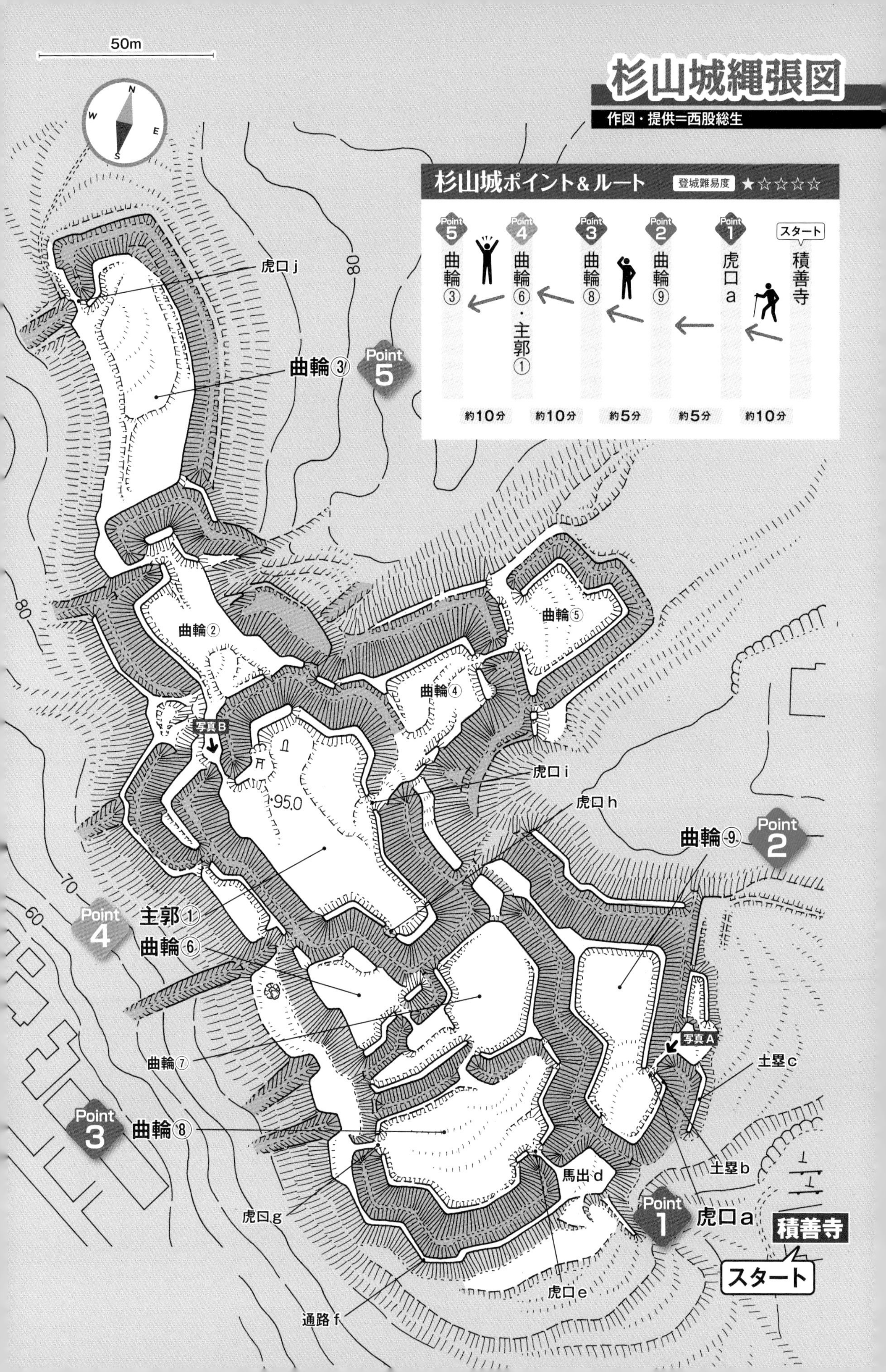
杉山城縄張図
作図・提供=西股総生
50m
N
W
E
S
杉山城ポイント&ルート
登城難易度 ★☆☆☆☆
スタート
積善寺
約10分
Point 1
虎口a
約5分
Point 2
曲輪⑨
約5分
Point 3
曲輪⑧
約10分
Point 4
曲輪⑥・主郭①
約10分
Point 5
曲輪③
虎口j
曲輪③
Point 5
80
80
曲輪②
曲輪⑤
曲輪④
写真B
95.0
虎口i
虎口h
曲輪⑨
Point 2
70
60
Point 4
主郭①
曲輪⑥
曲輪⑦
写真A
土塁c
Point 3
曲輪⑧
土塁b
馬出d
Point 1
虎口a
積善寺
スタート
虎口g
虎口e
通路f

スタート

## 比高はわずか42m 決して険しくない占地

城へは、南側にある積善寺《しゃくぜんじ》の右手から入るのが一般的だ。ちょっとした坂道を上がると、向こうに土塁《どるい》や切岸《きりぎし》が見えてくる。城好きなら気がはやるところだが、その前に深呼吸。あたりを見まわして、城の占地を確認しておこう。

杉山城は、市野《いちの》川に沿ってのびる丘陵の一画にある。標高は95m、麓からの比高は42mしかない。決して、敵を寄せ付けない険しい山城などではない、という事実が、この城を理解するための大切な前提となる。

**南西側から見た杉山城**　山麓から城を見ると、比較的なだらかな丘の上に築かれていることがわかる。実際は城の直下に市野川が流れている

Point 1

## 虎口a 城に侵入する前に討死!?

さて、城に向かって進んでゆくと、両側を空堀《からぼり》に挟まれた場所で土塁に突き当たり、通路は左に90度折れる。ここで、左手を見てほしい。土塁が折れて、堀の対岸bからあなたを狙っていることがわかるはずだ **写真A**。典型的な横矢《よこや》掛《がか》りである。

城兵は、侵入者が逃げ場のない狭い所で方向転換を強いられる瞬間に、狙いを定めていたのだ。城内に突入するためには、この狙撃をかわして土塁の下を進んで、虎《こ》口《ぐち》aを突破するしかない。もちろん、右手の土塁cからも、投石や鑓《やり》によるお出迎えがあるだろう。どうです? 討死気分を味わえましたか?

こうした横矢掛りのテクニックこそが、杉山城の最大の見どころだ。通路を徹底的に折り曲げ、あるいは虎口の手前で幅を狭め、侵入者の足が止まる瞬間を狙いすまして、横矢で仕留めてゆく。なので、土橋で堀を渡る時や、虎口に向かう時には、首を振って周囲を見まわすとよい。必ずどこかから、あなたに横矢が掛かっている。

Point 2

## 曲輪⑨ 城兵視点で登城口を見る

城内に入ったら、今度は城兵の立場になって、虎口aを守備してみる。土塁の上に立つと、いま自分の通ってきたルートが丸見えだ。と同時に、自分が城兵として

**杉山城の全景**　積善寺の横から坂道を上がると、向こうに土塁や切岸が見えてくる。城好きなら駆け出したくなるところだが…

**歴史小咄** 杉山城の築城者ともされる山内上杉氏は、室町時代に代々関東管領を務めた名家。相模からで台頭した小田原北条氏と勢力争いを繰り広げるが、河越夜戦の敗北により衰退し、上杉氏の名跡は越後の長尾景虎(後の上杉謙信)に譲られた。

弓を手にこの場所に立っていたら、何を狙えばよいか理解できるはずだ。あるいは鑓を持っていたら、どのタイミングで突き出せばよいか、いちいち説明されなくてもわかる。

ここが、杉山城のすごいところ。城兵をフォーマットの中にはめ込んで、城と人とが一体となって、戦闘マシンとして機能するよう、縄張を研ぎ澄ませているのである。

道は土塁cに突き当たって左に90度折れてから、虎口aに入る。左手の空堀を隔てた土塁bの上から、横矢が狙っているのに気づいたかな？

## Point 3 曲輪⑧ 常に横矢が掛かる主郭への道

曲輪⑨からは、空堀を越えてdに入る。ここは、本来は木橋で渡っていたところだが、堀を越えるときに右手を見てほしい。曲輪⑧の土塁から、ちゃんと横矢が掛かっている。dで二手に分かれた道を右へ進むと、横矢の掛かる土橋を渡って虎口eから曲輪⑧に入る。来た道をふり返ってみると、dが馬出《うまだし》になっていることがわかる。

馬出dから左手に進むと、空堀と切岸に挟まれた狭い通路fを、延々と歩かされる。通路は左右に何度も折れ、そのたびに横矢にさらされ、曲輪⑧の裏口にあたる虎口gに入る。どうです？この通路を通り抜けられる自信は、ありますか？

## Point 4 曲輪⑥・主郭① 主郭を目の前にして全滅！

曲輪⑧→⑦→⑥へと進む際も、進路は右へ左へと振りまわされ、そのたびに横矢掛りから狙われる。ようやく曲輪⑥にたどり着くと、主郭①は目の前だ。目の前なのだが、虎口hに渡るための土橋がない！当時は簡単な木橋が掛かっていたはずだが、もちろんあなたが⑥に侵入した時点で、城兵が撤去してしまっている。

しかも主郭①の土塁は、二方向から⑥を挟み込むように、大きく折れている。ここまで、横矢をかいくぐり、虎口を突破し、曲輪の中の城兵をなぎ倒しながら進んできたとしても、⑥でクロスファイアを浴びて全滅するしかないのだ。これは、ひどい！

実は、曲輪⑦から主郭①へは、

曲輪⑨と曲輪⑦の間の堀は、横矢を掛けるために屏風折れになっており、堀を越えようとすれば集中射撃を浴びる

馬出dから虎口eへの侵入路を曲輪⑧の土塁上から見たところ。立札のあたりに狙いを定めておけば当たりそうだ

**井戸**　曲輪⑥は井戸跡があることから井戸郭とも呼ばれる。井戸には現在も１年中水がしみ出している

**虎口h**　曲輪⑥と虎口hの間は平時には橋がかけられていたと考えられる。橋を落とせば、主郭に侵入することは不可能だ

もう一つバイパスルートがある。⑦の北東側からのびる通路だ。主郭から常に見下ろされつつ、空堀の対岸をつたうように進んでゆく。主郭の手前で、左に90度ターンして虎口iに入るが、もちろんそこにも横矢が掛かる。

## Point 5 曲輪③ 逆襲部隊が控える北の曲輪

主郭①を一まわりしたら、今度は北にのびる曲輪群へ行ってみよう。いったん曲輪②と③を突っ切り、虎口jから城外へ出て、これまでと同じ要領で、攻城戦をシミュレートしながら歩いてみよう。

虎口jに左手から横矢が掛かるのは当然として、右手に短い竪堀《たてぼり》を食い込ませて通路幅を絞ってあるのが、わかるだろうか。曲輪③→②→主郭①へのルートも、屈曲を繰り返し、通路幅を絞ってボトルネックを作りだし、パラノイアのように横矢を掛けてくる **写真B** 。

面白いのは、曲輪③の面積が広いこと。曲輪⑨～⑥の息苦しいほど緻密な縄張を見てきた目には、

曲輪⑦から虎口ｉに向かってくる通路を主郭①の土塁上から見たところ。空堀と切岸に挟まれた狭い通路が丸見えである

何となく間延びして映るかもしれない。でも、この間延びした曲輪③こそ、杉山城を読み解く大切なポイントなのだ。

ここまで横矢掛りを中心として、縄張を説明してきた。でも、一般に戦国時代の軍隊では、弓・鉄砲といった飛び道具の装備率は、平均して二割前後でしかない。数の上での主力兵器は、間違いなく鑓なのである。しかも、城の攻防戦で守備側が勝利するためには、機を見て逆襲を仕掛け、攻め手を突き崩す必要がある。

曲輪③は、逆襲用の鑓隊を収容するために、わざと面積を大きくとってあるのだろう。築城者は、敵は北から攻めてくる、という前提で城を設計しているのだ。だとすると、曲輪⑨～⑥の緻密な縄張は、少ない兵力で確実に侵入者を仕留めるための工夫だった、とわかる。城とは、城兵が動き、戦ってこそ戦闘力を発揮する施設なのである。

地形が決して峻険でないゆえに、縄張を徹底的に突き詰めることによって、難攻不落を目指したのが、杉山城である。なので、この城を歩くときは、常に首を左右に振って視線を走らせ、どこから何を狙っているのか考えよう。城域をくまなく歩いて、足よりも首と頭が疲れた、と感じたとき、あなたは杉山城の虜《とりこ》になっている。

**曲輪③の通路**　曲輪③から曲輪②に入る通路を②の土塁上から見たところ。土橋に対する横矢掛りとなっていることが一目瞭然だ

写真B　**曲輪②から主郭①へ至る虎口**　Point 5

ここを突破すれば主郭だが、左手（主郭の土塁上）から矢玉が降り注ぎそうだ

## 登城＆観光memo

### 比企地方の土の城をめぐる

パンフレットは城の入口に置いてあるが、続日本100名城スタンプは少し離れた嵐山町役場にある。城内には、ベンチ・東屋やトイレはなく、周囲にも飲食店やコンビニなどはないので、用足しや買い物はあらかじめ済ませておこう。武蔵嵐山駅の南約１㎞にある菅谷城は、雄大な土塁と空堀が幾重にもめぐっていて見ごたえ充分。城内には県立の歴史資料館が建っていて、周辺の史跡や城跡に関する情報も得られるので、ぜひ寄っておきたい。

Point 5
曲輪③
虎口j
曲輪②
虎口i
曲輪④
曲輪⑤

## 居住性を捨てた実戦のための城

# 杉山城 復元イラスト

考証=西股総生、Illustration=香川元太郎

大手方面から見た杉山城。小田原北条氏が武蔵国を支配していた永禄年間（1558～70）を想定したイラストだ。杉山城は各曲輪の面積が狭く、横矢を多用した実践的な縄張をもつことから、戦闘用の臨時拠点として築かれたと考えられている。そのため、イラスト内には屋敷や御殿といった居住施設はほとんど描かれておらず、戦闘用の仮設建物のみが建つ。他にも斜面や山麓に設けられた逆茂木、城の内外で行われる鑓や鉄砲の訓練が、戦闘拠点らしい緊張感を与えている。

1章
山城を楽しむ

長大な横堀ラインによる鉄壁の防御

# 滝山城

［たきやまじょう］

東京都（武蔵国）

ガイド人
西股総生
（城郭・戦国史研究家）

歴史と立地

## 雄大さと緻密さが備わった北条氏の拠点城郭

滝山城は、小田原北条《ほうじょう》一族の重鎮として多摩《たま》地方を領していた北条氏照《うじてる》の居城。永禄12年（1569）には、関東に侵攻した武田信玄の猛攻により三ノ丸まで陥落したものの、辛くも落城を免れた。

ただし、いま見られる城の遺構は、この時のものではない。天正9〜10年（1581〜82）頃に、全面的な大改修によって成立した縄張《なわばり》である。天正15年（1587）頃には、氏照が新たに八王子《はちおうじ》城（東京都）を築いて本拠を移したため、滝山城は廃城となった。

この城を訪れた人なら誰しも壮大な空堀《からぼり》と土塁《どるい》に目を見張るが、縄張も大変優れている。規模の雄大さと縄張の巧みさを兼ね備えている、という意味で滝山城は「土の城の最高傑作」と評してよい。

| | |
|---|---|
| 所在地 | 東京都八王子市丹木町他 |
| 築城 | 大永元年（1521）か［大石氏か］ |
| 廃城 | 天正15年（1587）頃［八王子城築城による］ |
| 標高／比高 | 169m ／ 70m |

電車　JR「八王子駅」からバスで「滝山城址下」下車、徒歩すぐで登城口
車　中央道「八王子IC」から約10分で滝山観光駐車場
駐車場　「丹木町三丁目」交差点に滝山観光駐車場あり
登城時間　登城口から徒歩約10分で本丸

中ノ丸にトイレあり。また、城内では450年前の光景を再現した「AR滝山城」が楽しめる。

# 滝山城縄張図

作図・提供=西股総生

## 滝山城ポイント&ルート

登城難易度 ★★☆☆☆

| スタート | Point 1 | Point 2 | Point 3 | Point 4 | Point 5 |
| --- | --- | --- | --- | --- | --- |
| 滝山観光駐車場 | 小宮曲輪・三ノ丸 | 二ノ丸 | 中ノ丸 | 本丸 | カゾノ屋敷 |

約5分 → 約5分 → 約5分 → 約5分 → 約10分

**駐車場越しの滝山城**　滝山城見学者用の駐車場。城内の道は一般車両の走行が禁止されているので、必ずここで車を降りよう

スタート

## 多摩川の流れを望む難攻不落の堅城

滝山城は、多摩川と秋川との合流点にのぞむ加住《かすみ》丘陵の一画に築かれている。城の南側を通る滝山街道からだと、ゆるやかな丘のように見えるが、多摩川に面しては比高70mほどの急崖となっていて、容易に敵を寄せつけない。

城を訪れるなら、滝山街道の側からがよい。滝山城址下のバス停を降りると、目の前に入口表示があるので、迷うことはない。表示に従って進み、急坂を登ると、いきなり巨大な空堀《からぼり》が現れる。

**登城道**　城内へ続く天野坂。吉田久稲荷の赤い祠が見えたら、三ノ丸はすぐそこだ

Point 1

## 小宮曲輪・三ノ丸 いきなり出くわす巨大空堀

向かって左手に、小宮曲輪《こみやくるわ》、右手には三ノ丸（以下、曲輪の名称は伝承名）の空堀が行く手を阻んでいる（a）。ここが最初のおすすめポイントだ。空堀の内部は私有地のため立ち入れないものの、堀が屈曲しながら延々と続いてゆく様子がうかがえるだろう。

いったん、小宮曲輪を左手に見送って、右手に三ノ丸を見ながら、城の中心部を目指そう。道は、空堀に挟まれた場所で左右に折れ曲がる（b）**写真A**。ここが外枡形《そとますがた》虎口《こぐち》になっていることを、あなたは見破れるだろうか。

左手に、千畳敷《せんじょうじき》と通称される曲輪があるので、入ってみよう。南側の土塁《どるい》の上に登ってみると（c）、いまきた道を見通すことができて、手元に弓か鉄砲が欲しくなる。先ほどの通路が左右に折れ曲がっていたのは、狙撃ポイントを得るためだった、とわかる。

Point 2

## 二ノ丸 三方を守る枡形虎口&馬出

ここからは、視線を左右に油断なく走らせ、縄張図と首っ引きで、一つ一つ確認しながら進もう。まず、千畳敷から二ノ丸へは、角馬《かくうま》出《だし》dと外枡形虎口を通って入る。わかったかな？

二ノ丸は広い曲輪で、低い切岸と土塁で三つに区切られている。丹念に歩かないと、一つの曲輪としてイメージしにくいかもしれない。だが、この曲輪こそ、滝山城の防御の要なのである。雑木林の中に入り、東に進んでみよう。土塁で囲まれた多角形の枡形虎口があって、土橋を渡った先は小さな角馬出となっている（e）**写真B**。

この馬出から、空堀対岸の道を右手に進むと、最初の馬出dに至

Point 1 **小宮曲輪の堀**

空堀a付近から見た小宮曲輪の空堀。この空堀は画面奥に向かって、屈曲しながら200m以上も続いてゆく

**枡形b**　三ノ丸から入ってくる通路は千畳敷に差し掛かったところで外枡形虎口となる。屈曲する狭い通路を進んでくる敵は、格好の的になりそうだ

二ノ丸から見た馬出eへ入る土橋。狭い通路は二ノ丸から丸見えで、敵を確実に仕留めることができるだろう

る。逆に左手に進むと、やはり空堀対岸の道をたどって、巨大な角馬出fに入る。土造りの馬出としては最大級のサイズなので、いきなり「これが馬出ですよ」といわれても、ピンとこないかもしれない。縄張図と、よく照らし合わせてみよう。

　馬出fに入って左に土橋を渡ると、土塁で囲まれた縦長な枡形虎口に入り込む。要するに、二ノ丸は全体を巨大な横堀で囲み、三方にそれぞれ枡形虎口と馬出をセットで備えているのだ。しかも、三つの馬出の間は、横堀の対岸を伝う通路で連結されている。

## Point 3 中ノ丸
### 主要部を囲い込む横堀

　この仕組みがわかったら、二ノ丸から中ノ丸へと進もう。枡形虎口を右に折れて入ると、広大な中ノ丸だ。一番奥まで行ってみると、北に展望が開けている。眼下の多摩川を隔てて、対岸には拝島《はいじま》の町並みが、その向こうには奥多摩や奥武蔵《むさし》の山並みが連なっている。北条氏照も眺めたはずの景色だ。

　あらためて縄張図で構造を確認してみよう。中ノ丸の東側は大きな横堀で守られているが、よく見ると、この堀は二ノ丸全体を包み込み、南にのびて三ノ丸や小宮曲輪を囲み、さらに北に150m続いて直角に折れ、谷に向かって落ちている。つまり、この城の主要部分を、横堀ですっぽりと包んでいるわけだ。

　このように、横堀で全体を防御しておいて、要所要所に虎口を開けて道を通し、虎口を枡形にする。侵入者を狭いところ、狭いところへと誘い込み、小分けにして各個に討ち取る設計なのである。

　そうして、攻め手の勢いを削いでおいて、馬出から逆襲を仕掛けて、攻め手を横合いから突き崩す。こうした駆け引きの要となるのが、三方に枡形虎口と馬出を備えた二ノ丸だったのだ。

## Point 4 本丸
### 排水設備を備えた枡形虎口

　城の基本設計が理解できたところで、いよいよ氏照に謁見《えっけん》しよう。

**伝大馬出の堀**　二ノ丸を守る伝大馬出の横堀。地元ボランティアの手によって下草が刈られ、遺構がはっきり見られる

多摩川の交通網を押さえる中ノ丸は、枡形虎口によって守られていた

本丸正面の枡形虎口を土塁の上から見たところ。決して敵を本丸へ侵入させない、という城兵の覚悟が伝わってくるような枡形虎口だ

**木橋**　中ノ丸から本丸へは木橋を渡る。現在は模擬木橋がかかっており、木橋の先は土塁で囲まれた立派な枡形虎口となっている

中ノ丸からは、多摩川越しに拝島方面が一望できる

中ノ丸と本丸とを隔てる巨大な堀切を木橋で渡ると、立派な枡形虎口が待っている。この枡形虎口は、廃城の時にまわりの土塁を崩して1mほど埋めてあることが、発掘調査でわかっている。戦国時代の枡形虎口は、いまより路盤が1mほど低く、土塁はもっと高かったのだ。

しかも、枡形の内部には、川原石をていねいに敷きつめた上で、石組みの精巧な排水路が造られていた。土造りの城では、雨が降ると地面がぬかるむが、とくに枡形虎口の中は水が流れ込んでたまりやすい。そこで、雨でも路盤がぬかるむことのないよう、排水に意を用いているのだ。氏照の御殿の正面玄関が泥だらけ、というわけにはいかないでしょう？

土塁に囲まれた狭い通路を右↓左と二回折れたら、ようやく本丸だ。氏照の御殿が建っていたであろう情景を想像しながら、本丸を一まわりしたら、来た道を戻ろう。

**歴史小咄**　滝山城の戦いでは、信玄自身は拝島に本陣を構え、勝頼が指揮する攻撃隊が外郭を突破した。勝頼は自ら鑓を振るって二ノ丸の二階門まで攻め寄せたが、信玄は自軍の損害が増えるのを恐れて退却を命じた。

かつて氏照の御殿が存在した本丸。現在は、霞神社と金比羅社が鎮座している

**本丸南側の虎口**　本丸には南側にもう一つ虎口がある。こちらも枡形虎口になっており、厳重な防御となっている

Point 5
## カゾノ屋敷
### 城の内外を隔てる空堀

二ノ丸から馬出fを経て東へと進み、いくつか並んでいる曲輪群を左手に見送って、カゾノ屋敷の先で空堀gを渡る。城域の東端にあたる場所だが、この何の変哲もなさそうな空堀gが、実は大切な見どころなのである。

橋を渡ったら、そのまま山道を少し歩いてみよう。30mほど先で、尾根の幅が狭まって、ボトルネックになっている。中世の城造りでは、こうしたボトルネックの箇所を掘り切るのが常道である。効率が良いからだ。

しかし、滝山城では、あえて効率の良いボトルネックを捨てて、30mほど引いた位置に防御線を敷いている。土塁の上からボトルネックに向けて、鉄砲の射線を集中させるためだろう。このあたりのメリハリの付け方が、戦国末期の小田原北条氏の城らしい。

時間と体力に余裕があったら、山ノ神曲輪に足をのばしてみよう。最初に戻って、小宮曲輪の裏手から山道に入り、大きな空堀を越えて林の中を進むと、やがて小広く開けた山ノ神曲輪に出る。地形から見て、ここは攻め手が最初に寄せてくる場所である。造作がラフに見えるのは、ひとしきり抵抗したら退却するような前哨陣地だからである。

カゾノ屋敷から城外を見る。橋の先の屈曲した箇所を狙えば、効率よく防御できそうだ

**登城&観光 memo**

### 整備が行き届いた城内

滝山城は八王子市の郊外にあるが、八王子駅からバスの本数が多いので、交通の便は良い。滝山城址下バス停の隣に広い駐車場もある。城内も主要部はきれいに刈り払われ、案内板やベンチも完備していて歩きやすく、中ノ丸にはきれいなトイレもある。車の人は、新滝山街道にある道の駅 八王子滝山に寄ってみるのもよい。ただ、何せ広大な城で見どころも多いので、時間には余裕を持って行動しよう。八王子城と1日でハシゴするのは厳しい。

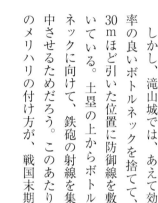

## 多摩川を望む小田原北条氏の重要拠点

# 滝山城 復元イラスト

Illustration=香川元太郎

南方面から描かれた滝山城。イラストには人工的に造られた弁天池、城主や家臣の屋敷などが描かれ、氏照時代の城の様子が再現されている。画面下部には小宮曲輪からはじまり二ノ丸まで続く横堀の防衛ラインがよく描かれており、横堀と馬出で守るという滝山城の防御思想が見てとれるだろう。木橋がかかる大堀切をたどってみると、城下の滝集落へ下りる通路となっている。

山ノ神曲輪
出丸
Point 4
本丸
枡形虎口
木橋
小宮曲輪
Point 1
弁天池
千畳敷
馬出d
空堀a
枡形b
土塁c
Point 1
三ノ丸

1章
山城を楽しむ

# 竹田城［たけだじょう］

## 近世の山城の縄張を体感する

兵庫県（但馬国）

ガイド人
中川京太郎
（竹田城埋蔵文化財センター）

歴史と立地

### 西国交通の要を見下ろす石垣の名城

竹田城は兵庫県の中央部に位置する朝来《あさご》市に所在し、標高353mの古城《こじょう》山山頂を中心に築かれた。円山《まるやま》川左岸の独立丘陵上に立地しており、三方に多数の曲輪《くるわ》が配置されている。城の周辺は交通の要衝であり、山陰道や播但《ばんたん》道などの主要な交通路が眼下に走る。

城が築かれたのは嘉吉年間（1441～44）とされる。山名氏の家臣だった太田垣《おおたがき》氏が7代にわたって城主を務めたという。しかし、永禄12年（1569）以降は桑山重晴《くわやましげはる》や赤松広秀《あかまつひろひで》などが城主を務めることとなった。

最後の城主であった赤松広秀は名君として伝えられているが、慶長5年（1600）の関ヶ原の戦いで西軍に属したために切腹となり、竹田城は廃城となった。

| | |
|---|---|
| 所在地 | 兵庫県朝来市和田山町竹田 |
| 築城 | 嘉吉年間（1441～44）か［太田垣光景か］ |
| 廃城 | 慶長5年（1600）［赤松広秀の自害による］ |
| 標高／比高 | 353m ／ 250m |

**電車** JR「竹田駅」から徒歩すぐで駅裏登山道登城口

**車** 北近畿豊岡自動車道・播但連絡自動車道「和田山IC」から約10分で山城の郷駐車場

**駐車場** 山城の郷駐車場（100台）を利用するのが一般的。竹田駅周辺では「竹田城跡・立雲峡駐車場」「竹田城下町観光駐車場」などが利用可能

**登城時間** 駅裏登山道登城口から約1時間で本丸

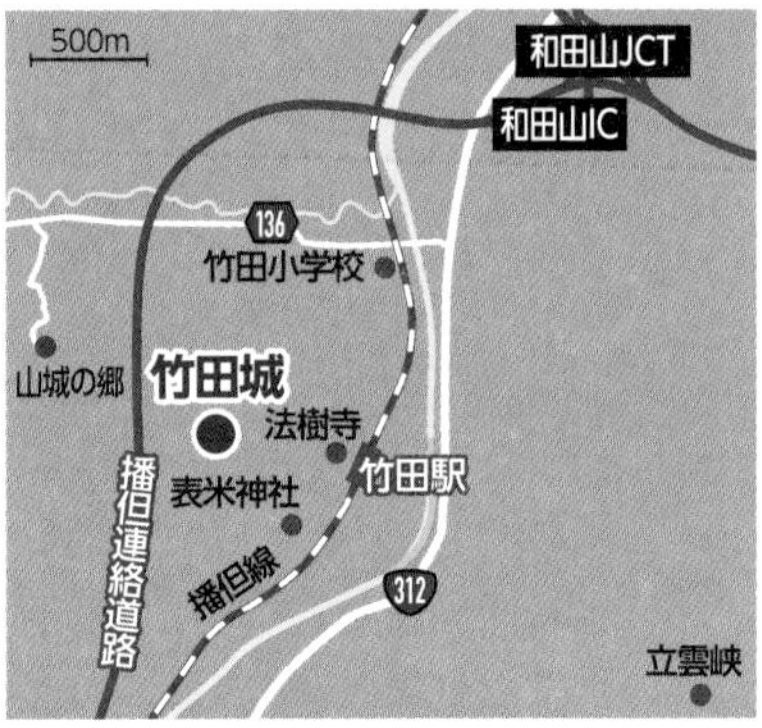


山城の郷駐車場から南千畳入口へは、徒歩約40分の登山道か、「中腹駐車場」までバスを利用。「中腹駐車場」から入口までは徒歩約20分。最寄りの竹田駅構内のわだやま観光案内所には、パンフレットやコインロッカー、自動販売機が設置されている。

# 竹田城縄張図

提供＝竹田城埋蔵文化財センター

## 竹田城ポイント＆ルート

登城難易度 ★★★★☆

| スタート | Point 1 | Point 2 | Point 3 | Point 4 | Point 5 |
|---|---|---|---|---|---|
| 竹田駅 | 駅裏登山道 | 見附櫓・大手口 | 三の丸 | 本丸・天守台 | 南千畳 |
| 約5分 | 約50分 | 約5分 | 約5分 | 約10分 | |

スタート

## 「天空の城」へ行くには四つの登城道を利用すべし

竹田城に登るには竹田の町から登る駅裏登山道と表米《ひょうまい》神社登山道、南登山道、城の西側にある山城の郷から登る西登山道の四つのルートがある。ＪＲで竹田を訪れる際は駅から近い駅裏登山道か表米神社登山道、車の場合は駐車場が併設されている西登山道の利用がおすすめである。

## 登城＆観光memo

### 江戸の宿場町の風情を味わう

竹田駅周辺に様々な見どころがある。駅の近くには国登録文化財の「旧木村酒造場」がある。ここには造酒屋の建物を改装した竹田城観光の拠点である「情報館天空の城」やホテル、レストランなどがある。また、竹田の町は江戸時代以降、宿場町として栄えていたため、現在でも明治大正時代の町家が多数残されている。さらに、町の中には江戸時代に整備された水路や但馬地方でも特に古い、江戸時代に造られた石橋などの歴史遺産が多数残る。竹田城跡を見学する際は、あわせて城下町も散策するのがおすすめだ。

Point 1

## 駅裏登山道

### 城主居館跡から登城開始！

今回は駅から最も近い駅裏登山道を通って竹田城へ向かう。

まず、竹田城の登城口へ向かうには、四つの寺院が建ち並ぶ寺町通りを通る。これらは創建年代が江戸時代以前にさかのぼる由緒ある寺院で、江戸時代になって現在の場所に移ってきた。それ以前、この地には城主や家臣の館が建ち並んでいたとされる。特に、登山道の登り口には、竹田城最後の城主であった赤松氏の居館跡推定地があり、朝来市による発掘調査が2006～08年に行われ、石垣や溝状遺構などが見つかっている。居館跡推定地は、現在は国の史跡に指定されている。

居館跡の横から竹田城へ登る駅裏登山道は、約900ｍの山道となっている。しかし、基本的には階段状に整備されており、40分程度で竹田城に登ることができる。居館跡から竹田城へ直接登ることができるので、ぜひ戦国武将の気分で竹田城に登ってみてほしい。

**登城口**　駅裏登山道の登城口は、赤松広秀の供養塔が立つ法樹寺に隣接している

登城道は整備されていて歩きやすいが、勾配がきついので体力に自信がない人はゆっくり焦らず進もう

Point 2

## 見附櫓・大手口

### 石垣を間近で観察しよう

駅裏登山道を登り、料金所を通り過ぎると、目の前に豪壮な石垣が現れ、大手口に到着する。

この大手口は三の丸と北千畳《きたせんじょう》、見附櫓《みつけやぐら》の石垣によって形成された外枡形虎口《そとますがたこぐち》と呼ばれるタイプで、織豊《しょくほう》系城郭で多用されている非常に防御力の高い構造となっている。虎口を通り抜けた後、北千畳から枡形虎口を上から見下ろすことができる。休憩の際は城を守っていた武士の視点を体験してみてほしい。

**登城道から見える石垣**　料金所を通り過ぎると見附櫓の石垣が見えてくる

**歴史小咄**　最後の城主・赤松広秀は、代々播磨守護を務めた赤松氏の一族。もともと播磨国の龍野城主だったが、羽柴秀吉の播磨攻めにより所領を取り上げられ、蜂須賀小六の与力となり各地を転戦する。四国攻めの功によって竹田城を得た後は、秀吉直臣として活躍した。

さて、北千畳には建物が残っていないが、これまでの調査研究で多数の建物が存在していたことが判明している。また、曲輪の北側には観音寺山《かんのんじやま》城が見えるが、この城は竹田城と同様に赤松氏居館跡推定地まで続く大竪堀《たてぼり》が掘られており、もともとは竹田城と一体的に機能していたと考えられている。ただし、現在は竹田城と観音寺山城をつなぐ道の一部は竹田城の立ち入り禁止区域に設定されており、北千畳から観音寺山城に向かうことができないので注意が必要だ。

　さらに、この北千畳は他の曲輪と異なり、石垣の根元まで近づくことができる。竹田城の石垣に関しては、絵図や文献がほとんど残っていないために正確な築造時期についてはわかっていない。しかし、安土城などの天正期の城郭石垣に見られる「縦積み」のような比較的古い石垣の特徴と、江戸時代初期の元和・寛永（1615〜44）期に発達すると考えられている「隅角部《すみかど》の反《そ》り」という新しい石垣の特徴が併存している。また、石垣の目地を意図的に崩す「布積み崩し」とも呼ばれる手法や、石垣の折れ（出隅・入隅・シノギ）を多用することで、石垣の強度を高める工夫が施されていることに加え、「算木《さんぎ》積《づ》み」、「シノギ積み」などの文禄慶長期の城郭石垣の特徴を有していることから、文禄・慶長期に築かれたと考えられている。みなさんも400年前の石垣を間近で観察してほしい。

## Point 3 三の丸
### 山上から見渡す城下町

　北千畳から三の丸に入るには、大手の枡形虎口に続き、もう一つ

大手口は城内でも最大規模の枡形虎口をもっている

三の丸からは竹田駅や寺町を見渡すことができる。休憩がてらここまでの道のりを振り返ってみよう

**本丸の石垣**　南千畳から見た本丸や南二の丸の折り重なる石垣は圧巻の迫力だ

**花屋敷**　本丸北西に位置する花屋敷は、遺構保護のため立入り禁止だが、本丸から石垣の様子を見ることができる

石垣の高さは約10m。隅部は未完成の算木積みとなっている

の外枡形虎口を通過する必要がある。二つの枡形虎口を抜けて三の丸に到着すると、山麓の竹田の町や赤松氏居館跡推定地を見下ろすことができる P41 写真A。

また、三の丸の通路部分には石畳が敷かれている。これは築城時のものと考えられており、2018年度に朝来市が行った遺構確認調査の結果、二の丸まで石畳が設けられていたことが判明している。現在は石畳を歩くことができるよう整備されているので、往時の武士が歩いた道を体験してほしい。

Point 4

## 本丸・天守台

### 城内最高所に築かれた天守台

三の丸から二の丸へ登ると本丸と天守台の石垣が見えてくる。本丸と天守台は2013~15年の間は遺構保護と見学者の安全確保のために立入り制限がかかっていたが、いまは見学が可能。二の丸から本丸へ登るためには木製階段を登るが、この階段は遺構を守るために設置されたもので、階段の地下には石畳が保存されている。

階段を登ると、巨石を用いた特徴的な本丸石垣を間近に見ながら、枡形虎口の中を通り抜けて本丸に入る。竹田城では虎口や主要通路の脇には非常に大きな石材が使用されているので、階段横の石垣をぜひ観察してみてほしい。

そして、本丸からもう一つの階段を登ると標高353mの天守台に到着だ。天守台は約11m×13mの若干いびつな長方形をしており、石垣の高さは10mを超えている。この石垣は、隅角部が反り上がっており、算木積みの技法が用いられている。このような特徴から、天守台の石垣は竹田城の中でも特に新しい時期に築かれたと考えられている。

天守台は非常に眺望が良く、山陰道や播但道、円山川などを一望することができ、古城山に城が築かれた理由がすぐにわかるので、城主になったつもりで眼下の風景を楽しんでほしい 写真B。

**南二の丸虎口**　本丸と南二の丸をつなぐ虎口は喰違い虎口となっており、現在も櫓台の石垣が残る

Point 5

## 南千畳

### 重層する石垣の迫力を感じる

本丸から南千畳へは、南二の丸と呼ばれる曲輪を通過する。

南千畳は城内最大の平面をもつ。東西2か所に石垣をともなう虎口が設けられている

この曲輪には広場が設けられており、多くの武士が駐留できる構造となっている。しかし、曲輪内の通路は非常に防御的である。多数の櫓台と喰違《くいちが》い虎口が設けられており、通路は何度も折れ曲がり、敵が攻めにくいように工夫が凝らされている。

　守りの堅さを体験しながらさらに進むと、北千畳と対をなす大規模な曲輪である南千畳に到着する。いまは建物が残っていないが、過去の調査研究では多数の建物が存在していたことが確認されている。また、周辺で鏡石《かがみいし》を埋め込んだ石垣や増築の可能性が想定される石垣、実際に修理が行われたことが判明している石垣などが確認された。竹田城の石垣の歴史を知る上で重要な石垣が多数存在する曲輪といえよう。

　そして、この曲輪は絶好の写真スポットとなっている。眺望が良く、振り返ると複雑に重なり合う石垣の背後に天守台が見えるので、記念撮影を行うにはもってこいの場所である。

**写真B　天守台から見た南千畳**　城内最高所にある天守台からは、城内の石垣が見渡せる。特に山々を背景にそびえる南千畳の石垣は絶景である

## 登城＆観光 memo

### 桜の名所から望む竹田城

竹田駅をはさんだ城の東側には、雲海写真の撮影地としても知られる立雲峡がある。立雲峡は北近畿でも随一の桜の名所であり、その見事な光景から「但馬吉野」の異名をもつ。多くの老桜が咲き誇るほか、奇石や巨岩が点在している名所でもあり、竹田城とセットで訪れたい。

立雲峡から見た竹田城

# 総石垣の山城の防御を探る

# 岡城［おかじょう］

## 大分県（豊後国）

ガイド人
中西義昌
（北九州市立自然史・歴史博物館学芸員）

大手道から見た大手門の石垣

歴史と立地

### 急峻な丘陵上に築かれた豊後国の古城

岡城は竹田市街地の東方、上角《うえつの》丘陵に築かれた山城である。天神《てんじん》山《やま》の主郭（本丸・二ノ丸・三ノ丸）を中心に広い城域が整備された。丘陵の周囲は敵を寄せ付けない切り立った崖が取り巻く。近年は樹木の剪定・伐採により城内の見通しが良くなった。また、城外には山野が広がり、遠くに阿蘇・久住《くじゅう》連山が一望できるなど、天空の城を彷彿とさせる立地となっている。

城史をみると、源平合戦時に緒方三郎惟義《おがたさぶろうこれよし》の築城伝承が残るが、史料で確認できるのは志賀親次《しがちかつぐ》（キリシタン武将で大友氏重臣）が居城とした16世紀後半まで下る。文禄3年（1594）に中川《なかがわ》秀成《ひでしげ》が播磨《はりま》国三木から入部し、高石垣と石塁《せきるい》・土塁《どるい》を連ねた堅固な近世城郭に大きく改修した。

| | |
|---|---|
| 所在地 | 大分県竹田市大字竹田字岡 |
| 築城 | 文治元年（1185）か［緒方惟義か］ |
| 廃城 | 明治4年（1871）［廃城令による］ |
| 標高／比高 | 325m ／ 95m |

電車　JR「豊後竹田駅」からバスで「岡城入口」下車、徒歩約10分で入場口
車　中九州横断道路「竹田IC」から約10分で駐車場
駐車場　入場口に登城者用駐車場あり
登城時間　入場口から徒歩約20分で本丸

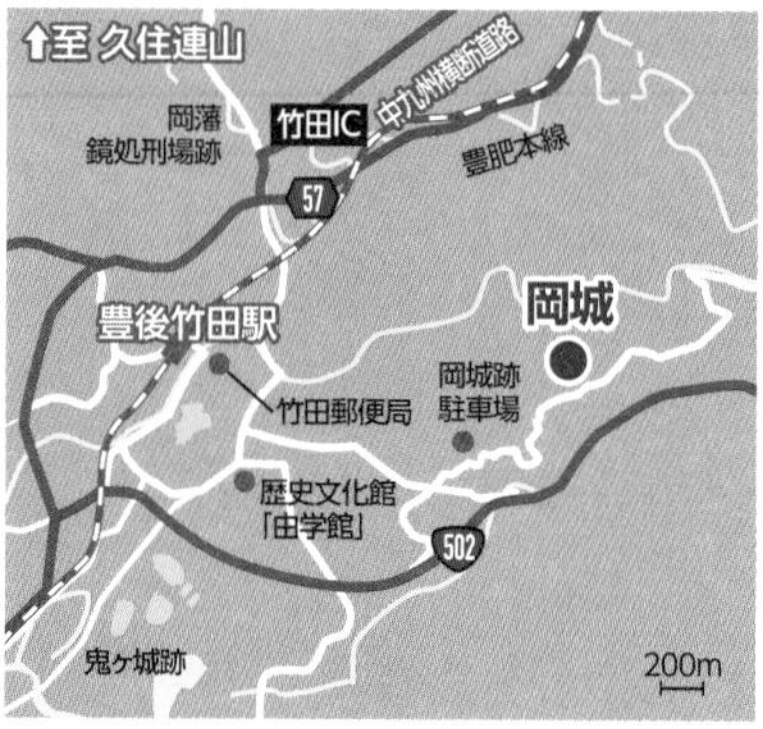


入場料金は、高校生以上300円、小中学生200円。トイレは、二ノ丸と賄方跡、駐車場の3か所にある。

# 岡城縄張図

提供＝竹田市教育委員会、中西義昌（御廟所部分に縄張図を合成）

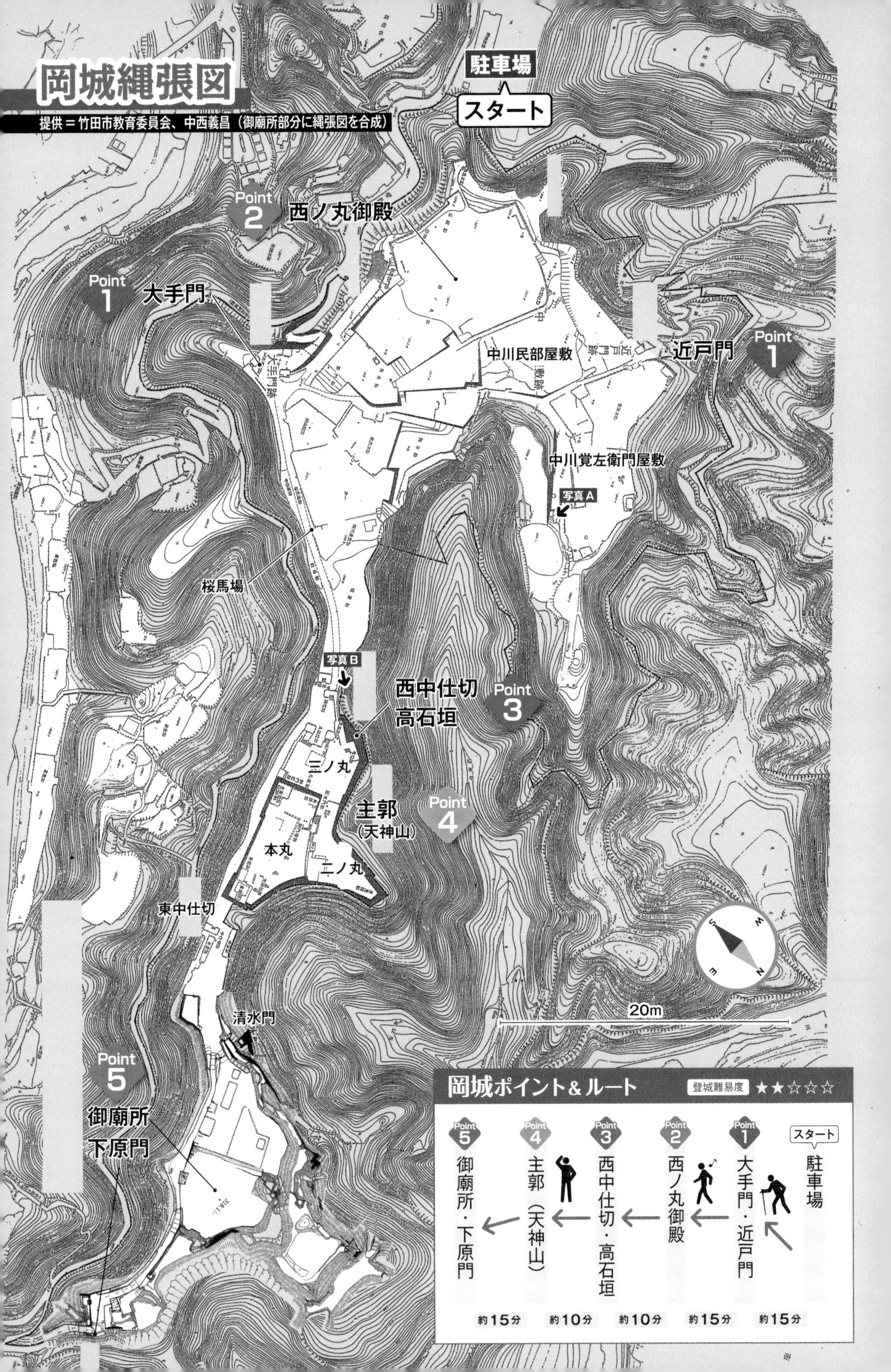


## 岡城ポイント&ルート

登城難易度 ★★☆☆☆

スタート 駐車場

Point 1 大手門・近戸門 約15分

Point 2 西ノ丸御殿 約15分

Point 3 西中仕切・高石垣 約10分

Point 4 主郭（天神山） 約10分

Point 5 御廟所・下原門 約15分

**上空から見た岡城**　竹田市教育委員会により不要な樹木が伐採され、石垣と樹木のコントラストが映える

スタート

## 天神山を中心に広がる石造りの山城

最初に岡城の全体像（⬇P45）を概観しておこう。

志賀氏時代の岡城は東側の御廟《ごびょう》所《しょ》地区（御廟所跡・下原門一帯）にあったとされる。中川秀成は御廟所に隣接する天神山を主郭とし、そのまわりに下原門・大手門・近戸《ちかど》門の三つの城門を構えた広大な城域（西ノ丸地区、御廟所跡地区）を造成した。これらの地区には、当初、田近・熊田・戸伏・古田氏の老職や摂津《せっつ》国以来の大身家臣が城主一族とともに屋敷を並べた。岡城の面積は広く、すべてを散策するには1時間程度では到底足りない。たっぷりの時間を確保して隅々まで探訪してほしい。

岡城は大野川と稲葉川の合流点に位置する。時間をかけて城と城下をじっくりと堪能するならば、豊後《ぶんご》竹田駅から歩いて城下町竹田と麓の武家屋敷跡（殿町・鷹匠町・近戸谷）を経由し大手門・近戸門に到達する徒歩コースがよい。一方、自家用車ならば岡城の真下に駐車場があり比較的容易に登城できる。但し、どちらの場合も料金所で登城料を払う必要があるので注意したい。

Point 1

## 大手門・近戸門

### 石垣を見ながら登城する

最初に切り立った崖を登る坂道が待ち受ける。料金所から大手門経由と近戸門経由の二つの登城道がある。どちらから登っても大差はなく、もう一方を帰路にするとよい。いずれも九十九《つづら》折りの坂道であるが一度登りきれば城内はほぼ平坦である。頑張って登ってほしい。

城道を登る間、見上げると石垣塁線と櫓台《やぐらだい》・空堀《からぼり》と組み合わせた堅固な守りが観察できる。今日の感覚では切り立った崖を利用するだけでも十分に防御できると思うが、崖の上に石垣普請を試みるなど当時の築城に対する並々ならぬ意欲を感じ取ってほしい。

建物は残っていないが、石垣や礎石が門の規模の大きさを伝える。門内は枡形になっていた

Point 2

## 西ノ丸御殿

### 家老屋敷跡から主郭を望む

大手門・近戸門を登りきると一気に視界が広がり、かつて当主や大身家臣の屋敷が並んだ西ノ丸地区へ入る。西ノ丸御殿は秀成の孫・久清《ひさきよ》が老職の屋敷を取り上げ隠居所としたもの。御殿の西側には崖に向けて突き出した櫓台がある。

西ノ丸からは阿蘇連山を眺めることができる。陽が長くなる4～5月の日没時が特に絶景である。

**登城道**　駐車場から大手方面へしばらく進むと、大手門の石垣が見えてくる

西ノ丸は家老たちの屋敷が建ち並んでいた。各屋敷は石垣によって区画され、櫓台をもつなど城の堅固な守りを担った

一方、近戸門の近くには中川覚左衛門屋敷跡（古田氏屋敷）があり家相図から考証した屋敷の区画が再現されている。この屋敷は谷を挟んで主郭（天神山）と向き合うため、高石垣で普請された主郭（天神山）の全景を撮影するには最適な場所である 写真A。

## Point 3 西中仕切・高石垣
### 訪城者を圧倒する石垣

西ノ丸地区から桜馬場へ進むと前方に西中仕切が見えてくる。いよいよ主郭（天神山）である。西中仕切は丘陵上の最も狭い部分に築かれた鉤《かぎ》の手状の櫓台を重ねた連続枡形《ますがた》虎口《こぐち》である。その奥に両袖枡形・内枡形虎口を組み合わせた太鼓《たいこ》櫓《やぐら》門が続く。西中仕切と太鼓櫓門を重ねることで、狭い空間の中に幾重にも出撃と防御の足場を組み合わせた実戦的な虎口プランを実現した。

なお、西中仕切一帯は谷底からそそり立つ高石垣が連なり絶好の撮影スポットである。足元に気をつけてよいアングルを見つけてほしい P48 写真B。

写真A

**家老屋敷跡から見る主郭** 家老屋敷跡からは、重層する主郭部の石垣が望める

西ノ丸と主郭部を隔てる仕切。虎口は枡形を重ねて防御力を上げている

Point 4

## 主郭（天神山）

### 中枢部で楽しむ雄大な景色

太鼓櫓門を抜けると二ノ丸、二ノ丸を経て本丸にたどり着く。

御殿の指図《さしず》を見ると、当時は殿舎が建ち並ぶ密集した空間であった。現在は二ノ丸東隅の御風呂屋が復元されている。本丸は角櫓（北西隅）・御三階櫓（南西隅）・御金蔵（南東隅）を多聞櫓《たもんやぐら》で連結し唯一の出入口も多聞と一体化した御門櫓とするなど徹底した守りが施された。その中に当主の住まい（奥）を主体とする本丸御殿が建てられた。ただし、敷地の制約から対面・接客の役割を担う御殿と望楼風の月見櫓は二ノ丸に建て、箱階段でつないだ。

三ノ丸も本丸と同様に太鼓櫓門・御門櫓を多聞櫓で連結し一体的に防御する堅固な守りが施された。その中に、三十畳の大広間をもつ三ノ丸御殿を建て実務の場に充てた。三ノ丸の一角には当時の土壁が部分的に残る。

**瀧廉太郎像**　二ノ丸にはこの地で少年期を過ごした作曲家・瀧廉太郎の像が立つ。制作者は「東洋のロダン」と称される朝倉文夫

Point 3 **高石垣**　写真B

三ノ丸を囲む高石垣は、城内屈指の絶景スポット。崖にせり出すように積まれた石は、他の城とはひと味違う迫力をもつ

### 登城＆観光memo

#### 城下町で学ぶ岡藩の魅力

料金所にて登城料を払うと登城記念に巻物風の案内図をもらうことができる。麓の城下町竹田では、2020年に歴史文化館「由学館」がリニューアルオープン予定（新型コロナウイルス感染拡大の影響で開館時期未定）。岡城や城下町の歴史や魅力を学べる。田能村竹田や小河一敏ら多様な人材を輩出し、独自の近世文化を築いた岡藩の歴史と文化にぜひ触れてもらいたい。

**上空から見た本丸**　切り立った崖の上に高石垣を築いた岡城の本丸。南西(写真左)の隅には御三階櫓が建っていた

石垣はきれいに整形された石材が多く、崩落と修築を繰り返した様子がわかる

なお、二ノ丸には朝倉文夫作の瀧廉太郎像があり、久住連山の眺望を楽しむことができる。足元には深い谷に向かって高石垣が築かれている。往時の石垣普請を想像しながら注意して観察しよう。

## Point 5 御廟所・下原門
### 重臣が整えた独自の城

三ノ丸の太鼓櫓門・御門櫓から本丸南側の城道を通ると東中仕切がある。東中仕切は本丸御金蔵の直下にあり、櫓台と横堀を組み合わせた枡形虎口である。これより東側が御廟所地区である。御廟所地区は、主郭（天神山）とほぼ同等の規模をもつ。

この要衝の地を与えられたのが筆頭家老・中川平右衛門《へいえもん》（田近氏）である。中川平右衛門は自らの屋敷の周囲に櫓台や虎口を構え、下原門に向けて連続枡形虎口を整備するなど独自の普請を行った。御廟所と下原門の間には主郭（天神山）と平右衛門屋敷に続く城道が並走した形で残る。それは、岡城の中に自分たちの「もう一つの岡城」を整備するようなものであり、他の近世城郭には見られない特徴である。

藩政が確立した17世紀後半になると、中川平右衛門はこの地を明け渡し麓の鷹匠町に移転する。現在、岡城を訪れた人々は大半が本丸から登城道を引き返すが、時間に余裕があれば東端の下原門まで足を運び、中川平右衛門が手がけた「もう一つの岡城」の姿を見つけてほしい。

岡城には、城内だけではなく城外の家臣団屋敷、城下町の一角に上角鬼ヶ城《うえつのおにがじろ》や木戸《きど》ノ城など半ば出《で》城のような櫓屋敷が存在した。丘陵の上に総石垣の本城部分と屋敷群が建ち並ぶ姿は、安土城（滋賀県）を思わせるものがある。岡城主・中川氏は、清秀《きよひで》の代から織田信長や羽柴秀吉に仕えた大名である。清秀の子・秀政や秀成は、複雑な家臣団を抱えながら幾多の困難を乗り越え生き残ってきた。そのような中川氏の歩みが岡城の特徴ある縄張に刻まれている。

志賀氏時代に城の中枢部が置かれた地。当初は、岡藩の重臣・中川平右衛門の屋敷があった

**下原門**　城の東端を守る門。志賀氏時代はこちらが正門だった

全国には数千もの山城が残っているが、自然地形を生かしたこれらには一つとして同じものはない。このページでは、見る者を圧倒する奇観をもつ城や地域特有の地形を生かした城など、各地に残る山城の中でも特徴的な５城を紹介しよう。

全国に二つとない遺構を楽しもう

# 特徴あふれる山城5選

岩盤を利用した天守台

岐阜県

## 苗木城［なえぎじょう］

### 岩盤を利用した石垣を楽しむ

木曽川に突出した標高４３２mの高森《たかもり》山に築かれた天然の要害。岩盤を利用した石垣の奇観が特徴で、〝岐阜のマチュピチュ〟ともいわれる。

天文年間（１５３２〜55）に遠山《とおやま》氏が築城したが、天正２年（１５７４）に武田勝頼《たけだかつより》に攻められ落城。翌年、織田信忠《のぶただ》が東美濃《みの》を攻略し、天正11年（１５８３）に森長可《もりながよし》が攻め落とした。しかし慶長５年（１６００）の関ヶ原の戦いで、徳川方についた遠山友政《ともまさ》が奪い返し、以降、苗木遠山藩12代にわたる居城として幕末まで続いた。

三の丸の大矢倉跡

三の丸には巨岩を取り込んだ石垣の大矢倉《やぐら》跡があり、山頂の天守台には京都の清水《きよみず》の舞台と同じ「懸造《かけづく》り」という工法で造られた三層の天守が建てられていた。現在は岩に残る当時の柱穴を利用した展望台が組まれている。展望台からは、恵那《えな》山から連なる北アルプスや、木曽川や中山道《なかせんどう》を一望する絶景が楽しめる。

上空から見た苗木城（中津川市提供）

**所在地** 岐阜県中津川市苗木
**電車** JR「中津川駅」からバスで「苗木」下車、徒歩約20分
**車** 中央自動車道「中津川IC」から約10分

神奈川県

## 小机城

［こづくえじょう］

巨大空堀がめぐる小田原北条氏の城

城内をめぐる空堀

新横浜駅から程近い住宅地に残る山城。文明10年（1478）に、長尾景春《ながおかげはる》の乱の際に、太田道灌《おおたどうかん》に攻め落とされた記録が文献上の初出。16世紀に北条氏綱《ほうじょううじつな》が改修し城代《じょうだい》が置かれたが、豊臣秀吉の小田原攻めで開城。徳川家康の関東入封後に廃城となった。

高速道路の第三京浜によって城域が分断されているが、市民の森として整備され、迷路のようにめぐらされた長大な横堀をはじめ、西曲輪と東曲輪、二重の土塁《どるい》、櫓《やぐら》跡など城跡がよく残されている。

**所在地** 神奈川県横浜市港北区小机町
**電車** JR「小机駅」から徒歩約15分
**車** 第三京浜道路「港北IC」から約5分

山梨県

## 岩殿城

［いわどのじょう］

城郭化された急峻な岩山

約150mの巨岩が露出する岩殿城

甲斐《かい》国の東の防衛拠点として、武田二十四将の一人である小山田信茂《おやまだのぶしげ》が、標高637ｍの急峻な岩山を城郭化した。難攻不落の連郭《れんかく》式山城で、特に鏡岩と呼ばれる、高さ150ｍの露出した巨岩が異彩を放つ。

天正10年（1582）の織田信長による甲州征伐の際、信茂は武田勝頼に岩殿城への籠城をすすめながら、勝頼の入城直前に裏切ったため、武田家は天目山《てんもくざん》麓の戦いで滅亡。その後、小山田氏も信長によって滅ぼされた。

**所在地** 山梨県大月市賑岡町強瀬字西山
**電車** JR「大月駅」から徒歩約20分
**車** 中央自動車道「大月IC」から約5分

富山県

## 増山城

［ますやまじょう］

山々を一体化した城郭群

尾根を断つ大堀切

砺波《となみ》平野の東縁、和田川東岸の標高120mの増山に築かれた中世山城。周囲の支城《しじょう》を含めて増山城郭群と呼ばれ、松倉城・守山城とともに越中《えっちゅう》三大山城ともいわれる。

越中守護《しゅご》・畠山《はたけやま》氏の守護代、神保《じんぼ》氏が基礎を築いたとされ、上杉謙信が三度攻めた堅牢強固な城として知られている。その後も一向一揆衆《いっこういっきしゅう》、織田信長勢、佐々《さっさ》氏、前田氏など、多くの攻防の舞台になった。曲輪《くるわ》や堀切《ほりきり》、切岸《きりぎし》などの遺構がほぼ完全に残されている。

**所在地** 富山県砺波市増山
**電車** JR「砺波駅」からバスで「増山」下車、徒歩約5分
**車** 北陸自動車道「砺波IC」から約15分

鹿児島県

## 志布志城

［しぶしじょう］

シラス台地に残る巨大堀切

岩盤がのぞく内城の大堀切

内城《うちじょう》・松尾城・高城・新城の四つの城郭で構成され、内城だけでも南北600m、東西300mある大規模な山城。シラス台地の縁に深い堀切を設け、それぞれの曲輪を区画した南九州独特の群郭式山城。深さ24mの横堀や、垂直に削られた切岸などが残る。

12世紀に救仁院《くにいん》氏が治め、南北朝の頃より城が拡充。戦国時代まで楡井《にれい》氏・畠山氏・新納《にいろ》氏・肝付《きもつき》氏・島津《しまづ》氏・鎌田《かまた》氏などが攻防を繰り返し、元和《げんな》の一国一城《いっこくいちじょう》令《れい》で廃城になった。

**所在地** 鹿児島県志布志市志布志町帖
**電車** JR「志布志駅」から徒歩約25分
**車** 東九州自動車道「曽於弥五郎IC」から約30分

# 居館と詰の城

## 政治の中心地にもなった戦国時代の城

**居館と詰の城がセットになった躑躅ヶ崎館**

甲斐国の武田氏は、平時は平地に設けられた躑躅ヶ崎館で政務を執り、合戦時には北の要害山城に籠もって戦った。躑躅ヶ崎館が築かれた翌年に今川軍が甲斐に侵攻した際、武田信虎は妻を要害山城に避難させている。

Illustration=香川元太郎

南北朝時代に軍事施設として築かれた城は、戦国時代に入り政治や経済の拠点としての役割も担うようになる。役割の変化に応じて城の構造はどのように変化したのか。戦国時代の居館と詰の城の関係を解説する。

### 戦国大名の城は居館と山城のセットが基本!

無数の城が築かれた南北朝内乱期と戦国争乱期。二つの時期の山城は、同じようで違う。南北朝期の山城は、人里離れた山奥に単独で築かれたが、戦国期の山城の多くは、里の近くに平地の居館とセットで築かれたものが多い。

これは、南北朝期の城の役割が軍事拠点のみだったのに対し、戦国期の城が政治経済の拠点でもあったからだ。戦国大名は、武将であるとともに領国の経営者でもあったため、軍事拠点の近くに領国支配拠点となる平地の居館を必要としたのだ。彼らは、平時は平地の居館で生活し、戦の時だけ山城に籠もって戦った。居館の背後の山に戦時の詰《つめ》の城が築かれることが多く、越前朝倉《えちぜんあさくら》氏の朝倉氏館と一乗谷城(福井県)は、その典型例である。

両拠点の全滅を避けるため、または平野部に手頃な山がない場合には、詰の城と居館が少し離れていることもあった。武田《たけだ》氏の居城である躑躅ヶ崎館《つつじがさきやかた》(山梨県)から北東約2・5㎞の距離に要害山城が築かれているのは、このパターンである。

こうしたセット関係は、戦国大名の家臣である国人《こくじん》領主の居城にも見られる。戦国時代は全国に無数の「居館と詰の城のセット」が存在し、機能していたのだ。

**一乗谷城**

越前国の朝倉氏は、東西500m、南北3kmの狭小な谷に居館や城下町を設け、居館の背後に詰の城として一乗谷城を築いていた。

2章

# 大名の居城

戦国時代の大名の中には、平時から防御に優れた山城に住まう大名もいた。この章では、大名家の興亡を見つめた四つの山城を紹介。

城下を見渡す
本丸からの眺望



「軍神」上杉謙信が生涯を過ごした居城

# 春日山城 【かすがやまじょう】

新潟県（越後国）

ガイド人
今井晃
（上越市教育委員会）

歴史と立地

## 越後国の交通を抑える要衝の城

春日山は高田平野の西縁、南葉丘陵の北端に位置する標高約180mの山である。山頂から一望できる高田平野には、中世には越後府中や直江《なおえ》の津などが置かれ、越後国の中心地であった。

春日山城は、代々関東管領上杉《かんとうかんれいうえすぎ》氏の越後守護代《えちごしゅごだい》を務めた長尾《ながお》氏の城として、15世紀後半に築かれたと考えられている。山全体を利用した大規模な山城となったのは長尾為景《ためかげ》および上杉謙信（長尾景虎《かげとら》）の時代である。また、山麓の平場《ひらば》の「惣構《そうがまえ》」は、謙信の跡目争い（御館《おたて》の乱）以降に整備された。慶長3年（1598）、会津《あいづ》に移封《いほう》された上杉景勝《かげかつ》に代わって堀《ほり》氏が入城したが、堀忠俊《ただとし》が慶長12年（1607）に完成した福島城（新潟県）へ移ったことで春日山城は廃された。

| 所在地 | 新潟県上越市中屋敷 |
| --- | --- |
| 築城 | 正平年間（1346～70）［不明］ |
| 廃城 | 慶長12年（1607）［福島城完成による］ |
| 標高／比高 | 180m ／ 160m |

**電車** えちごトキめき鉄道「春日山駅」からバスで「春日山荘前」下車、徒歩約15分で上杉謙信公銅像

**車** 北陸自動車道「上越IC」から約15分で駐車場

**駐車場** 春日山神社下、大手道駐車場、春日山城ものがたり館駐車場が利用可能

**登城時間** 上杉謙信公像から本丸まで約20分

ⓘ 春日山神社駐車場内にトイレあり。付近には、売店や食事処が並ぶ。

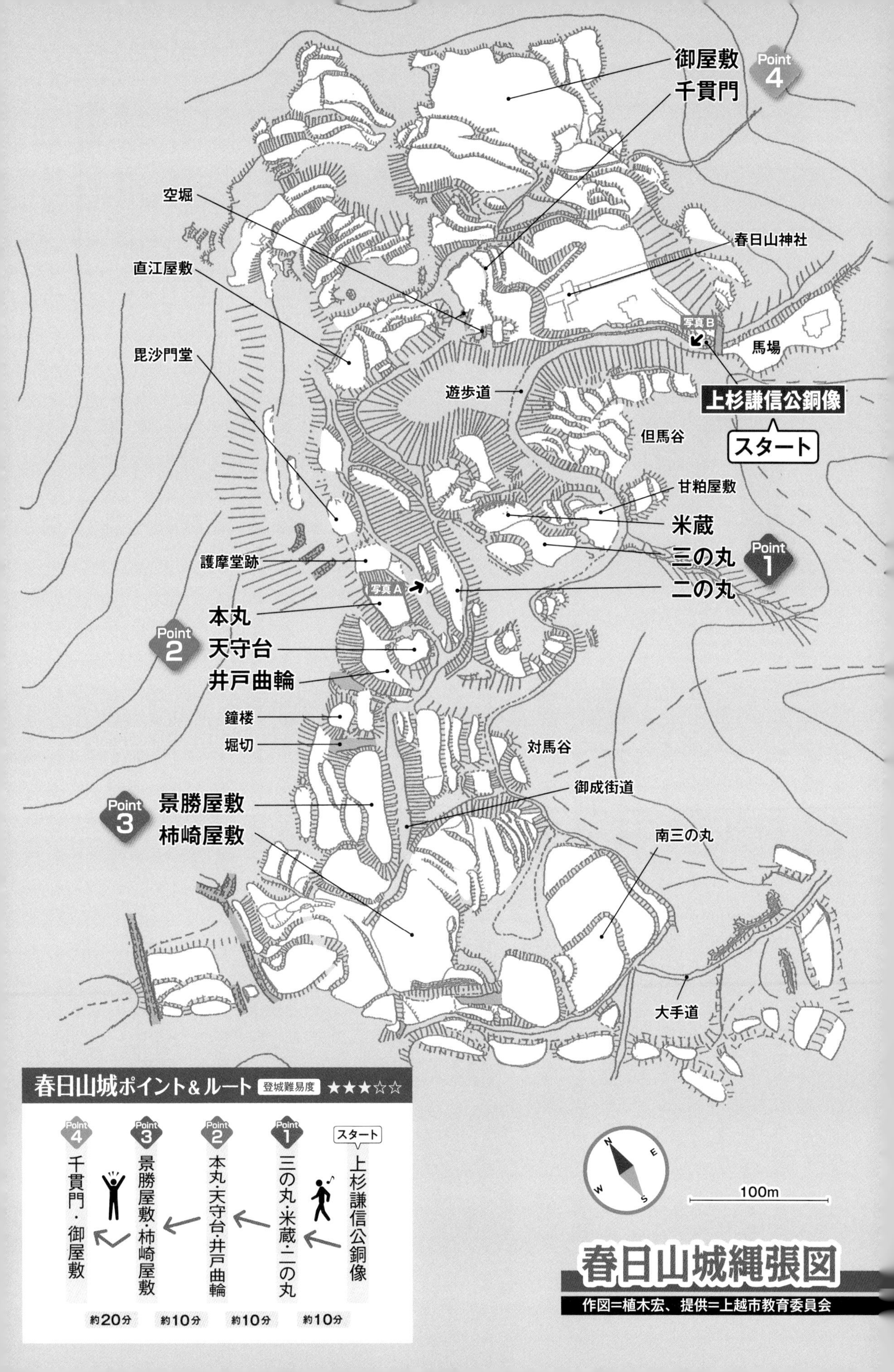


## 春日山城ポイント＆ルート

登城難易度 ★★★☆☆

スタート 上杉謙信公銅像
約10分
Point 1 三の丸・米蔵・二の丸
約10分
Point 2 本丸・天守台・井戸曲輪
約10分
Point 3 景勝屋敷・柿崎屋敷
約20分
Point 4 千貫門・御屋敷

# 春日山城縄張図

作図＝植木宏、提供＝上越市教育委員会

スタート

## 登城の前に…謙信公像に挨拶しよう

一般の駐車場は春日山神社下にあるので、車を停めたら春日山神社の石段を上って左に曲がり、謙信公銅像の前に向かってほしい（銅像前の駐車場は体の不自由な方など優先）。この謙信公銅像は、NHKの大河ドラマ「天と地と」で、上杉謙信が主役を務めたことを記念して立てられた。高さは305cmの大きな像で、上越（旧直江津）市出身の彫刻家・滝川美堂の作である。

謙信公の銅像に向かって左側の舗装道路を進むと、右手側に春日山城の曲輪《くるわ》群を見渡すことができる写真B。下方の三の丸や米蔵などから頂上の本丸まで、切り盛りされた数々の曲輪は壮観である。

**但馬谷越しの主要部**　謙信公像からは、二の丸や本丸などの主要部が一望できる

**上杉謙信公銅像**　神がかった用兵から「軍神」と謳われた戦国武将。家督を継いでから死去するまで、春日山城を本拠とした

なお、この道は銅像付近から甘粕《あまかす》屋敷にかけて、谷の地形に沿って大きくカーブしている。この谷は「但馬谷《たじまだに》」と呼ばれており、後述の千貫門《せんがんもん》・空堀《からぼり》とのつながりがあるので、記憶しておいてほしい。また、但馬谷では2016年7月の集中豪雨で大規模な土砂崩落があった。災害復旧にともなう発掘調査の結果、廃城後約400年かけて但馬谷の中に溜まっていった土が、地中に浸透した雨水によって流れ落ちたもので、春日山城の曲輪自体はこの土砂崩落の影響を受けていないことが確認された。現在は、再度の崩落防止を含めた復旧工事を終えている。

Point 1

## 三の丸・米蔵・二の丸
### 整備が行き届いた曲輪群

道なりに進んだ先にある甘粕屋敷から、三の丸の方へ整備された遊歩道を上っていく。その先にあるのは、向かって左手が三の丸、右手が米蔵である。三の丸は、「三郎景虎屋敷」ともされている。この景虎は、小田原北条《ほうじょう》氏から上杉謙信の養子となった上杉景虎のことで、御館の乱では上杉景勝に敗れて悲運の死を遂げた。米蔵には土塁《どるい》の跡が非常によく残っているので、注目してほしい。

さらに遊歩道を上った先にある二の丸には、1本の大きなイチョウの木があり、山の麓からもこの木がよく見える。黄葉の見ごろは11月下旬から12月上旬にかけてで、周辺の景観とも相まってとて

春日山城は曲輪に土塁をめぐらせて防御設備としていた。米蔵では、良好な状態の土塁を見ることができる

Point 1 米蔵

も鮮やかな姿を見せてくれる。

　また、三の丸・米蔵・二の丸などの曲輪は、木を伐採してあることも大きなポイントだ。太平洋戦争後に植林されていた杉の木を伐採したことにより、山城側からは麓の景色が、麓からも雛壇状に造成された山城の姿が見通せるようになった。また、防災上の観点からも、植林された杉は根が浅く土砂崩落の原因になりやすいため、2016年の土砂崩落の際も、杉を伐採していたことによって、被害の拡大を防ぐことができたと考えられる。

二の丸の背後は切岸となっており、その上に本丸が設けられていた。切岸は鋭く、登るのは容易ではない

## Point 2 本丸・天守台・井戸曲輪
### 日本海まで見渡す絶景

　二の丸を離れてさらに遊歩道を上っていくと、本丸方面の道と、景勝屋敷・柿崎《かきざき》屋敷方面の道に分岐する。まずは、右手の道を進んで本丸方面に向かおう。春日山の頂上である本丸は、標高約180mで、スタート地点の謙信公銅像前からは約90mの比高差がある。上杉謙信も眺めたであろう高田平野や日本海が一望できるP54写真A。

　本丸の南側には天守台がある。春日山城自体に天守はなかったであろうが、後世の絵図ではこの場所を天守台としている。ここからも高田平野を見渡すことができ、また南側には妙高山や火打山なども見える。また、本丸・天守台の背後の一段下ったところにある曲輪には大井戸があり、現在でも湧水が出ている。山の頂上近い場所でもこのように水が湧き出る理由は、水を通しやすい礫《れき》層が周囲の高い山からつながっているためと考えられている。

本丸は春日山の山頂に設けられていた。山頂部のため面積は狭いが、眺望は抜群だ

**井戸**　戦国の世から遠く離れたいまなお、水をなみなみと湛える井戸

**本丸と天守台を隔てる堀切**　本丸と天守台の間には堀切が設けられていた

**歴史小咄**　御館の乱では、景勝方がいち早く春日山城を抑えたが、その後、実家の北条軍やその同盟相手である武田軍の支援により景虎方が攻勢を強める。しかし、景勝方の交渉により武田軍が景勝寄りの中立に転じたことで景虎は敗北。鮫ヶ尾城に追い詰められ自害した。

謙信の後継者となった景勝の屋敷と本丸は、深い堀切によって区画されていた

Point 3
## 景勝屋敷・柿崎屋敷
### 重臣が居した広大な曲輪

井戸曲輪から鐘楼、景勝屋敷、柿崎屋敷方面に向かう。この道は「大手道」とされる道で、景勝屋敷や南三の丸、番所などを通って麓まで続いているが、今回紹介するのは柿崎屋敷までとする。大手道を下って鐘楼の奥にあるのが景勝屋敷である。景勝は上杉景勝のことで、前述の御館の乱に勝利して上杉家の家督を継いだ人物だ。

柿崎屋敷は、上杉家の家臣である柿崎景《かげ》家《いえ》の屋敷とされる場所である。ここは山城の中で最も広い曲輪であり、城内で唯一水を溜めた跡がある。また、大手道や御成《おなり》街道（謙信と親交を深めた関白《かんぱく》・近衛前久《このえさきひさ》が春日山を訪れた際に通ったとされる）などに面することなどから、城内でも非常に重要な場所であったことが推測される。景勝屋敷との間にある大堀切《ほりきり》の大きさにもぜひ注目してほしい。

Point 4
## 千貫門・御屋敷
### 敵を惑わす空堀の罠

大手道を本丸方面へ戻り、今度は毘沙門堂《びしゃもんどう》、直江屋敷などの方へ下りてゆく。直江屋敷は、上杉家の旗本を務めた直江氏の館跡とされる場所で、大河ドラマ「天地人」の主人公・直江兼続《かねつぐ》が有名である。

さらに道なりに下っていくと、千貫門の看板が見えてくる。千貫門の跡そのものは遊歩道沿いの看板より奥にあるので注意されたい。この千貫門を通る本来の道は、謙信公銅像のすぐ右脇から斜面を登っていくものだが、現在は安全上のため封鎖している。ちなみに、その本来の道を上って千貫門を抜けると、目の前には急峻な斜面と2本の空堀が目に入ることになる。春日山城に攻めてきた敵兵がここにたどり着くと、眼前の斜面を登ることは難しいので、必然的に空堀の中を進まざるを得ない。しかし、その先は最初に通った但馬谷へつながっている。引き返せなければ谷底へ落ちるしかない、という仕組みだ。

**御成街道**　南三の丸方面と本丸をつなぐ道。謙信と親交のあった関白・近衛前久が使用したことから、「御成街道」と呼ばれる

城内でも有数の広さを誇る曲輪。上杉謙信に重用された柿崎景家の屋敷があったとされる

門を抜けた先には2本の堀が設けられている。一見道のように見えるが、実は敵兵を谷底に誘導する恐ろしい罠だ

**直江屋敷**　上杉景勝の右腕として辣腕を振るった、直江兼続の屋敷があったとされる

**春日山神社**　かつての政所跡に鎮座する神社。米沢の上杉神社から分祀された上杉謙信を祀る

**監物堀**　城下町を守る惣構跡。名前の由来は、上杉景勝に替わって入城した堀直政（監物）から

遊歩道に戻り道なりに下ると春日山神社の横にたどり着く。ここから左手の御屋敷方面へ下ってゆく。御屋敷は、城内でもかなり広い平坦面をもつ場所で、城内では唯一建物の礎石とみられる石も見つかっている。寺院などの建物があった可能性が考えられる。この道をさらに下っていくと愛宕谷《あたごだに》公園に至る。

最後に、史跡広場について紹介する。愛宕谷公園からは徒歩約10分程度のところにあり、堀と土塁が復元されている。この堀と土塁は、「惣構」と呼ばれており、春日山城の外周にあたる。造成された時期は発掘調査により御館の乱の後であることが判明している。総延長は約1.2㎞で、史跡広場から埋蔵文化財センターの裏手まで歩いて散策することができる。復元された堀にはカキツバタが植えられており、5月上旬が見頃だ。

## 登城＆観光memo

### 山麓で学ぶ春日山城の構造

史跡広場には「ものがたり館」が併設されており、春日山城や上杉謙信を紹介するビデオや関係する資料を見学可能だ。また、日本100名城スタンプもここに設置されている（入館無料、毎週月曜日休館のほか、12月～2月は冬季休館）。
また、同じく春日山の麓には「埋蔵文化財センター」があり、春日山城や、上越市内の遺跡から発掘された資料などを展示している（入館無料、毎週火曜日休館）。

**春日山城遠景**　山麓から見た春日山城。ていねいな整備によって、麓からでも城の偉容を確認することができる

春日山全体が城砦化された上杉謙信時代を想定した復元イラスト。画面中央上の小さな曲輪群が城の中枢部（本丸・天守台・毘沙門堂）で、ここは謙信以前からの城域だったと考えられている。平時に城主が暮らしていたのは、画面右側の御屋敷エリアとされる。広い曲輪が連なる画面左側は、家臣団屋敷エリアだ。最も広い曲輪は重臣・柿崎景家の屋敷とされているが真偽は不明。

山全体に曲輪を設けた軍神の居城

# 春日山城 復元イラスト

考証=水澤幸一、Illustration=香川元太郎

2章
大名の居城

# 小谷城【おだにじょう】

## 山上一帯に拡大した浅井三代の本拠

滋賀県（近江国）

ガイド人
中井均
（滋賀県立大学教授）

写真A

### 歴史と立地 織田信長に抵抗した難攻不落の山城

小谷城は湖北の戦国大名浅井《あざい》氏3代50年にわたる居城。その築城は初代・亮政《すけまさ》が京極《きょうごく》氏に替わって湖北の支配者となった大永3年（1523）頃と考えられる。

城は標高495mの小谷山山頂の大嶽《おおづく》を詰丸《つめのまる》とし、南東に派生する尾根頂部に本丸、南西に派生する尾根筋に福寿丸《ふくじゅまる》、山崎丸《やまざきまる》を配している。この二つの尾根に挟まれた谷を清水谷《きよみずだに》と呼び、浅井氏や重臣の屋敷、寺院などが建ち並んでいた。谷の開口部には土塁《どるい》と堀が構えられ、その外側には城下が広がる。三代・長政《ながまさ》は織田信長の妹・市《いち》を娶っていたが、元亀元年（1570）信長に反旗をひるがえす。以後3年間にわたって籠城戦を戦うが、天正元年（1573）、羽柴秀吉に攻め上られ落城した。

| | |
|---|---|
| 所在地 | 滋賀県長浜市湖北町伊部 |
| 築城 | 大永3年（1523）頃［浅井亮政］ |
| 廃城 | 天正3年（1575）頃［長浜城完成による］ |
| 標高／比高 | 495m ／ 230m |

電車 JR「河毛駅」からバスで「小谷城址口」下車、徒歩すぐに登城口
車 北陸自動車道「小谷城スマートIC」から約5分で登城口
駐車場 山麓の戦国ガイドステーション駐車場、または山腹の番所跡近くの駐車場が利用可能
登城時間 登城口から本丸まで約40分

i トイレは山麓の駐車場の他、山中に2か所仮設トイレが設けられている。

# 小谷城縄張図

『滋賀県中世城郭分布図 7』（滋賀県教育委員会発行）の「小谷城略図」に加筆

スタート

## 山麓の駐車場から大手道を進む

『信長公記《しんちょうこうき》』では小谷城を「高山節所」と記している。湖北ではどこからでも見上げることのできる高い山だ。南山麓の駐車場から登ろう。ここは舗装された林道もあるが、大手道も残されている。

大手道から登ると林道と交差するところの尾根がぽつんと高くなっている。ここが出丸《でまる》である。さらに登ること30分ほどで番所跡に到着する。ここもこんもりと高くなっており、金吾丸《きんごまる》と呼ばれる曲輪《くるわ》が構えられている。金吾とは朝倉宗滴教景《あさくらそうてきのりかげ》のことで、浅井亮政が六角《ろっかく》氏に攻められた際に救援に駆けつけ布陣した場所といわれている。近年では宗滴も六角氏に呼応して小谷城を攻めた際の陣ともいわれている。ここから本格的に小谷城内に入ることとなる。

尾根筋に直線状に番所、御茶屋、御馬屋敷、桜馬場の曲輪が続く。御馬屋敷には馬洗池と呼ばれる石垣を組んだ貯水池が残されている。

### 登城&観光memo

**浅井氏の発展と滅亡を学ぼう**

清水谷には小谷城戦国歴史資料館があり、浅井氏と小谷城をテーマに、小谷城の絵図や模型、発掘調査で出土した遺物などが展示されている。大手山麓には戦国ガイドステーションがあり、期間限定ではあるがここから番所までシャトルバスを運行している。ここは観光公社が運営しており、小谷城のパンフレットをはじめ湖北の観光パンフレットが置かれている。なお、小谷城の西側に隣接する山塊が信長の本陣・虎御前山砦であり、時間があればぜひ立ち寄りたい。

**小谷城遠景**　清水谷から見た小谷城。奥へ進めば小谷城戦国歴史資料館が見えてくる

Point 1

## 黒金門・大広間

### 浅井一家が暮らした御殿跡

桜馬場から石段を上がると黒金《くろがね》門《もん》の跡である。石段は当時のもので、門跡の両脇には隅石《すみいし》を組んだ石垣が残されている（P62写真A）。

門の内部は広大な平坦地となっており、ここが大広間である。よく見ると円形の人頭大の河原石が点々と配置されている。これは御殿の柱を据えた礎石である。ここでは発掘調査が実施され、3万点に及ぶ土器・陶磁器が出土しており、普段の居住施設が存在したと考えられる。長政の妻・市やその娘の三姉妹もここで暮らしていたと考えられる。なお、発掘では焼土が一切検出されておらず、落城に際して建物は炎上しなかったことが明らかにされている。

浅井一家が暮らしていた大広間。奥に見えているのは本丸を囲む石垣だ

**馬洗池**　石垣に囲まれた池。ここまで来れば黒金門はもう一息だ

**歴史小咄**　小谷城の決戦では、まず羽柴秀吉率いる部隊が京極丸を落とし、久政と長政を分断する。追い込まれた長政は、妻子を城外に出した後に大広間から討って出るが、織田軍の攻撃によって本丸に戻ることができず、重臣・赤尾清綱の屋敷で自刃した。

## Point 2 本丸・大堀切
### 主要部を分ける巨大堀切

大広間の正面に見える石垣が本丸である。大広間に比べると非常に小さな曲輪が二段に構えられているだけである。ちなみに本丸、大広間などの曲輪名は江戸時代に作成された小谷城の絵図に記されているもので、実際にどう呼ばれていたのかはわからない。ただ、本丸に関しては絵図に「天守共鐘丸共」と記されている。

　曲輪は二段からなり、大広間と同じく人頭大の河原石が点在し、かつて本丸には礎石建物が存在したことを物語っている。この本丸の北端に立つと切岸《きりぎし》が高さ7～8mの絶壁となっている。対岸までは約15mはあるだろう。これが本丸背後に構えられた大堀切《ほりきり》である。

大広間の上段に建つ櫓台状の曲輪が本丸だ。ここには、かつて大櫓が建っていたと考えられている

## Point 3 京極丸・山王丸
### 城内最大の石垣が残る

本丸は最高所にあるのではなく、本丸背後の堀切からも尾根は上がっていく。中丸《なかのまる》、京極丸《きょうごくまる》、小《こ》丸《まる》、山王丸《さんのうまる》と続く。京極丸は京極高清《たかきよ》、高延《たかのぶ》（高広《たかひろ》）父子が住まわされていたところとされているが定かではない。

　その上段に二段から構成されるのが小丸である。長政に家督を譲った後に二代・久政《ひさまさ》が住んだところといわれている。小丸の背後に立ちはだかる巨大な切岸が山王丸である。正面に巨石が点在しているがこれらはかつての山王丸の石垣である。一部には組まれた状態の部分もある。人身大の巨大な石材を用いており、正面性を意識している。

　この山王丸直下を右手にまわり込むと山王丸の東切岸面に出るが、ここには高さ約4m、長さ約20mにわたって石垣が残されており、その景観は圧巻である。石垣直下には石材が散乱しており、天端《てんば》は破城によって破壊されたものとみられる。山王丸の正面、中央が窪んで石材が散乱して

**浅井長政自刃の地**　重臣・赤尾清綱の屋敷があった赤尾曲輪には、長政の自刃之地の石碑が立つ

小谷城の主要部は、この大堀切によって大広間・本丸と中丸・京極丸・小丸・山王丸に分けられている

いるところが虎口《こぐち》である。

山王丸に上がると四段の曲輪から構成されている。落城後に入城した羽柴秀吉が山王権現社をこの曲輪に勧請《かんじょう》したため、この名が付いたと伝えられている。

## Point 4 六坊・月所丸
### 尾根筋を守る出丸

さて、大方の探訪者は山王丸を見てもと来た道を帰ってしまう。しかしそれでは小谷城を見たことにはならない。今回は全山踏査コースである。

山王丸から北方に下ると、すぐに平坦地に出る。ここが六坊《ろくぼう》である。久政が六か寺に命じて陣僧の出坊を構えたところより曲輪の名称となっている。六坊を少し下ると大嶽との鞍部《あんぶ》の三差路となる。そのまま登れば大嶽、左手に下れば清水谷、そして右手に進むと月《げっ》所丸《しょまる》に至る。今回はせっかくなので大嶽に向かう前に月所丸を訪ねてみよう。

月所丸は小谷山が唯一尾根続きとなる東北方面を防御するために設けられた曲輪である。最も痩せ

Point 3 京極丸

羽柴秀吉が占領した曲輪。浅井氏の主家筋にあたる京極氏の居所があったという

**小丸**　京極丸の上段に位置する小丸は二段の曲輪で形成されていた。小谷城の戦いで二代・久政が自刃した地でもある

Point 3 大石垣

山王丸東切岸に残る石垣。城内最大規模を誇り、家臣や領内の国人衆に浅井氏の権力を見せつける効果があったとされる

土塁をめぐらせた曲輪や堀切、畝状竪堀群など城内屈指の堅牢さを持っていた

大嶽や月所丸に通じる六坊。細長い曲輪に五、六段の削平地が連なっていた

た尾根筋に二段に曲輪を構えているが、曲輪の周囲には2mを超える巨大な土塁がめぐらされている。また、曲輪の先端には二重の巨大な堀切が設けられており、小谷城の中では最も強固な防御施設である。さらにここには畝状竪堀《うねじょうたてぼり》群《ぐん》が構えられている。小谷城の中では異様な曲輪群であり、元亀3年（1572）に救援に来た朝倉義景《よしかげ》によって築かれた可能性が高い。

## Point 5 大嶽
### 朝倉軍が設けた支城

三差路まで戻り、北方の山頂を目指そう。30分ほどで小谷山の頂上である。ここが大嶽と呼ばれるところで、『長享年後畿内兵乱記《ちょうきょうねんごきないへいらんき》』に「大永五年。（六角）定頼《さだより》公浅井城大津見［具］（大嶽）江《へ》発向。九月浅井亮政没落」とあり、亮政が最初に城を構えたのがここであったことがわかる。ぶ厚い土塁を周囲にめぐらせ、北方の尾根には巨大な二重堀切を設けている。

こうした遺構は亮政によって築かれたものではない。『信長公記』元亀3年7月27～29日条に「朝倉左京大夫義景、人数一万五千ばかりにて、浅井居城大谷（小谷）へ参着候。然りといへども、此表の為躰見及び、抱へ難く存知、高山大づくへ取上り居陣なり」と記されている。籠城戦の救援に駆け付けた朝倉義景は本丸の様子を見て、大嶽に陣を構えたのである。現在の大嶽に残された遺構はこの義景による改修と考えられる。

さて、大嶽からの帰路であるが、もとの三差路まで戻り、清水谷を下ろう。谷筋には石垣によって築かれた大野木屋敷、三田村屋敷と呼ばれる重臣の屋敷を見ることができる。さらに谷を下りきったところは御屋敷と呼ばれ、浅井氏の山麓居館のあったところである。天文3年（1534）に亮政が京極高清・高延父子を饗応したのはこの屋敷である。

最後に清水谷の開口部近くの小谷城戦国歴史資料館に立ち寄り、出土した遺物や模型を見て帰路につくことにしよう。

初期小谷城の主郭が置かれ、朝倉軍が改修した詰の城。主郭を中心として同心円状に曲輪が形成されていた

写真A

2章
大名の居城

# 観音寺城【かんのんじじょう】

## 城域一帯に石垣が残る戦国の巨大山城

滋賀県（近江国）

ガイド人
中井均
（滋賀県立大学教授）

### 歴史と立地 織田信長に敗れた石垣造りの要塞

観音寺城は近江守護《おうみしゅご》・佐々木六角《ささきろっかく》氏の居城である。最初に築かれたのは建武3年（1336）で南朝の北畠顕家《きたばたけあきいえ》軍を阻止するためだった。城が建つ繖山《きぬがさ》は標高433mという高山であり、以後はしばらく用いられなかったが、大永の末年から享禄年間（1528〜32）頃に恒常的な山城として改修されたと考えられる。当初は観音正寺《かんのんしょうじ》という寺院と共存しており、本丸などの主要部分は山頂に築けず、繖山の北西尾根に築かれている。

最大の特徴は城域のほぼすべてが石垣造りとなっていることだ。弘治2年（1556）に石垣を築いた記録が残り、全国で最も古い段階で石垣が築かれた山城である。永禄11年（1568）に上洛する織田信長の攻撃を受け落城した。

| 所在地 | 滋賀県近江八幡市安土町石寺 |
|---|---|
| 築城 | 建武3年（1336）［六角氏］ |
| 廃城 | 永禄11年（1568）［観音寺城落城による］ |
| 標高／比高 | 433m ／ 325m |

**電車** JR「安土駅」から徒歩約40分で石寺集落。またはJR「能登川駅」からバスで「観音寺口」下車、林道繖山線を登り徒歩約40分で観音正寺

**車** 名神「竜王IC」から約30分で観音正寺駐車場

**駐車場** 観音正寺表参道駐車場、または観音正寺裏参道山上駐車場を利用。どちらも観音正寺まで徒歩約15分

**登城時間** 石寺集落から本丸まで約1時間

観音正寺の駐車場は2か所あるが、どちらも有料道路を利用することになり、また17時で閉鎖されてしまうので注意が必要。トイレは観音正寺境内のみ。

# 観音寺城縄張図

作図=村田修三、提供=滋賀県教育委員会

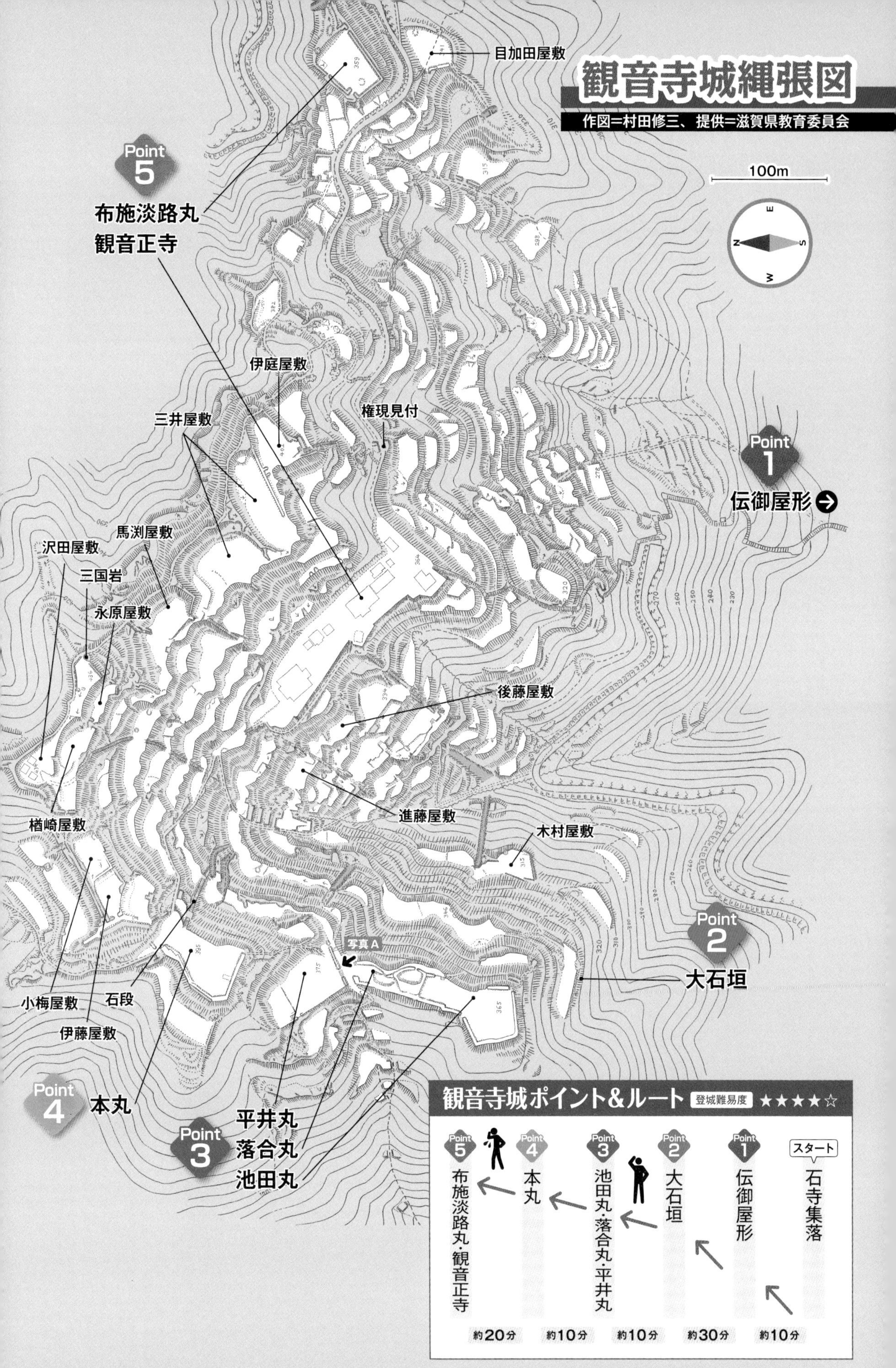


## 観音寺城ポイント&ルート

登城難易度 ★★★★☆

- スタート 石寺集落
- 約10分
- Point 1 伝御屋形
- 約30分
- Point 2 大石垣
- 約10分
- Point 3 池田丸・落合丸・平井丸
- 約10分
- Point 4 本丸
- 約20分
- Point 5 布施淡路丸・観音正寺

スタート

## 体力と相談して登城ルートを考えよう

観音寺城への登城道としては、主として三つのルートがある。観音寺城の築かれた繖山の南山麓の石寺《いしでら》集落から観音正寺への参詣道である本谷（見付《みつけ》谷）道と、伝御屋形からの尾根筋の表坂（追手《おうて》道）の大手側と、北西山腹にある桑実《くわのみ》寺《でら》から本丸に至る搦手《からめて》道である。いずれも1時間程度の山道で結構きつい。今回は伝御屋形を基点に追手からアタックしよう。なお、足に自信はないがどうしても観音寺城を見たいという人には、石寺側からと東山麓の川並からの林道を利用して、観音正寺近くの駐車場まで自動車で行ける。

Point 1

## 伝御屋形

### 六角氏の館跡に残る石垣

さて、石寺集落を過ぎると左手に天満宮が見える。ここが山麓居館の場所で、現在も高さ5mはある高石垣が残されている。

**観音寺城遠景**　観音寺城は、標高約433mの繖山全体に無数の曲輪を築いている

Point 1 伝御屋形の石垣

伝御屋形に残る石垣。自然石を積んだ野面積みだが、よく見てみると矢穴痕が残る加工石材が混じっている

大石垣 Point 2

追手道を進むと大石垣が見えてくる。崖上に野面積みの石垣が続く様は、圧巻の一言

大石垣の上からは、石寺集落が一望できる

稜線はいびつで古い石垣であることは一目瞭然である。近づいて詳細に観察すると、矢穴痕《やあなこん》があるではないか。観音寺城は城域のほぼすべてを石垣によって構築する戦国時代の山城として有名であるが、その石垣の石材は矢穴技法によって切り出されたものであった。通常、城郭石垣の矢穴使用は天正11年（1583）の大坂城を嚆矢《こうし》とするが、それよりも約30年も古い矢穴である。ところでこの居館は50m四方に満たない。守護所としてはかなり小規模である。実は守護所ではなく、山城へ登城する山麓大手の可能性が考えられる。

## Point 2 大石垣
### 巨大石垣から絶景を楽しむ

ここからはひたすら山を登ることとなる。このルートは表坂と呼ばれ、かつての追手道である。少し前までは藪漕ぎをしなければ登れなかったが、近年樹木の伐採が施され非常に登りやすくなった。約30分ほど登ると眺望が開けた場所に出て、眼前に巨大な石垣が見えてくる。

この石垣が通称大石垣と呼ばれるもので、高さは約4m、長さは約50mに及ぶ。やはり点々と矢穴痕のある石材が認められる。注目したいのはその矢穴の形状である。通常、近世城郭の石垣石材に認められる矢穴は石材の一辺に列点状に残されている。ところが観音寺城の矢穴は石材の縁辺に2～3か所にしか認められない。これは熟練工人が石の目を見て、最少の矢を入れて割ることができたことを示す。このような技法を観音寺技法と呼んでいる。

これらの観音寺城の石垣は、弘治2年（1556）に築かれたものであることが、湖東三山の一つとして知られる金剛輪寺《こんごうりんじ》が所蔵する文書から判明している。すべてがこの年に築かれたものではなく、営々と築かれたものであるが、少なくとも織田信長の安土築城20年前には築かれており、日本最古の城郭石垣であることはまちがいない。

## Point 3 池田丸・落合丸・平井丸
### 稜線に連なる石造りの曲輪

大石垣の上部の尾根筋に本丸、平井《ひらい》丸、落合《おちあい》丸、池田《いけだ》丸と呼ばれる主要曲輪《くるわ》群が配置されている。中でも最大の曲輪が大石垣直上の池田丸である。周囲は石垣によっ

稜線の南端に位置する池田丸は、曲輪全体に石垣がめぐらされている

落合丸には、池田丸から平井丸へのびるように石垣が設けられている

て築かれている。この石垣は曲輪内部でも立ち上がる石塁《せきるい》となっている。広大な曲輪内には礎石がいまでも点在しており、集水枡として使用されていた溜枡も残る。

ここでは発掘調査の結果、巨大な2棟の礎石建物が検出された。山麓の居館に相当するものであり、観音寺城では居館施設が山上に構えられていたと考えられる。山麓の居館が小規模なのは、御館が山上の池田丸に構えられていたためなのである。

下段の曲輪から本丸へは、幅約4mの石段が延々と続いている

池田丸に続く落合丸、さらに平井丸の正面に向かうと、とてつもない巨石を積み上げた虎口《こぐち》の石垣が現れるP68 写真A。虎口構造は平虎口であるが、巨石を算《さん》木《ぎ》に垂直に積む石垣はまさに日本のマチュピチュである。この虎口に入らず、石垣に沿って右手に進むと、石垣の間に通路が見える。天井石が落下しているものの、埋門《うずみもん》であることがわかる。観音寺城内にはこうした埋門が3か所に残されている。ここではあえてその場所は記さないので探してみられてはどうだろうか。

## Point 4 本丸
### 建物礎石や排水設備が残る

さらに石垣に沿って進むと、本丸下の帯曲輪《おびくるわ》に至る。その突き当り左手に本丸へ登る石段がある。石段は直線的に築かれ、本丸へ登る際に城主の権威を感じさせる。

本丸は山頂からやや下がった地に設けられていた。発掘調査によって、礎石建物の跡が検出されている

**本丸搦手虎口** 平虎口から喰違い虎口に改修された。よく見てみると、石垣を継ぎ足した痕跡が確認できる

さらに石段の右側には側溝が組まれており、排水も考えられた構造となっている。石段を登ればいよいよ本丸である。

本丸の周囲も石塁としており、曲輪内からは礎石建物が検出されている。北側に構えられた虎口は石垣を継ぎ足して喰違《くいちが》い虎口としている。もともとは平虎口であったが、石塁を継ぎ足して改修したものである。この搦手を少し出て、左手に下るといまでも水を湛える井戸が残されている。ところで本丸や平井丸といった主要部は山頂部に構えられていない。こうした曲輪配置は観音寺城の大きな特徴である。山頂は東西に稜線が続くが、この稜線を自然の土塁と見立てて、その外側となる北側にはほとんど城郭施設が存在しない。

## Point 5 布施淡路丸・観音正寺
### 曲輪群を抜け古刹に参拝

本丸から大石段を戻り、観音正寺の方に向かうと、三角点に登る山道があるので、これを登って稜

城域東端に建つ独立曲輪。東西43m×南北50mの方形に区画され、周縁には石垣をめぐらせている

**家臣曲輪下の山道**　本丸から布施淡路丸へは、かつての家臣屋敷下を通る。山道では、巨石をともなった石垣を楽しめる

線を東に向かって歩いて行こう。途中に三国岩や永原氏、馬渕氏、伊庭氏の屋敷と伝えられる曲輪を通る。観音寺城では多くの曲輪に六角氏の家臣たちの名がつけられており、それぞれの屋敷地といわれている。山上に家臣も住んでおり、天空の都市でもあった。この周辺には巨石が累々と重なり合っている。

　観音正寺の奥の院は普段は拝観できないが、岩陰に6体の磨崖仏《まがいぶつ》が刻まれている。この磐座《いわくら》ともいうべき景観こそが古くよりの信仰の山となった由縁であろう。さらに稜線を下ると観音正寺への林道に出る。その前方に小高い山塊が見える。これが布施淡路丸である。

　この曲輪は方形プランで周囲には石塁がめぐる。南西隅に開口する虎口は石塁をL字状に屈曲させて喰違い虎口としている。これより東側には城郭施設は認められず、布施淡路丸が観音寺城の東端を防御する目的で構えられた出城《でじろ》的施設であったことがわかる。

　ここからは林道を歩いて観音正寺へ向かいたい。途中には権現見付《ごんげんみつけ》と呼ばれる門跡がある。門の両側には巨石を用いた石垣が残る。

　観音正寺は、約1400年前に聖徳太子が人魚のために建立したという伝説が残る古刹。西国三十三観音の霊場として中世以来篤い信仰を集めてきた。戦国時代には六角氏によって一時南山麓に下ろされたこともあった。慶長2年（1597）に再び山上へ移り、江戸時代を通じて信仰を集めた。境内地の西面には石垣が残されているが、その北端には戦国時代の石垣が残されており、ここが文書に記されている上之御用屋敷であったと想定される。

　帰りは観音正寺の参詣道である本谷道を下りて石寺に戻ろう。

## 登城&観光memo

### 時代を動かした安土の歴史を学ぶ

観音寺城周辺は近江風土記の丘と呼ばれる歴史公園となっている。その中心に設置されているのが安土城考古博物館だ。ここでは観音寺城と安土城について、模型や出土遺物などが常設展示されている。登城前後には必ず訪れたい博物館である。パンフレットなども取り揃えられている。繖山には西国三十三観音霊場の観音正寺をはじめ、本堂が重要文化財で、将軍足利義晴が一時滞在していた桑実寺、庭園の美しい教林坊なども点在しており、歴史豊かな地である。

聖徳太子が開いたと伝わる古刹。現在の本堂は1993年の火災で焼失した後に再建されたものである

**歴史小咄**　織田信長に敗れた六角義賢・義治父子は甲賀へ逃れ、信長包囲網に加わる。ゲリラ戦を展開し、一時は旧領である東近江まで進出するが、同盟相手である浅井氏、朝倉氏が滅亡すると勢力は後退。結局、2人が観音寺城に帰還することはなかった。

西の湖
安土山
Point 3
池田丸
Point 3
落合丸
Point 3
平井丸
Point 4
本丸
Point 2
大石垣
Point 5
観音正寺
Point 5
布施淡路丸
権現見付
目加田屋敷

## 城主権威を優先させた巨大城郭

# 観音寺城 復元イラスト

考証=中井均、Illustration=香川元太郎

南東から見た観音寺城のイラスト。城の背後には、後に織田信長が安土城を築く安土山も描かれている。現在観音正寺が建つ位置には立派な建物が描かれているが、当時は山麓に移転しており、この地には六角氏や家臣の屋敷があったと考えられる。山上の曲輪群は石垣で防御を固めているが、堀や虎口の工夫などはほとんど見られない。画面手前には東山道が走り、観音寺城が交通の要衝に築かれたことがわかる。

# 勝尾城と支城群
【かつのおじょうとしじょうぐん】

## 本城と支城群による強固な防衛網

佐賀県（肥前国）

ガイド人
島 孝寿
（鳥栖市教育委員会）

写真A

### 歴史と立地 本城と六つの支城で守られた筑紫氏の本拠

勝尾城は、標高約500mの脊《せ》振《ふり》山《さん》地東端の一角に位置し、その南麓の谷筋を囲むように、鬼《おに》ケ《が》城《じょう》・高取《たかとり》城・葛籠《つづら》城・若山砦《とりで》・東出城・鏡《かがみ》城の六つの支城と、谷筋を分断する空堀《からぼり》・土塁《どるい》によって巨大な城館群を形成している。規模は東西約2・5㎞、南北2㎞を測り、往時の姿を今にとどめている。

築城は応永30年（1423）頃、九州探題《たんだい》の渋川氏とされ、明応6年（1497）頃に筑紫満門《ちくしみつかど》が入城。筑紫広門《ひろかど》までの5代約90年、筑紫氏の拠点であった。ただ、戦国末期まで不明確な点もあり、現在に残る遺構の多くは広門期に整備されたものと思われる。天正14年（1586）の島津氏との戦いで落城し、翌15年、筑紫氏がこの地を離れたため廃城となった。

| | |
|---|---|
| 所在地 | 佐賀県鳥栖市牛原町・山浦町・河内町 |
| 築城 | 応永30年（1423）頃［渋川義俊か］ |
| 廃城 | 天正15年（1587）［筑紫氏の転封による］ |
| 標高／比高 | 500m ／ 350m |

**電車** JR「鳥栖駅」からバスで「東橋」下車、徒歩約5分で四阿屋神社前駐車場

**車** 九州自動車道「鳥栖IC」から約20分で四阿屋神社前駐車場

**駐車場** 四阿屋神社前駐車場、筑紫氏館前駐車場、惣構駐車場が利用可能。
なお、惣構駐車場は事前に問い合わせが必要

**登城時間** 四阿屋神社前駐車場から約10分で葛籠城主郭
四阿屋神社前駐車場から約40分で筑紫氏館前
筑紫氏館前駐車場から約45分で勝尾城主郭

ℹ 四阿屋神社前駐車場、筑紫氏館入口、「東橋」バス停前の案内板には、パンフレットが設置されている。

# 勝尾城と支城群縄張図

作図=宮武正登、提供=佐賀県教育委員会

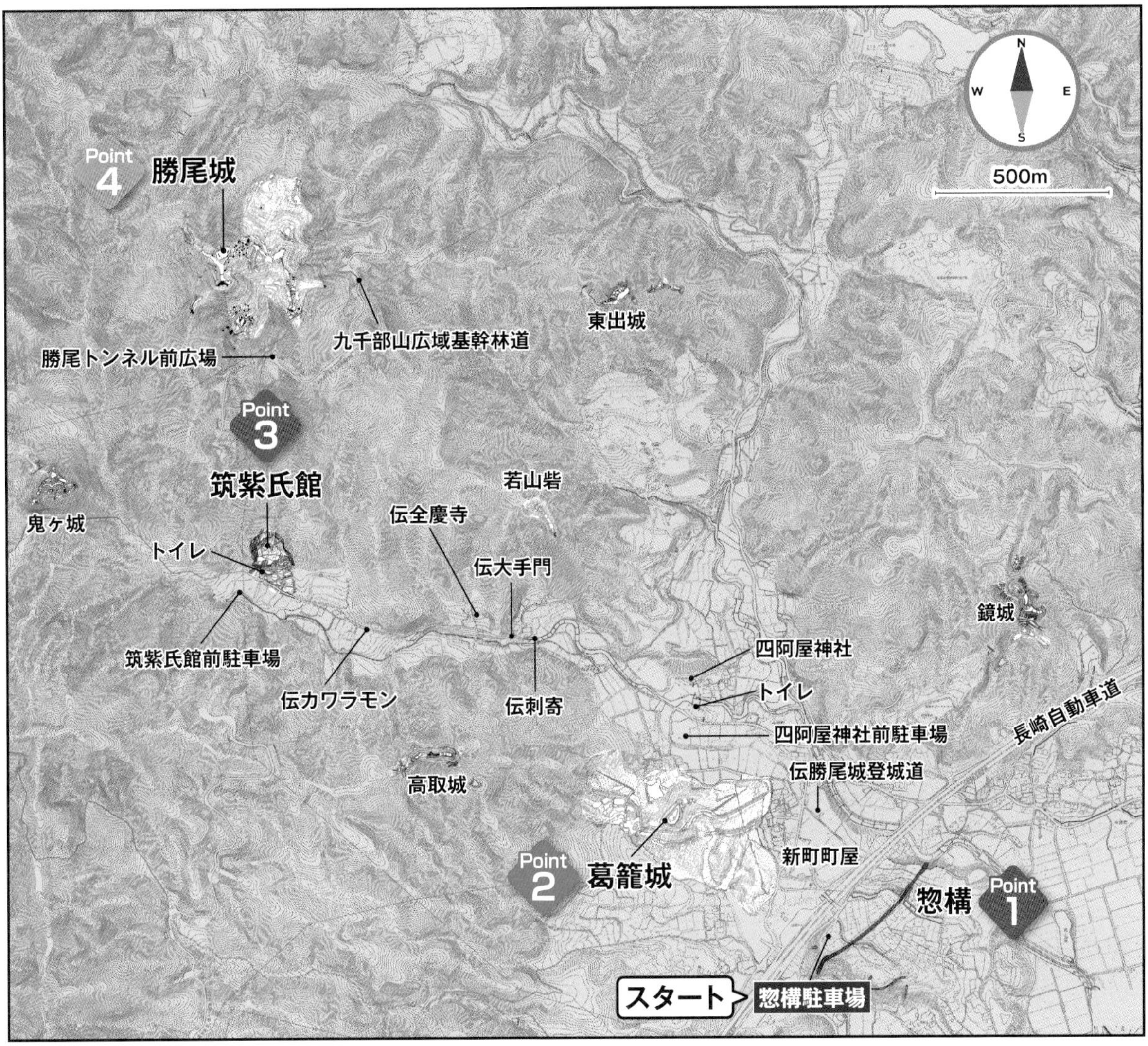


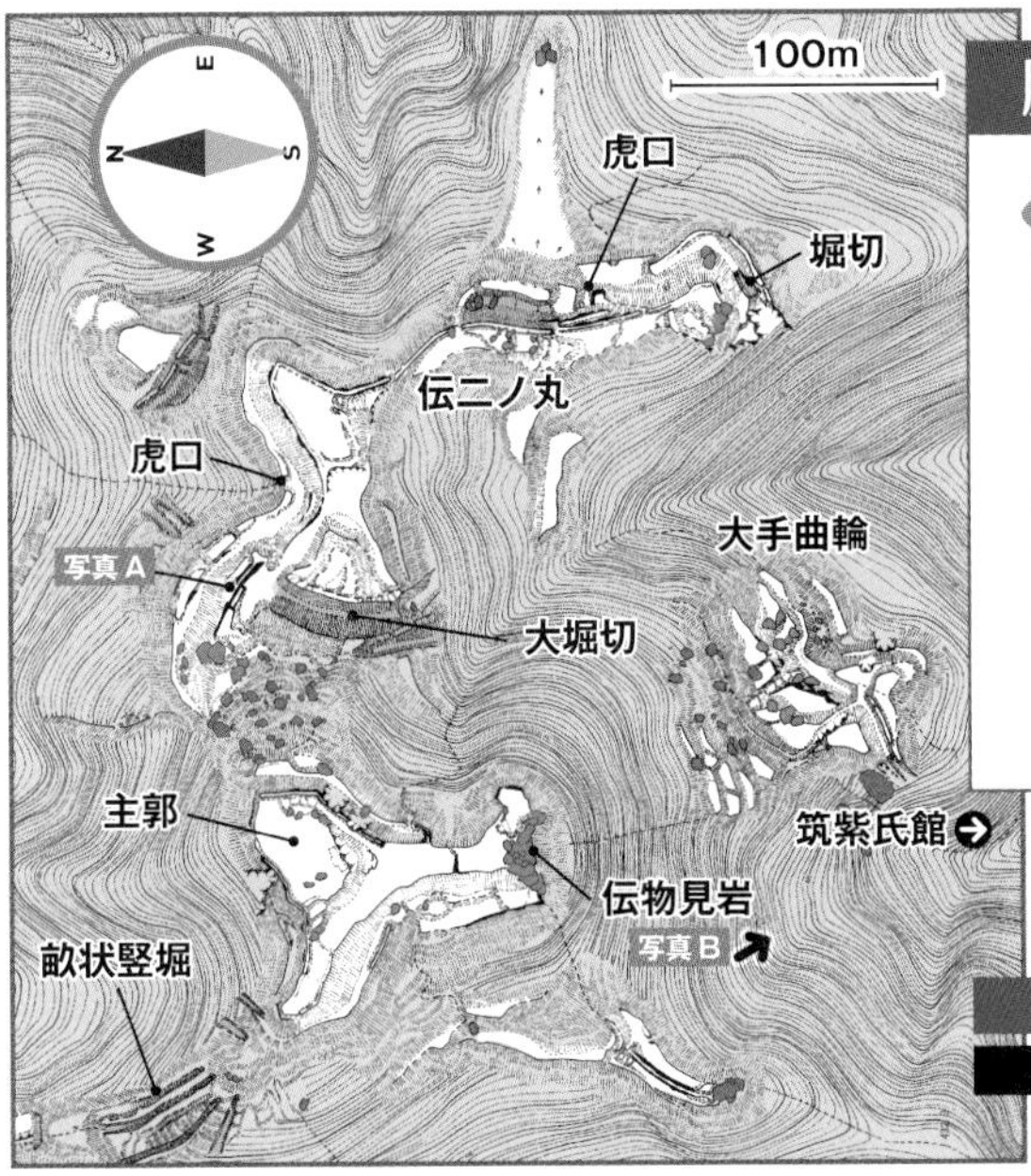


## 勝尾城と支城群ポイント&ルート

登城難易度 ★★★★★

- スタート 惣構駐車場 — 約5分
- Point 1 惣構 — 徒歩 約15分 / 車 約3分
- 四阿屋神社前駐車場
- Point 2 葛籠城 — 約10分
- 筑紫氏館前駐車場 — 徒歩 約40分 / 車 約5分
- Point 3 筑紫氏館 — 約5分
- Point 4 勝尾城 — 約40分

# 勝尾城縄張図

作図=宮武正登、提供=佐賀県教育委員会

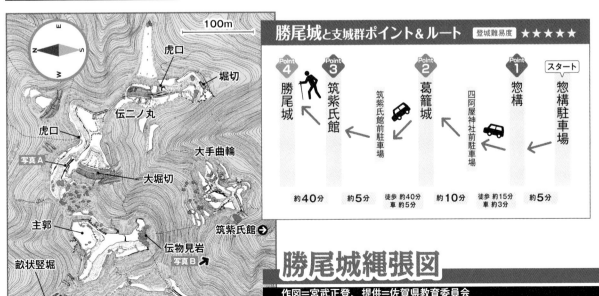

スタート

## 1日ではまわりきれない巨大な防衛網

今回は惣構《そうがまえ》、葛籠城、筑紫氏館、勝尾城の4か所を中心に案内するが、全行程を歩くと1日での見学は難しい。車を活用する場合は、各地点に隣接する駐車場や広場を利用するのが便利。特に勝尾城は、勝尾トンネル前広場を起点に九千《くせん》部山《ぶさん》広域基幹林道を利用すると約2時間で見学が可能である。

**勝尾城と支城**　安良川と支流が造った谷を囲むように勝尾城と六つの支城が築かれていた

## Point 1 惣構
### 巨大な堀と土塁が残存

城館群の外郭線に当たる地区には、東西に約420mにわたって丘陵を分断する「惣構」と呼ばれる巨大な空堀と土塁が併走して配置されている。堀の上幅が約10m、断面はV字形、土塁頂部から堀底までの深さは約5m、両側の土塁の基底幅は約20mを測り、土塁の法面《のりめん》には石積みが施されている。圃場《ほじょう》整備のため大部分は姿を消したが、一部丘陵斜面に痕跡を追うことができる。

惣構を北上し、長崎自動車道の高架下を進むと登城道と伝わる直線道が現れ、延長線上に勝尾城正面が見えてくる。この一帯では、調査により戦国末期の町並みが確認されている。

## Point 2 葛籠城
### 斜面を走る深い空堀

登城道を進むと左手に葛籠城が見える。この城の見所は、南斜面を併走するように走る2条の長大な空堀と土塁である。1条は安《やす》良川《ろがわ》から高取城の中腹までの約700mを測り、土塁を含め高さは5～7mと圧巻である。一部、空堀の中を歩くことができるので、その高さを肌で感じてほしい。

**伝登城道**　勝尾城や筑紫氏館へ続く登城道。左手に高取城、中央には勝尾城が見えている

Point 1 惣構

城館群の外側には深さ約5m、幅約10mにも及ぶ惣構が設けられていた。現在も一部が残存している

**歴史小咄**　天正14年(1586)、島津氏の侵攻を受けて勝尾城は落城。最後の勝尾城主となった筑紫広門は島津軍に投降する。しかし、豊臣秀吉の九州攻めに乗じて脱出し、旧領を奪還。その働きが秀吉に賞され、筑後上妻を与えられてこの地を後にした。

葛籠城の南斜面に走る空堀。大人の背丈を軽々と超える深さと壁のようにそびえる法面は、相当な圧迫感をもつ

**四阿屋神社**　ヤマトタケルがクマソ征伐の際にあずまや（東屋）を建てたことが名前の由来とされる。境内には渓流が流れており、夏は遊泳客で賑わう

主郭は、東西約30m、南北約50mの楕円形をしている。周縁は土塁と堀を設けて防御している

北斜面には主要な遺構は見当たらず、縄張の意識が南斜面に集中していることからも、惣構を突破された場合の防塁としての役割を担った城といえるだろう。なお、近年の発掘調査では、土塁の延伸状況や城内へと続く進入路など新たな発見も報告されている。

葛籠城から筑紫氏館を目指すには河内川沿いを進む。川沿いには四阿屋《あずまや》神社が鎮座し、夏場は涼を求めて多くの人が集まり、4月には獅子舞が奉納されている。

上流には、沖田《おきた》畷《なわて》の戦いで龍造《りゅうぞう》寺《じ》隆信《たかのぶ》を打ち取った島津方の武将、川上《かわかみ》左京亮《さきょうのすけ》と筑紫広門の弟とされる筑紫春門が一騎打ちを行った場所とされる「刺寄《きりよせ》」があり、両名の供養塔が建てられている。さらに川沿いを進むと、空堀と土塁によって山稜から谷までが分断されている「カワラモン」地区と続き、突き当たりに筑紫氏館入口の案内板が見える。なお、四阿屋神社から約1・5㎞、緩やかに傾斜する道は道幅が狭く注意が必要。

## Point 3 筑紫氏館
### 合戦の爪痕が残る居館跡

城主の居館は標高約220mの谷奥部に位置する。勝尾城から南にのびる2本の尾根に挟まれた山裾に立地し、規模は南北に約140m、東西に約90mを測る。「史跡勝尾城筑紫氏遺跡」と刻まれた標柱の横の階段を登ると平場《ひらば》に達し、平場に付随するように南斜面上に石垣が見られる。一帯からは柱穴、虎口《こぐち》、焼けた壁土を確認しているが、焼けた壁土は島津氏との戦いの爪痕とされている。また、瓦《かわら》も多数出土しており瓦葺《ぶ》きの建物の存在が推測できる。

近年、周辺の伐採によって虎口らしき石垣や勝尾神社跡（四阿屋神社に合祀）が明らかになりつつあり、館の姿が大きく変わる可能性が指摘されている。

館から勝尾城へと進むには右側の登り口を推奨する。主郭まで約40分（直線距離約800m、標高差約280m）だが、一帯は大小

筑紫氏館の虎口には石積みが残る

登城道を歩いていくとたどり着く大手曲輪の石垣跡。巨石と崩落した石材に圧倒される

**勝尾城への登城口**　居館跡からは、勝尾城へ登ることができる。誘導板に従って無理のないペースで歩こう

の石が多数露出しているため足元の注意が必要である。

## Point 4 勝尾城

### 城跡に散らばる石垣跡

登りはじめて10分ほどで二股に分かれるが右に進む。主郭まで誘導板が50～100m間隔で設置されており、それに沿って進んでいくとブロック壁（送電線鉄塔跡）が残る高台から勝尾城一帯を一望できる。

さらに進むと「大手曲輪《くるわ》」と呼ばれる地区を通過し、5分程で高さ約5ｍの巨石と出会う。この場所で息を整え、左へ進むと急斜面が続き、巨石と稜線をめぐる石垣が眼前に現れ主郭へ到達する。

勝尾城は主郭を取り囲むように副郭を配置し、石垣と並行するように横堀や土塁を設けている。西尾根は谷部を取り込むように石垣が築かれていた。なお、意図的に石垣が破壊された跡（破城）が各所で見られる。これは、肥後国衆《ひごくにしゅう》一揆《いっき》の影響なのだろうか。

副郭の南端、「物見岩」と伝承される場所からは、見事な眺望が開ける。西は長崎県雲仙普賢岳《うんぜんふげんだけ》、東は大分県由布岳《ゆふだけ》、南は久留米市耳納《みのう》連山、眼前には筑紫平野を一望することができるのだ 写真B。また、島津氏の勝尾城攻めの拠点であった高良山《こうらさん》を正面に見据える。2～3万に及ぶ島津兵が筑後川を越え、進軍する様子が手に取るようにわかったことだろう。

さらに主郭北側に移動すると太宰府や福岡市内も確認でき、北部九州一帯の動きを把握できたことがわかる。この地に立つと、要害

伝物見岩からは、葛籠城などの支城群はもちろんのこと、島津軍が布陣した高良山なども一望できる

の地に築城された意味が実感できるのだ。

主郭の南斜面には、総石垣と曲輪群で構成されている大手曲輪があり、石垣の中央部には正面入口とされる虎口が配されている。

主郭から東へ下った二ノ丸には、主郭に次ぐ面積を誇る曲輪が残る。さらに、東尾根を南東に下ると長さ約１００ｍの石垣が現れる。石垣に沿って下ると、総石垣の枡形《ますがた》状虎口に至る。

主郭と二ノ丸の間には、大堀切を呼ばれる堀切があり、石垣を用いて閉塞させることによって一体化し拡張させているP76写真A。この石垣の高さは約４ｍあり、自然石を約2m積み上げ、一度セットバックして二段積みを行っている。

勝尾城は全体的に谷を内に取り込み、尾根線上に連続して小曲輪を配して連結した構造である。ただし、大手曲輪から主郭や二ノ丸を連結するような一体的な構造は施していない。おそらく城の最終段階で城域を拡大させたが、完成にまで至らなかったためだろう。

二ノ丸の虎口から下ると九千部山広域基幹林道に出る。車にはくれぐれも注意。その林道を西に約10分歩くと勝尾トンネルがある。このトンネル横の小道に入ると約1分で誘導板があり、下れば館跡へともどる。

勝尾城は、惣構という巨大な堀と土塁で狭長な谷を塞ぐことによって空間を作り出し、支城や町屋などを一体として取り込んだ、まさに戦国期の姿を体感できる遺跡である。特に長大な堀と土塁を用いた防御施設は圧巻であり、「攻め手」と「守り手」の気分で戦国絵巻を体感してほしい。

**勝尾城の主郭** 山頂付近に設けられた主郭。この曲輪を中心に、竪堀や堀切、曲輪群が形成されている

## 登城＆観光 memo

### 準備万端で支城めぐりに挑もう

今回紹介できなかった高取城・若山砦・鬼ヶ城・東出城・鏡城は、誘導板を設置していないため、訪れる場合は事前準備と注意が必要。高取城や若山砦を訪ねる際には、四阿屋神社前駐車場を拠点とするのが最適である。なお、これらの地区は私有地のため、訪れる際にはマナーを守ろう。

筑紫氏館から勝尾城の一帯には、「サクラツツジ」と呼ばれる南西諸島や大隅半島で見られる亜熱帯のツツジが隔離分布（北限）しており、５月上旬には淡いピンクの花が各所で見られる。

**伝二ノ丸跡** 100mも続く石垣や石積みの枡形状虎口など、高い石積み技術を見てとることができる

戦国時代に領地をかけて争いを繰り広げた大名。城郭史に革命をもたらした安土城や御家滅亡の契機となった新府城など、武将たちの居城もまた日本史に大きな影響を与えた。英雄たちと同じ地に立ち、彼らの野望や悲哀を感じ取ってみよう。

あの武将と同じ景色が見られるかも？

# 大名の居城5選

滋賀県

## 安土城［あづちじょう］

### 革命児が築いた絢爛豪華な城

清洲城、小牧山城（ともに愛知県）、岐阜城（岐阜県）と勢力の拡大にともなって居城を移した織田信長が、天下統一の拠点として最後に築いた城。日本初の総石垣の城で、天主・御殿・石垣を備えた近世城郭の先駆け。高石垣や金箔《きんぱく》瓦《がわら》、初の本格的な天主など、後の日本城郭に大きな影響を与えた。

標高199mの安土山の山頂に建設された天主は、五重六階地下一階。主郭部への虎口《こぐち》にあたる黒《くろ》金門《がねもん》も、それまでの中世城郭には見られない巨石を使用した枡形《ますがた》であった。山麓から一直線にのびる幅6mの大手道の両側には、徳川家康や羽柴秀吉など、重臣たちの屋敷があったと伝わる。

天正4年（1576）に丹羽《にわ》長《なが》秀《ひで》を普請奉行《ふしんぶぎょう》として築城が開始され、天正10年（1582）の本能寺の変の際、織田信雄《のぶかつ》の放火によって焼失した。築城からわずか6年で失われたため、幻の城ともいわれている。

直線的にのびる大手道

黒金門跡

**所在地** 滋賀県近江八幡市安土町下豊浦
**電車** JR「安土駅」から徒歩約25分
**車** 名神高速道路「竜王IC」から約20分

## 山梨県

# 新府城

［しんぷじょう］

68日で焼失した武田氏最後の居城

大手の枡形虎口

天正9年（1581）に武田勝頼《たけだかつより》が築城。織田・徳川連合軍と戦うためには、本拠の躑躅ヶ崎館《つつじがさきやかた》（山梨県）では防衛不十分だったためだ。

釜無《かまなし》川左岸の七里岩台地を利用して築かれた武田流築城術の集大成とされる。大手の丸馬出《まるうまだし》は、枡形虎口と三日月堀の組み合わせであった。しかし織田軍が迫る中、武田勝頼は築城後わずか68日の新府城に火を放ち、岩殿城（山梨県）へと向かう。そして小山田信茂《おやまだのぶしげ》の裏切りにあい天目山《てんもくざん》麓の田野で自害、武田氏は滅亡した。

**所在地** 山梨県韮崎市中田町・藤井町

**電車** JR「新府駅」から徒歩約15分

**車** 中央自動車道「韮崎IC」から約20分

## 福井県

# 一乗谷城

［いちじょうだにじょう］

復元でよみがえる名門の居城

朝倉館跡と一乗谷城

一乗谷川の峡谷に居館と城下町を築き、背後の山頂に詰《つめ》の城を備えた、278ha に及ぶ広大な戦国城下町遺跡。文明3年（1471）に朝倉孝景《あさくらたかかげ》が築城し、朝倉氏5代が100年にわたって治めた。その栄華は北の京と称されるほどだったが、天正元年（1573）に織田信長に攻められ灰塵と帰す。

400年の間、地中に埋もれていたため、山麓居城跡と詰の城が良好に残る。一乗谷朝倉氏遺跡として復元整備が進む。

**所在地** 福井県福井市城戸ノ内町・三万石町

**電車** JR「一乗谷駅」から徒歩約10分

**車** 北陸自動車道「福井IC」から約10分

## 広島県

# 吉田郡山城

［よしだこおりやまじょう］

中国の覇者・毛利氏の居城

山麓に残る毛利元就墓所

毛利《もうり》氏の本城。毛利元就《もとなり》が家督を継いだ頃は小規模な城だったが、勢力の拡大とともに全山を要害化。山頂部の本丸から放射状にのびる尾根に、大小270の曲輪《くるわ》を配置する巨大山城となった。現在も三の丸や二の丸に、石垣の一部が残っている。

天文9年（1540）の郡山合戦では、尼子《あまご》軍3万に包囲されるも約8千で奮戦。撃退に成功した。三代・輝元《てるもと》の頃に居城を広島城（広島県）に移し、関ヶ原の戦い後の国替えによって廃城となる。

**所在地** 広島県安芸高田市吉田町吉田

**バス** 広島バスセンターからバスで「安芸高田市役所前」下車、徒歩5分

**車** 中国自動車道「高田IC」から約20分

## 高知県

# 岡豊城

［おこうじょう］

長宗我部元親の四国統一拠点

本丸に相当する詰ノ段

鎌倉時代に長宗我部《ちょうそかべ》氏が築いた居館が原型といわれている。土造りの山城だったが、長宗我部元親《もとちか》の時代に、山頂の本城と二つの出城《でじろ》からなる石造りの城へと改修された。

元親は天正3年（1575）に土佐《とさ》を平定すると、拠点を四国中央部の白地城（徳島県）に移し、次に四国平定を目指す。しかし天正13年（1585）の豊臣秀吉による四国攻めで降伏し、土佐一国を安堵《あんど》されると、天正19年（1591）に浦戸城（高知県）に移った。

**所在地** 高知県南国市岡豊町八幡

**電車** JR「高知駅」からバスで「学校分岐」下車、徒歩約15分

**車** 高知自動車道「南国IC」から約10分

# 領地を守る支城

## 領主の支配を行き届かせるネットワーク

支配領域を拡大した大名は、防御態勢を整えるため多数の支城を築いた。彼らは、ただ闇雲に支城を築いたのではなく、地勢や本城からの距離などに応じてそれぞれ明確な役割を与えていた。ここでは、支城の主な役割を紹介しよう。

### 支城の役割

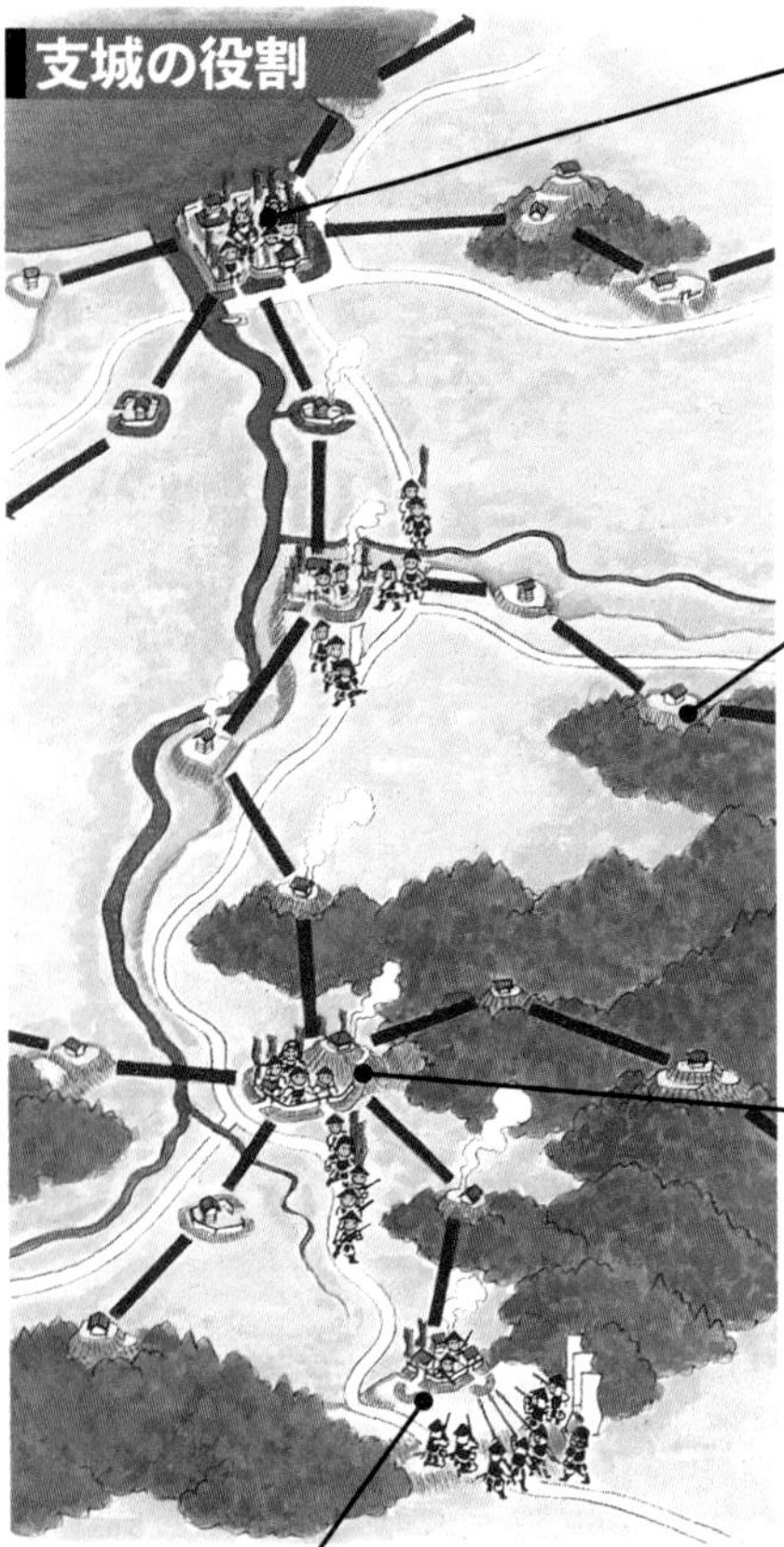

### 本城

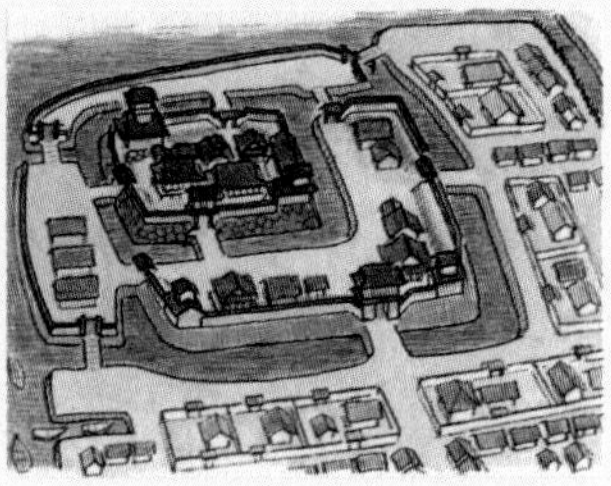

領主が住む本拠地で、領国支配の中心地でもある。戦国時代は、平地に築かれた居館と山上に設けられた詰の城のセットが基本だった。

### 伝えの城

城同士の通信拠点を担った城。見晴らしの良い場所に築かれ、烽火などの手段で敵の襲来や本城からの命令を伝えた。

### つなぎの城

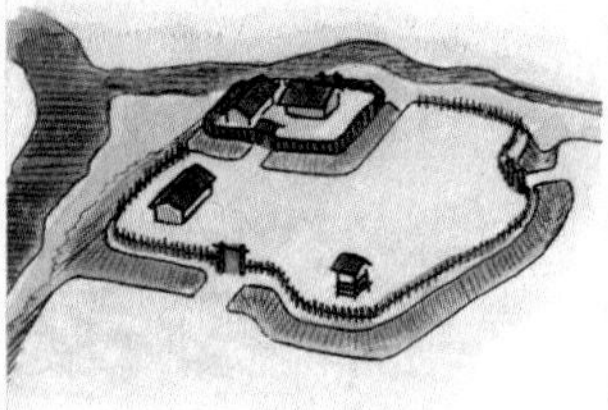

本城と支城や、重要な支城同士を結ぶ連絡用の城。兵糧運搬や伝令の中継地点となるため、広い駐屯地を有していた。

### 境目の城

他国との国境に築かれた城。敵国を監視できる位置にあり、敵が攻めてきた際には防御拠点となる。他国に侵攻する場合は、前線拠点として利用された。

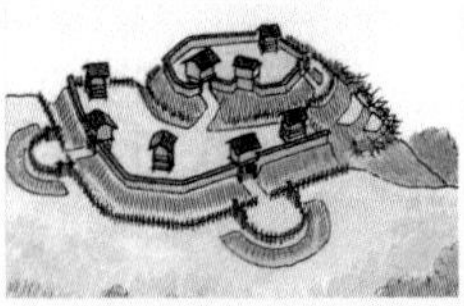

Illustration＝香川元太郎

### 役割に応じた支城を築き本城を防御する

戦国大名や国人領主の本拠地の城は「本城」と呼ばれ、それ以外の家臣の城や戦時に特化した山城や砦《とりで》などは、まとめて「支城《しじょう》」と呼ぶことが多い。

支城には役割や位置づけの異なるものがいくつもあった。最も重要なのが、国境線に位置する「境《さかい》目《め》の城」である。戦国時代の国境線は国人クラスの部将が誰に臣従するかによって常に変動しており、状況に合わせて国境線に複数の境目の城が築かれた。

境目の城は街道を扼《やく》する位置に築かれることが多く、街道そのものを城に取り込んだ例もある。

また、本城と支城、支城と支城をつなぐ「つなぎの城」も重視された。その役割は多岐にわたるが、オーソドックスなのは連絡用のつなぎの城だ。本城からの指示を支城に、また支城からの情報を本城に届けるのである。これが複数築かれると、おもに烽火《のろし》などで伝達された。また戦時の後方支援を担うつなぎの城もある。高天神城の戦いでは、武田方が兵糧搬入のために高天神城➡P94と滝境城（静岡県）の間に中継地点の城を築いた。この他、敵の襲来をキャッチして伝達したのが「伝えの城」だ。

小田原北条《ほうじょう》氏が関東一円に築いた支城網はよく知られているが、各支城にこれらの役割を割り当て、重臣や一族の将を配置していた。本城・小田原城（神奈川県）は、この支城網が機能することで敵を寄せ付けなかったのである。

3章

# 攻城戦の舞台

領国防衛の要である山城では、数多の攻城戦が行われた。この章では、戦国史の転換点となる激戦を経験した四つの山城を紹介。

# 山中城［やまなかじょう］

## 築城技術の粋を集めた山城の最高峰

静岡県（伊豆国）

ガイド人 加藤理文（日本城郭協会理事）

### 歴史と立地 天下人による北条攻めの最大の激戦地

箱根峠越え（東海道）を押さえるために、永禄年間（1558～70）、小田原北条《ほうじょう》氏が築城。豊臣秀吉と対立が表面化すると、急遽、堀や岱崎《だいさき》出丸《でまる》などの整備・増築を実施し、豊臣軍の侵攻に備えた。しかし、天正18年（1590）、未完のまま豊臣軍7万もの大軍勢の総攻撃を受けることになった。4000の兵で応戦するも、わずか半日持ちこたえることが精一杯であった。

ワッフルのような堀障子《ほりしょうじ》、尾根筋を区切る堀切《ほりきり》、曲輪《くるわ》を結ぶ土橋や架橋など北条流築城術満載の城だ。1934年に国の史跡に指定され、整備事業を実施。近年、再整備事業によって、樹木の伐採や土塁《どるい》の積み直しなどが行われ、見やすくなった。戦国期の土の城の特徴を余すことなく堪能できる魅力的な城だ。

| | |
|---|---|
| 所在地 | 静岡県三島市山中新田 |
| 築城 | 永禄年間（1558～70）［小田原北条氏］ |
| 廃城 | 天正18年（1590）［小田原北条氏滅亡による］ |
| 標高／比高 | 580m ／ 100m |

**電車** JR「三島駅」からバスで「山中城跡」下車、徒歩すぐで駐車場

**車** 東名高速「沼津IC」から約30分で駐車場

**駐車場** バス停付近に駐車場あり

**登城時間** 駐車場から本丸まで徒歩約10分

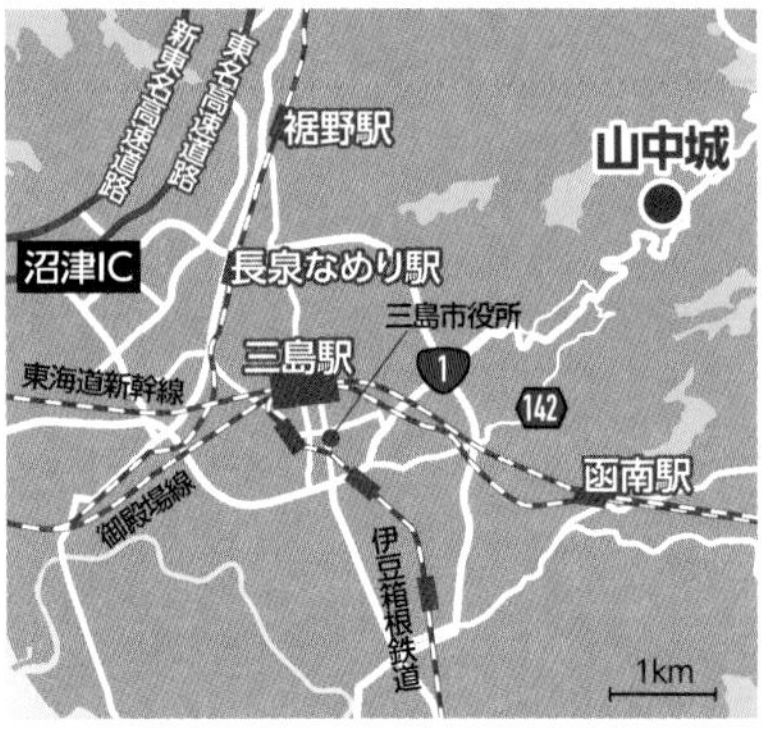


トイレは駐車場内に2か所。城内には、飲食もできる東屋が数か所設けられている。2019年10月の台風で、登城道や西ノ丸周辺の堀の一部が被害を受けた。

# 山中城縄張図

作図・提供＝八巻孝夫

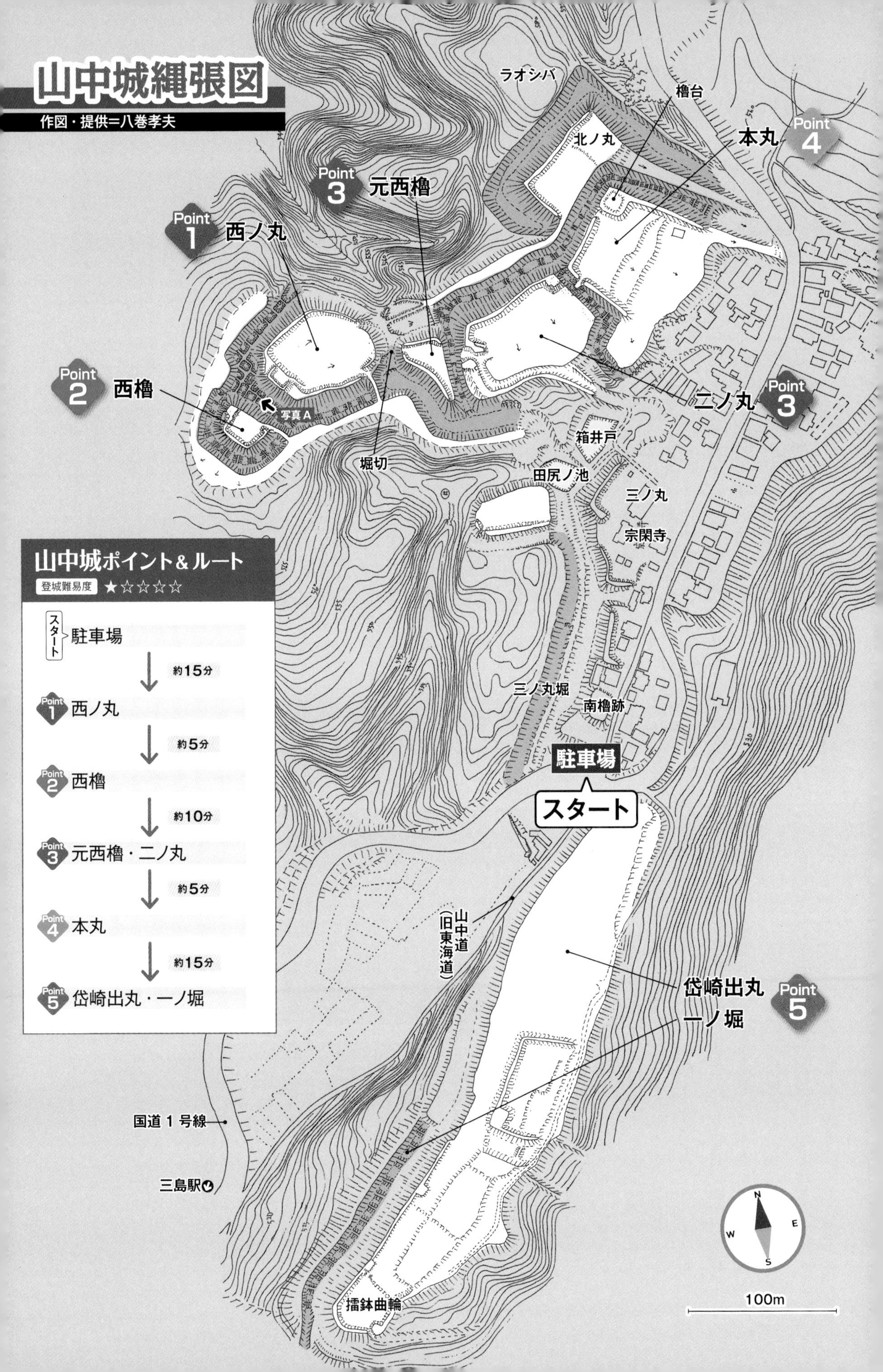


## 山中城ポイント＆ルート

登城難易度 ★☆☆☆☆

スタート 駐車場

↓ 約15分

Point 1 西ノ丸

↓ 約5分

Point 2 西櫓

↓ 約10分

Point 3 元西櫓・二ノ丸

↓ 約5分

Point 4 本丸

↓ 約15分

Point 5 岱崎出丸・一ノ堀

## 登城＆観光memo

### 城内の売店で腹ごしらえ

「山中城跡」バス停向かいの駐車場対岸の「山中城売店」に、パンフレット、日本100名城スタンプが置かれている。何といっても、ここの名物「寒ざらし団子」は絶品だ。上新粉を冬場の寒気にさらして作った素朴な団子で、味噌だれと蓬団子を抹茶塩でいただく。各3個の計6個で400円（値段は確認すること）。他に、蕎麦やカレーなどの軽食、ジュース・アイスなどが販売されている。城に行く前、帰りどちらでも、便利に利用できる。この店の脇に「箱根旧街道」石畳道の入口がある。

**箱根旧街道の石畳**　岱崎出丸の下には箱根旧街道が走っており、江戸時代の石畳が復元されている

スタート

## 軽装でも散策できるビギナー向けの山城

見学には、三島方面から国道1号線を東進し、左側の駐車場を起点にするのが便利だ。城跡は、整備が行き届いているため、軽装で十分だが、滑りにくいシューズにしよう。

駐車場が、かつての大手口で、道は北へ真直ぐにのびている。往時は、この道の左右が水堀で、さらに右上の三ノ丸から、通路に対して攻撃が可能であった。水田の中の一本道のような状況であったため、格好の的になったはずである。登城路は、鉤《かぎ》の手に折れて、左に登って、西ノ丸、西櫓《にしやぐら》へと続いている。

Point 1

## 西ノ丸

### 敵を殲滅する堀障子の恐怖

西ノ丸は、城の最西端の尾根上に位置し、南側に西櫓が付設する。ここが、山中城最大の見所で、小田原北条氏お得意の見事な堀障子が、西櫓と西ノ丸の外周を取り巻いている。堀幅は、狭いところで10m、広いところは約30mにもなる。障子の桟《さん》のように堀中に畝《うね》が設けられているため、一度下に落ちてしまえば、ロームの壁面は滑りやすく、容易に上がることはできない。そこに曲輪から一斉射撃にさらされる。まさに蟻地獄のような堀であった。再整備によって、樹木が剪定され、畝状にのびる堀障子が観察しやすくなった。さらに、晴れた日には前方に富士山の雄姿を望むことができるというのだ 写真A 。

Point 1 **西ノ丸の堀** 写真A
底を網目状に掘り残した堀障子が特徴

Point 2

## 西櫓

### 西ノ丸の役割と両曲輪の関係

西櫓は、西ノ丸よりやや低く三方を土塁が取り囲む。西ノ丸側に土塁がないのは、万が一、敵方の手に落ちた時に、陣地として利用できなくするためで、西ノ丸からは内部が丸見えであった。西ノ丸は、本丸に次ぐ拠点曲輪で、四周を土塁で囲み、西櫓側の土塁を幅広とし物見台を兼ねた造りにしている。本丸にのびる尾根先端でもあり、城内で最も強固な防備が施

Point 2 **西ノ丸から見た西櫓**
西櫓は曲輪の外周に土塁をめぐらせているが、敵に占拠された場合を想定して西ノ丸側には土塁を設けていない

**二ノ丸**　城内最大の曲輪面積を誇る二ノ丸は、全体が南に傾いている

**元西櫓**　二ノ丸を守る馬出の役割を担う曲輪。敵が侵入した際は、橋を落として曲輪に閉じ込めて殲滅することができた

西ノ丸と元西櫓の間は深い堀切で隔てられている。山中城の土は滑りやすい関東ローム層なので、橋を落とされれば侵入は不可能だ

され、本丸への進入を阻んでいた。

西櫓と元西櫓へは、木橋がかけられていたことが発掘調査で確認された。木橋は、有事に際し切り落としてしまえば、敵方の進入路をなくす効果があった。西ノ丸から元西櫓、二ノ丸が見えやすくなった。斜面切岸《きりぎし》を確認するのを忘れないようにしたい。

Point 3

## 元西櫓・二ノ丸

### 土塁と堀障子による防御

西ノ丸から本丸までの間に、二ノ丸（北条丸）と元西櫓の二つの曲輪が設けられていた。元西櫓は、北東側を除き土塁がめぐる。東西に位置する両曲輪とは木橋によって接続。発掘調査では、二ノ丸に接続した木橋が幅約1・7m、長さ約4・3mの規模と判明した。ここの東方より本丸と北ノ丸間に向かって堀障子が連なっている。豊臣軍侵攻前はこの曲輪が城の最西端で、そのため周囲に堀障子がめぐらされた。

二ノ丸は、南側を除く三方に土塁がめぐる。本丸側の土塁は、幅広で高さも低く土壇のような形態であった。曲輪は他の曲輪と異なり、平らではなく南側に向かってかなり傾斜している。元西櫓から、二ノ丸を通って本丸に向かった敵兵は、この傾斜に大いに戸惑ったはずである。走ってみると実感できるが、十分注意しないと危険だ。南へ降りる道は、鉤の手に曲がって箱井戸の脇へと続く。

Point 4

## 本丸

### 櫓台をもつ最高所の曲輪

本丸は、最高所に位置する城内最大の曲輪で、二段の平場から構成。東側を除く三方を高さ約5m、底辺幅約15mの大土塁が囲み、北西隅に方形の櫓台が設けられている。櫓台には、城のシンボルとなった櫓が構えられていた。記録によれば、本丸には広間があり、その前庭には200名以上の兵が駐屯していたとある。最後の攻防戦は、土壇上の櫓を中心に鑓《やり》によって繰り広げられ、勝利した豊臣軍はシンボルであった櫓上に馬《うま》験《じるし》をあげ、落城を視覚的に敵味方

**歴史小咄**　山中城主の松田康長は、北条氏に馬廻衆として仕えていた人物で、北条攻めの3年前から山中城の改修に携わっていた。山中城の戦いの際は、はじめ西ノ丸で戦い、渡辺勘兵衛によって西ノ丸が落ちると西櫓で抵抗した後、討死した。

本丸と二ノ丸を隔てる堀も堀障子となっている。一見、畝上を伝って移動できそうだが、本来の堀障子は上部が狭いため移動は困難だった

に知らせたとある。

本丸と南側の二ノ丸との間には、土塁と空堀が配され、土塁を割って木橋をかけるとともに、その西端部では両曲輪の土塁が連絡している。これは、両曲輪が区画されてはいるものの、一体的に防御しようとしたことを物語っていよう。

本丸の北側に位置する北ノ丸は、本丸との間を堀障子によって区切られ、本丸側を除き土塁がめぐる。位置的・機能的にも本丸の馬出《うまだし》であり、本丸防御の前線でもあった。北ノ丸と本丸の間は、木橋で接続。北側のラオシバと呼ばれる平坦地は、曲輪を構えようとしたものの、その前に豊臣軍侵攻があり、造成が計画倒れに終わったのであろう。

三ノ丸と二ノ丸の間には湿地帯が広がり、北側を箱井戸、南側は田尻ノ池と呼ぶ。箱井戸に湧水した水を飲料水とし、さらに、下段の田尻ノ池に流れた水を飼育馬用などの雑用水としていたと考えられている。

三ノ丸は、現在曲輪の中央を国道1号線が貫き、市街地化した部分もあるが、西側には土塁が残存する。三ノ丸は、かつては空堀によって南北に分かれ、その中央を山中道が縦断していた。城は、敵兵を城中に引き入れ殲滅するねらいであったことが判明しよう。また、三ノ丸跡の東月山普光院宗閑《そうかん》寺《じ》（浄土宗）には、山中合戦で壮絶な最後を遂げた山中城主・松田《まつだ》

**本丸の櫓台**　本丸の最上段には櫓台が残る。ここにはかつてシンボルである櫓が建っていたと考えられている

東海道に面する斜面を守る横堀。堀底には十数本の畝が設けられ、半割の竹のようになっている。遠くに駿河湾を望む

康長《やすなが》、副将・間宮康俊《まみややすとし》と豊臣方の大名・一柳直末《ひとつやなぎなおすえ》などの墓が、分け隔てなく並ぶ。鬼籍に入れば、人々は敵味方なく、成仏を願うのが常であったことがよくわかる。

## Point 5 岱崎出丸・一ノ堀

### 豊臣軍に備えた未完の曲輪

最後に、主要部から南に突き出た尾根上最南端に位置する岱崎出丸へ向かおう。この出丸の役割は、大手口へ向かう敵兵を高所から攻撃することであった。また、主要部へとのびる尾根を豊臣方に占拠されることを防ぐ目的もあった。そのために、南西側斜面に畝をもつ横堀（一ノ堀）を設け、最南端端部を竪堀《たてぼり》で遮断している。端部は周囲に土塁をめぐらせて、内部を擂鉢《すりばち》状に窪ませていた。発掘調査により、豊臣軍の襲来に備えた改修が中途に終わったことを証明した曲輪である。

岱崎出丸の南西下を石畳の箱根旧街道がのびている。箱根八里と呼ばれたこの道は、直線的に造られ、非常に急な坂道であった。この石畳の下から山中城の堀の跡も発見され、岱崎出丸の堀を埋め立てて街道を造ったことが判明している。

山中城は土の城の最高到達点と評価できるが、たった一日で落城したことにより、土の城の限界を戦国の世に問うた城ともなった。

**岱崎出丸**　岱崎出丸は、豊臣軍の来襲に備えて設けられた。山中城の戦いでは、最初の激戦地となり、豊臣軍の将・一柳直末が討死している。天気の良い日には、富士山や愛鷹山が一望できる

# 大軍の前にあえなく落城した土の名城
# 山中城 復元イラスト

考証＝加藤理文、Illustration＝香川元太郎

小田原攻めに備えて改修が行われた、天正17年（1589）頃の姿を復元したイラスト。三ノ丸や南櫓など、現在は失われた曲輪も復元されている。画面右下には、逆茂木で封鎖された旧東海道が屈曲しながら城内を通り、小田原方面へ続く様子が描かれており、小田原北条氏が山中城を重視した理由がよくわかる。続々と集結する兵士や戦に備えて曲輪を造成する様子と、一大決戦を目前に控えた城内の緊張感が伝わってくる。

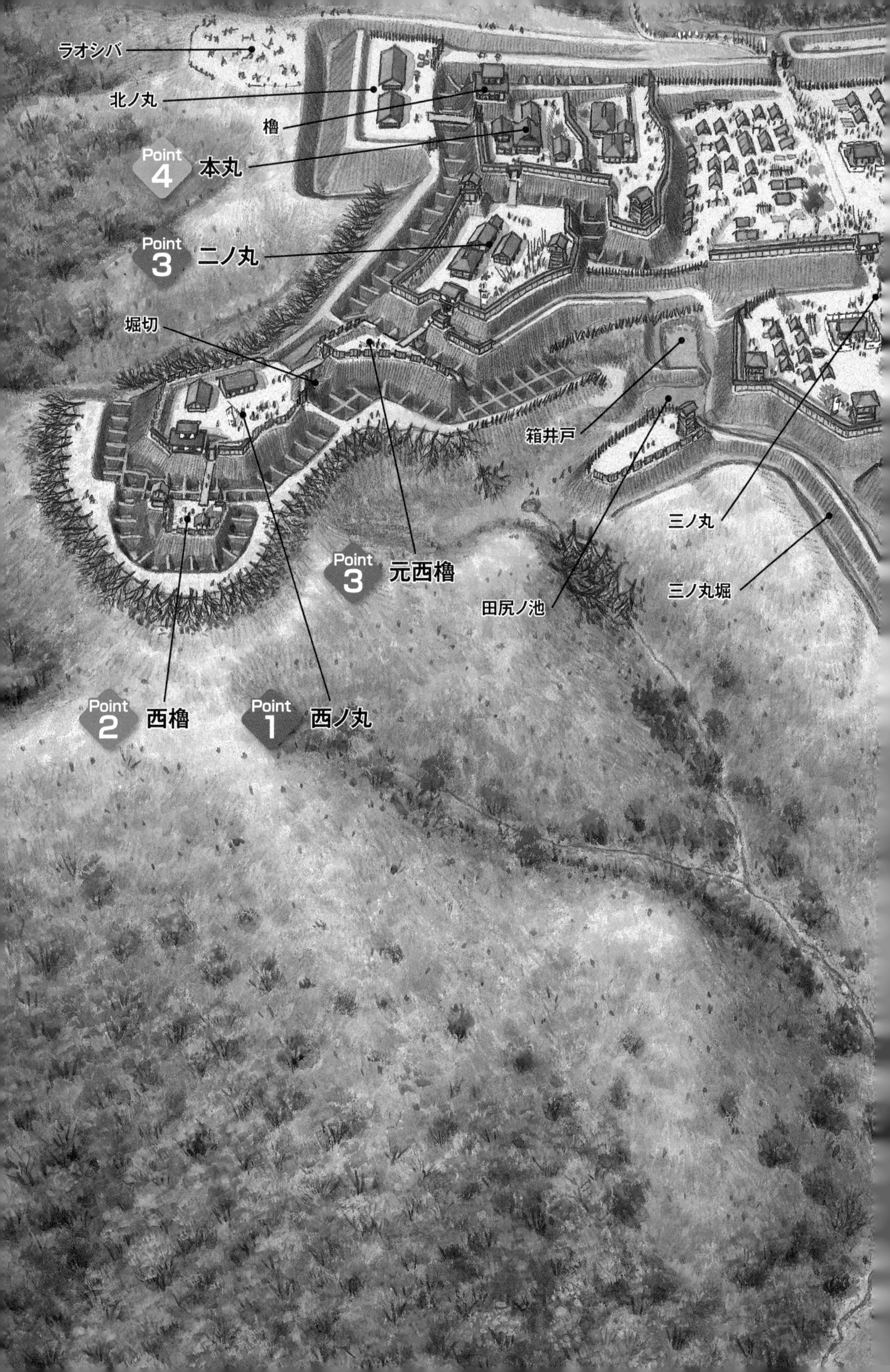
ラオシバ
北ノ丸
櫓
Point 4 本丸
Point 3 二ノ丸
堀切
箱井戸
三ノ丸
Point 3 元西櫓
田尻ノ池
三ノ丸堀
Point 2 西櫓
Point 1 西ノ丸

3章
攻城戦の舞台

# 二つの峰を利用した「一城別郭」の要害

# 高天神城【たかてんじんじょう】

静岡県（遠江国）

ガイド人
**加藤理文**
（日本城郭協会理事）

## 歴史と立地
## 遠江争奪の要として徳川と武田が争った城

15世紀末から16世紀初頭に福島《くしま》氏が築城し、その後、小笠原《おがさわら》氏が城主となった。永禄11年（1568）、徳川家康方となったが、駿遠国境近くに位置するため、元亀2年（1571）以降、徳川・武田《たけだ》軍の間で争奪戦が繰り広げられた。天正2年（1574）、武田勝頼《かつより》の手に落ちると、家康は周囲に砦網を構築し、城を孤立させる作戦に出た。5年余の籠城戦の末、最後は大将以下残兵が、城外に総突撃し玉砕、天正9年（1581）、徳川軍によって焼き払われたという。

城は、丘陵鞍部《あんぶ》に位置する井戸曲輪《くるわ》を境に、当初に築かれた東峰と武田軍が増強を施した西峰に展開。それぞれが独立した曲輪群を形成する「一城別郭《いちじょうべっかく》」の様相を示し、周囲は断崖絶壁となっている。

| | |
|---|---|
| 所在地 | 静岡県掛川市上土方嶺向 |
| 築城 | 15世紀末～16世紀初頭［福島氏］ |
| 廃城 | 天正9年（1581）［城の落城による］ |
| 標高／比高 | 132m ／ 100m |

**電車** JR「掛川駅」からバスで「土方」下車、徒歩約15分で追手門口
**車** 東名高速「掛川IC」から約15分で追手門口
**駐車場** 追手門側と搦手門側にそれぞれ駐車場あり
**登城時間** 追手門から徒歩約10分で本丸

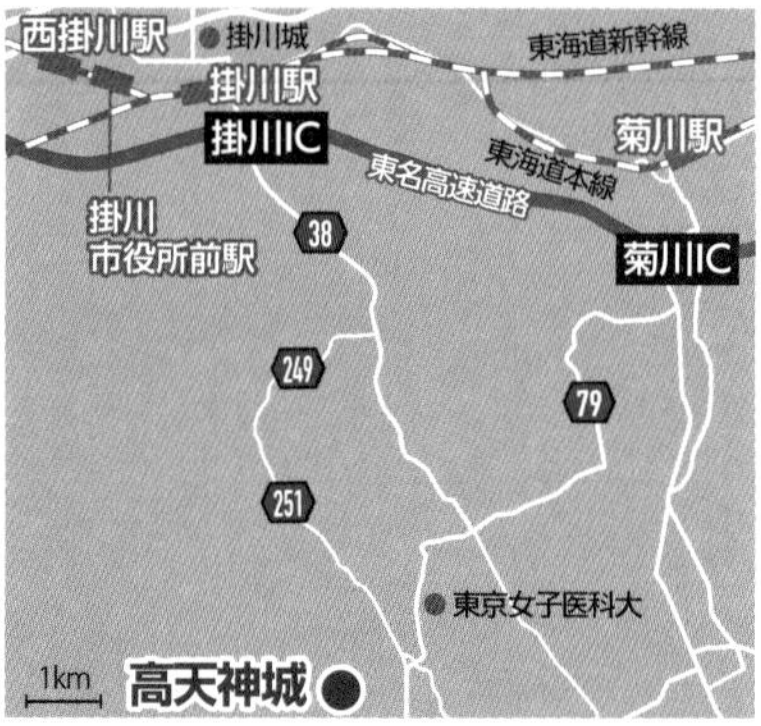


i トイレは駐車場に1か所ずつある。なお、周辺には自販機や売店がないので飲み物は事前に用意しておこう。

## 高天神城ポイント＆ルート

登城難易度 ★★★☆☆

| スタート | Point 1 | Point 2 | Point 3 | Point 4 | Point 5 |
|---|---|---|---|---|---|
| 追手門 | 御前曲輪・本丸 | 的場曲輪・木戸跡 | 井戸曲輪・搦手口 | 堂の尾曲輪 | 西の丸・馬場平 |
| 約20分 | 約10分 | 約10分 | 約15分 | 約10分 | |

# 高天神城縄張図

提供＝『史跡高天神城跡基本整備計画策定報告書』高天神城跡地形測量図を戸塚和美が改変

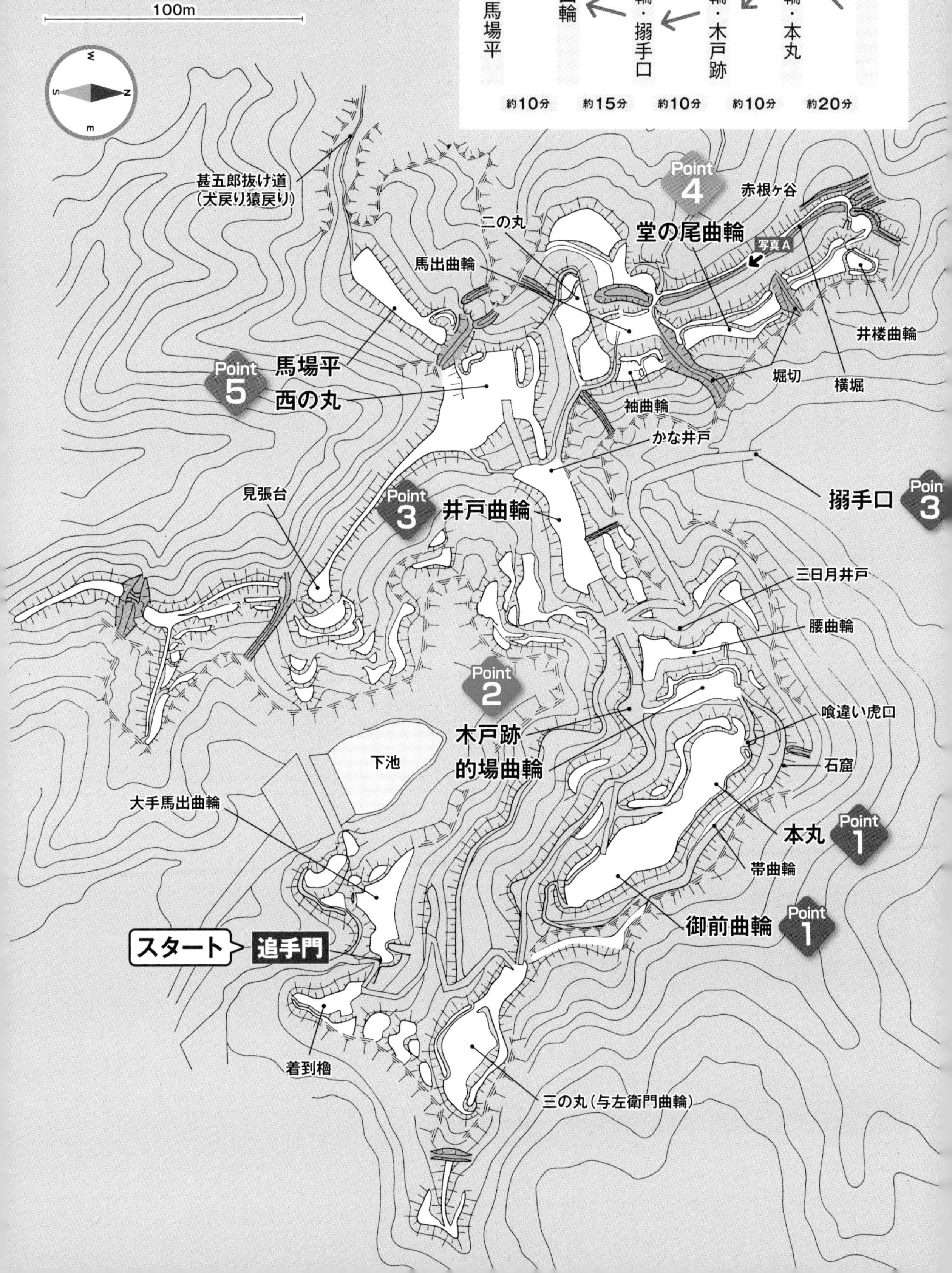

スタート

## 追手門から三の丸へ出陣！

北側に約１００台駐車可能な搦《からめ》手《て》門駐車場、南側は10台程が可能な追手門《おうてもん》駐車場がある。東名掛川ＩＣから約15分程だ。城跡の遠景を撮るなら、追手側からの姿形が美しい。また、城を見学するにも追手から登るのが効率的だ。

東峰に位置する駐車場から北にのびる大手登城路を進むと突き当りが追手門跡だ。高低差がありなぜここに門がと思ってしまうが、実は正面左の藪が大手馬出《うまだし》曲輪で、入口に追手門が構えられていた。道はここからＵターンを繰り返しながら三の丸へと続いている。大手馬出曲輪の南東上に着到櫓《ちゃくとうやぐら》跡があり、通路に対し横矢《よこや》を掛ける役割を担っていた。現況は、鬱蒼としており中へ入ることはできない。

駐車場から5分ほど、城の東端を押さえる主要曲輪が三の丸だ。大手登城路を監視する役目もあった。土塁《どるい》で囲まれた40ｍ×20ｍ程の規模で、遠州灘《えんしゅうなだ》が一望される。

**追手門跡**　山麓からの進入口である追手口は、高天神城をめぐる戦いにおいて幾度も激戦地となっている

Point 1

## 御前曲輪・本丸

### 城主気分で遠州灘を見渡す

三の丸から約5分。本丸は、東峰の最高所に位置し、南側の御前曲輪と一体となって機能を果たしていた。ここが、今川時代の主要部で、南北約90ｍ×東西約15～20ｍの長方形を呈し、西側に土塁が残存する。虎口《こぐち》は、曲輪ほぼ中央部西側と北端の2か所に見られ、中央部が井戸曲輪から続く正面口であった。東側は、急峻な崖地形となるが、10ｍ程下に通路を兼ねた帯《おび》曲輪を確認、「諸国古城之図《しょこくこじょうのず》」にも描かれた古い通路だ。残念ながら、現在立ち入ることはできない。

御前曲輪は、本丸南側に位置する曲輪で、東峰最大の規模を誇り、最も眺望が開けた曲輪である。享保期（１７１６～36）まで、高天神社があったことからこの名がある。ここから南を眺めると、菊川

### 登城＆観光memo

#### 観光協会で地元名物をゲット

掛川駅南口連絡道の掛川観光協会「旅のスイッチ」で、パンフレットを入手し、公共交通機関を利用したアクセスを聞こう。また、ここで高天神城など市内３城の「御城印」を販売している。駅構内の「これっしか処」は、深蒸し茶をはじめとするお茶や名物の「葛」関連商品など市周辺の地場産品を販売する。また、城の周辺には徳川軍が築いた砦が残る。中でも、南西の横須賀城は、織豊期に構築された河原石の石垣が復元されており、一見の価値がある。

**石窟**　本丸下には、徳川家家臣・大河内政局が幽閉されていた石窟が残る

Point 1 本丸

合戦の際、城主は本丸で指揮を執ったという。天正9年の戦いの際も、城代・岡部元信はここから最後の突撃へ向かった

河口から遠州灘、遠く御前崎までが一望される。ここに残るコンクリートの基礎は、1934年に地元出身の軍医が築いた二重の模擬天守のものだ。1945年に落雷で焼失したとか、空襲の目標になるのを恐れ、壊したともいわれるが定かではない。

本丸北直下に大河内《おおこうち》政局《まさちか》の石窟が残る。政局は徳川軍の戦目付《いくさめつけ》であったため、実に7年間にわたり幽閉されたという。落城後救出された彼の忠節を賞した家康は、終生厚遇している。この石窟跡が大雨で崩落したため調査を実施した。なんと下部から本来の洞窟が検出され、伝承が事実であったことを証明する稀有な事例となった。的場曲輪の南西端から行くことができる。

東峰の西側には、本丸を守る的場曲輪と腰曲輪が広がる

## Point 2 的場曲輪・木戸跡
### 発掘で判明した創建年代

本丸西下に土塁囲みの的場《まとば》曲輪と腰《こし》曲輪の二段の曲輪が残る。的場曲輪では、籠城戦用の兵糧等を備蓄した倉庫跡と考えられる石敷遺構が検出された。ここからの出土遺物の年代によって、東峰創築時期が確実となった。特筆されるのは、的場曲輪南下に位置する帯曲輪で岩盤を掘り込んだ木戸柱穴と考えられる遺構が検出されたことだ。この木戸が東峰の正面口であることが確実な状況である。また、ここから本丸へと続く岩盤を削り込んだ往時の幅約1間（1・8m）の通路が、斜面側に残されており、極めて注目される。本丸下では階段状に整形されてもいる。全国的に見ても貴重な遺構で、ここを見落とすわけにはいかない。

**城内の通路**　的場曲輪から本丸へ続く通路は、岩盤を開削して造ったもの。当時の城内通路が残る例は全国的にも珍しい

## Point 3 井戸曲輪・搦手口
### 籠城の要となる水の手

東西の峰を接続する鞍部の曲輪が井戸曲輪で、東西約70m×南北約13mの規模である。籠城戦に備えた「かな井戸」と呼ばれる井戸があったためにこの名があり、現在も石組井戸が残されている。井戸曲輪の北側、搦手口から続く通路の途中に、武田軍が雨乞いの儀式をしたといわれる三日月井戸も

**三日月井戸**　井戸曲輪手前には「三日月井戸」が残り、現在も水を湛えている

二つの峰をつなぐ鞍部は、「かな井戸」と呼ばれる井戸があったことから井戸曲輪と呼ばれた

**歴史小咄**　大河内政局が石窟に幽閉されたのは、武田軍に包囲された際に降伏に反対したため。７年後に救出された際には、歩行困難になるほど衰弱していたという。その後も徳川家に仕え、小牧・長久手の戦いで討死した。

残り、水が重要であったことを伝えている。人工的なものではなく、湾曲部からしみ出す水を溜めたのであろう。戦国期の井戸は、飲料目的だけでなく、儀式の場としても利用されていたのである。

搦手口は、井戸曲輪の北下を通り、腰曲輪でUターンするように南に折れ、井戸曲輪へ入る構造。この間、的場曲輪と腰曲輪が通路正面に位置し、頭上から通路に対し攻撃を仕掛ける強固な配置であった。

## Point 4 堂の尾曲輪
### 武田氏により改修された曲輪

高天神城にとって唯一の弱点が西側の赤根ヶ谷方面で、唯一の緩斜面となる。そのため、当時の武田軍がもつ最新鋭の技術力を駆使して防御網を築きあげた。まず緩斜面部分全体を横切る横堀と巨大な土塁を設け、その上段に南から、二の丸、堂の尾曲輪、井楼《せいろう》曲輪を配し、それぞれの曲輪間に圧倒的な規模の堀切《ほりきり》を設けた。横堀は、二の丸南端から井楼曲輪下まで逆L字状にのび、総延長は約200mにも及ぶ 写真A。発掘調査により、堀幅、深さともに約5mの規模と判明。堀の形状は逆台形を呈す箱堀であった。堀の前面に設けられた土塁は、堀の残土を利用して突き固められており、上面で幅約2mを測る。守備兵は、堀底・土塁上を通路として利用していたことが想定される。斜面は急勾配の切岸《きりぎし》とし、登ることさえ困難であった。発掘調査により、堀切底から橋脚跡、その手前には橋脚へ近づくことを防ぐ箱堀状の四角形の落ち込みを確認した。曲輪先端部の堀内では畝《うね》が検出され、武田軍が総力を結集して、ここを守備しようとしたことが判明する。圧倒的な規模の横堀と堀切こそが、この城の必見ポイントだ。

袖曲輪と堂の尾曲輪を隔てる堀切。かつては木橋がかかっていたと考えられている

堂の尾曲輪と井楼曲輪を隔てる堀切。荒々しい岩盤がのぞいている

## Point 5 西の丸・馬場平
### 尾根を利用した西端の守り

西峰の中心は、井戸曲輪の西上に位置し、現在高天神社が鎮座する西の丸だ。周囲には、高く厚い土塁の一部が残存しているが、後

堂の尾曲輪から井楼曲輪にかけて設けられた横堀。堀と土塁が約200mにわたって続く様は圧巻の一言だ

**甚五郎抜け道**　落城直前に武田軍の横田尹松（甚五郎）が使った抜け道。道の険しさから「犬戻り猿戻り」とも呼ばれる

西の丸と馬場平の間にも深い堀切が設けられ、馬場平からの敵襲を阻んでいる

世の改変が著しい。ここから南側に続く痩せ尾根先端部に見張台、南西下に堀切を挟んで、城の西端となる50m×10m程の馬場平を配置。ここからも遠州灘が一望される。馬場平の西端からは、落城に際し、軍監の横田《よこた》甚五郎《じんごろう》が抜け出し甲府の勝頼のもとへ落城の報告をした「甚五郎抜け道」がのびる。左右が旧崖の細尾根上の隘路《あいろ》で、犬や猿でも途中で戻ってきてしまうため「犬戻り猿戻り」とも呼ばれる。

勝頼が後詰めに来ることがかなわず、城兵ことごとく討死したことで、武田の名声は地に落ち、わずか1年後に滅亡してしまう。

城は、ほぼ垂直に切り立った崖上に位置し、まさに難攻不落が実感されよう。

徳川軍の攻撃の前に力尽きた遠江の堅城

# 高天神城 復元イラスト

Illustration=香川元太郎

天正8年（1580）の徳川家康による高天神城攻めを描いたイラスト。黄色や白の旗を立てて城を包囲している軍勢が徳川軍である。城を見てみると、井戸曲輪を隔てて二つの峰が独立する、「一城別郭」の構造がよくわかる。画面中央の本丸に描かれている神社は、城名の由来となった高天神社だ。落城後も山の守護社として信仰され、江戸時代には高天神の戦いで命を落とした将兵の慰霊碑が立てられている。

Point 5
西の丸
Point 4
堂の尾曲輪
Point 5
馬場平
甚五郎抜け道
二の丸
袖曲輪
堀切
見張台
Point 3
井戸曲輪
大手馬出曲輪
下池

# 玄蕃尾城［げんばおじょう］

## 戦の最前線に築かれた臨時拠点

滋賀県・福井県（近江国・若狭国）

写真A

### 歴史と立地 織豊系城郭の特徴が残る巧妙な縄張

ガイド人
中井均
（滋賀県立大学教授）

天正11年（1583）、信長の後継者争いが羽柴秀吉と柴田勝家《しばたかついえ》の間で繰り広げられた。賤ケ岳《しずがたけ》の戦いである。この戦いで両軍の諸将は湖北の地に陣城《じんじろ》を構え、約2か月間対峙した。それらの陣城は余呉《よご》湖周辺の山々に見事な遺構を残している。玄蕃尾城は柴田勝家の本陣となった城で、合戦のときには内中尾《うちなかお》城と呼ばれていた。

主郭の前後に角馬出《かくうまだし》を設け、鋭角に折れ曲がる土塁《どるい》と、横堀で曲《くる》輪《わ》を囲い込む。さらに主郭の北東隅部には方形の土壇があり、天守台として築かれたものである。こうした構造は織豊《しょくほう》系城郭の特徴である。陣城という極めて臨時的な築城のため石垣はともなわないものの、テクニカルな構造は土の城の到達点を示すものである。

| 所在地 | 滋賀県長浜市余呉町柳ヶ瀬・福井県敦賀市刀根 |
|---|---|
| 築城 | 天正10年（1582）頃［柴田勝家］ |
| 廃城 | 天正11年（1583）［賤ヶ岳の戦い終結による］ |
| 標高／比高 | 468m ／ 210m |

**電車** JR「敦賀駅」からバスで「刀根」下車、登城口まで徒歩約1時間
**車** 北陸自動車道「木之本IC」から約30分で駐車場
**駐車場** 柳ヶ瀬林道の行き止まりに駐車場あり
**登城時間** 駐車場から徒歩約30分で主郭

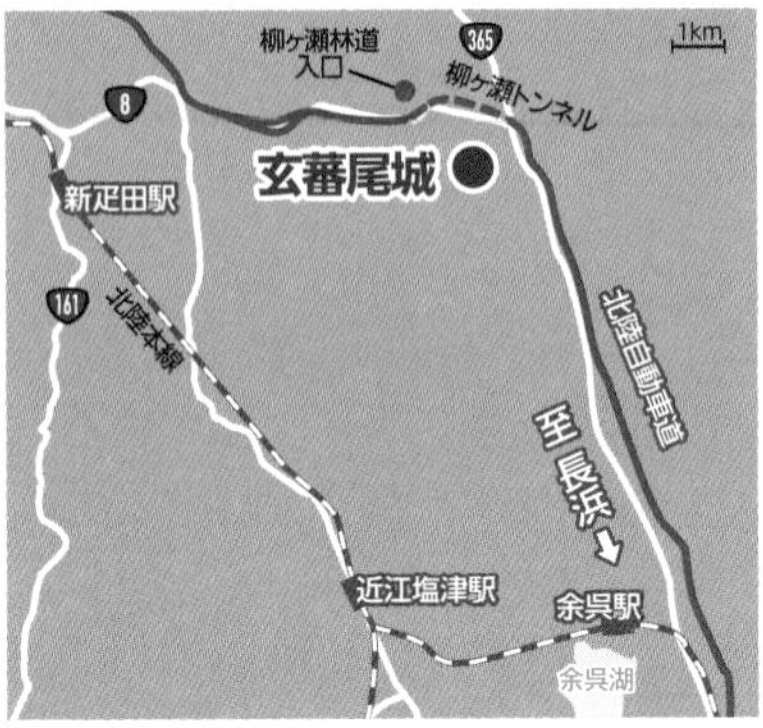


駐車場内には、仮設トイレが設置されている。また、続日本100名城スタンプとパンフレットもここで入手可能だ。雪深く、冬期は登城できない時期が長いので要注意。

# 玄蕃尾城縄張図

作図・提供=中井均

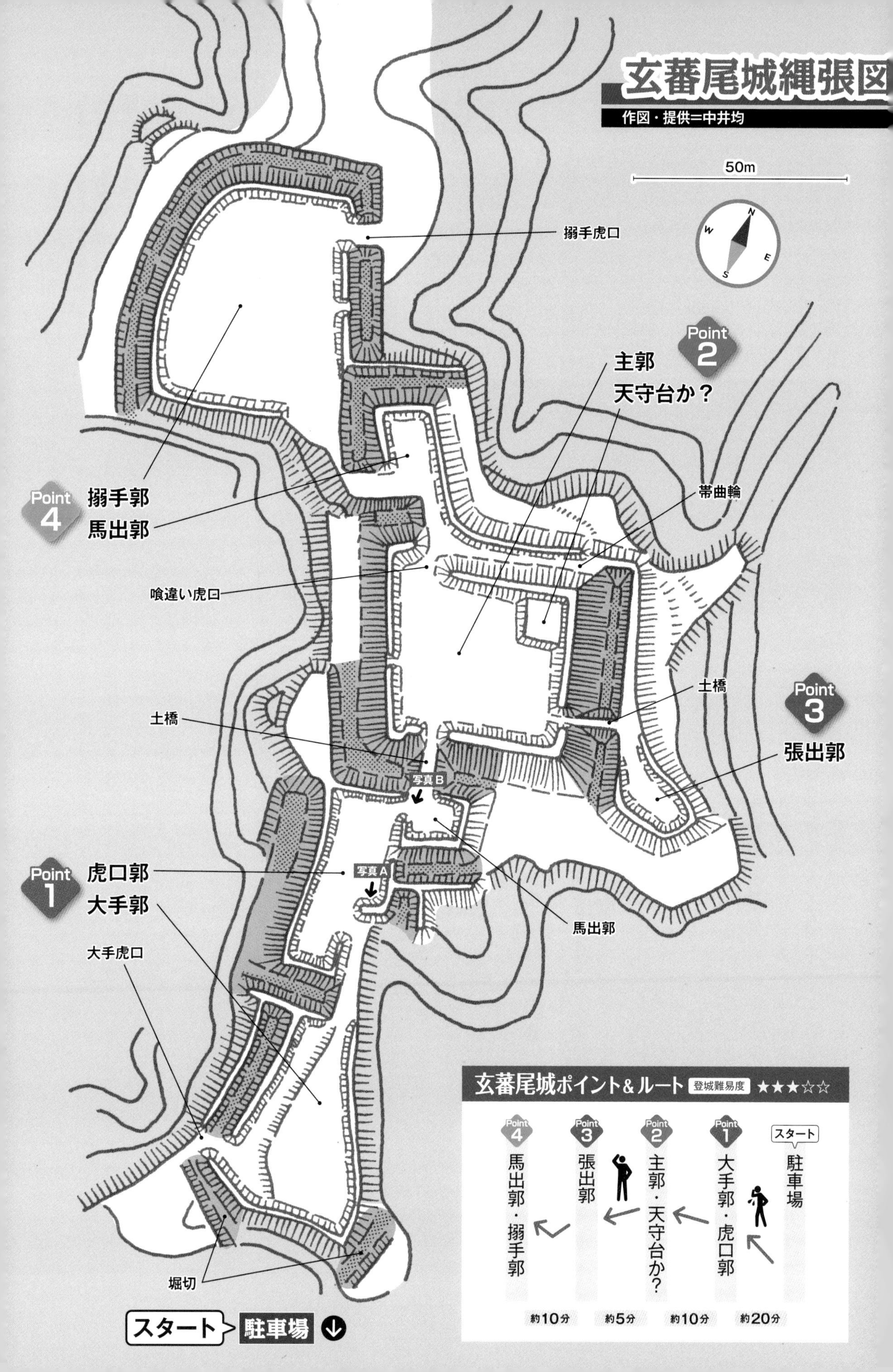

50m
N
W
E
S
搦手虎口
Point 2
主郭
天守台か？
帯曲輪
Point 4
搦手郭
馬出郭
喰違い虎口
土橋
土橋
Point 3
張出郭
写真 B
写真 A
Point 1
虎口郭
大手郭
馬出郭
大手虎口
堀切
スタート
駐車場
玄蕃尾城ポイント&ルート
登城難易度 ★★★☆☆
スタート 駐車場
約20分
Point 1 大手郭・虎口郭
約10分
Point 2 主郭・天守台か？
約5分
Point 3 張出郭
約10分
Point 4 馬出郭・搦手郭

スタート

## 天下人の後継者決めの舞台となった前線拠点

**北国街道**　玄蕃尾城から賤ヶ岳方面へと尾根がのびる。この東側には、尾根筋と並行して北国街道（現・国道365号線）が走る

余呉の山奥に位置する玄蕃尾城は行くのも困難で、城跡の存在を知る人はほとんどいなかった。それが近年の山城ブームで最も注目をあびる城跡となった。

まず登城ルートであるが、2コースがある。一つは滋賀県の柳ヶ瀬《やながせ》からのルートで、いわゆる刀根《とね》越えと呼ばれるものである。山道はしっかりとしているが距離が長く、約1時間歩くこととなる。もう一つは福井県の刀根からで、駐車場からの距離は短い。今回は刀根側から登ることとしよう。

車で林道の行き止まりまで行くと駐車場となっている。そこから山道を歩くこと約5分で切通しに出る。ここが倉坂峠（刀根越え）で、左手に登ると10分ほどで尾根の先端に至る。この登りが少々きついが、登りきるとあとは尾根筋を北に向かって歩くだけである。

玄蕃尾城は賤ヶ岳の戦いの際に築かれた陣城であり、規模は南北約250m、東西約150mと極めて小規模な城である。そのため細部まで時間をかけて見学することができる。

**大手の土塁（中央）と横堀（左）**　大手には、曲輪に沿うように土塁をともなう空堀が設けられていた

Point 1

## 大手郭・虎口郭

### 複雑に屈曲する導線

大手郭は南端に設けられている。平虎口《ひらこぐち》となるが、大手郭内は二段に構えられており、大手郭に入った敵は上段からの攻撃にさらされることとなる。また、大手郭の周囲には土塁がめぐらされ、南東と南西にのびる尾根筋には堀切が設けられ、遮断線としている。

大手郭を北進すると、正面に土塁が構えられ、直進を阻止されて左に折れ、次の虎口郭に至る（P102 写真A）。左に折れる手前では、正面に構えられた土塁内部からの直射にさらされる。しかも大手郭と虎口郭の間には横堀が構えられ、虎口直前は土橋として縦列でしか虎口郭に進入できないよう

Point 1 **虎口郭の入口**
登城道の正面に土塁が構えられており、左に折れて虎口郭に向かおうとする敵に対して横矢を掛ける構造となる

**歴史小咄**　賤ヶ岳の戦いは最終的には野戦によって決着がついたが、それ以前は陣城による対峙戦の色合いが強かった。勝家は北国街道を通じて長浜方面へと進出するため、秀吉は南下する柴田軍を押さえるために、両軍合わせて20に及ぶ陣城が築かれた。

**馬出郭**　主郭の虎口を守る馬出郭。主郭へ進軍する敵兵を殲滅する、堡塁の役割を担っていた

にしている。もちろん虎口郭の周囲も土塁がめぐらされている。

　虎口郭に進入すると今度は右折れして方形の小郭（馬出郭）に入らねばならない 写真B。この小郭を今度は左折すると主郭に入る土橋に至る。つまりこの小郭は主郭前面に配置された角馬出であった。

## Point 2 主郭・天守台か？
### 北東隅に残る天守台

　主郭は半町四方の方形プランとなる。周囲には土塁がめぐらされるとともに、横堀がめぐる。その幅、高さは圧巻である。賤ヶ岳の戦いの城塞群の中で玄蕃尾城は縄張がテクニカルであるだけではなく、その普請もずば抜けて規模が大きい。天正10年（1582）の清洲《きよす》会議により長浜城（滋賀県）が柴田勝豊《かつとよ》のものとなる。勝家にとって近畿への足掛かりとなる重要な城となった。居城の北庄城《きたのしょう》（福井県）とは距離があり、その間のつなぎの城が必要となり、玄蕃尾城が築かれたものと考えられる。賤ヶ岳の戦いが始まると勝家は直ちに内中尾城（玄蕃尾城）を本陣として入城している。これも合戦前から存在していたからである。

　主郭で興味深いのは北東隅部に方形の土壇《どだん》が存在することである。櫓台《やぐらだい》であるが、規模や位置から天守台として築かれたものである。土壇上面をよく見ると平坦な石が点在している。礎石である。実際に天守相当の建物が建てられていた可能性が高い。

## Point 3 張出郭
### 街道をにらむ東の防衛拠点

　主郭には3か所に虎口が設けられている。正面が南側で、搦手《からめて》が

**Point 1 主郭の土橋から見た虎口郭** 写真B
虎口郭は、馬出郭の手前で道が狭まり右に屈曲する。この道は主郭から丸見えで、敵を各個撃破することができた

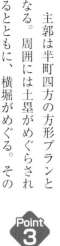

馬出郭から主郭へ続く土橋。道が狭い上に、主郭からの攻撃が飛んでくるため、突破は容易ではない

**主郭**　主郭の北東隅には正方形の土壇がある。ここには天守に類する建物が建っていたと考えられている

東側の谷筋を監視する張出郭。主郭側には幅広の堀が設けられており、細い土橋のみで主郭とつながっている

北側であるが、東辺にも1か所構えられており、土橋を渡ると周囲に土塁をめぐらす楕円形の張出郭《はりだしくるわ》が配置されている。東山麓に北国《ほっこく》街道が縦貫しており、それを監視するとともに、そこから攻め上る敵に睨みを利かせている。特に谷筋より攻め上がった敵に対してはこの曲輪と、角馬出で合横矢《よこや》を掛けることができる。

楕円形の郭を北に向かう。これは主郭東横堀の外側となるのだが、城道として利用されており、北端部で左折すると、主郭北辺の帯曲輪に出る。帯曲輪の北辺には土塁が構えられており、実は横堀としても機能している。いわゆる堀底道となる帯曲輪である。主郭北辺の土塁をこのあたりから通しで見てみると、西端で直線とならずずれているのがわかる。そこが主郭搦手の喰違《くいちが》い虎口である。

## Point 4 馬出郭・搦手郭
### 兵站を担う搦手の曲輪

搦手虎口の前面には土塁をめぐらせた方形の馬出郭が構えられている。大手前面に配置された馬出

堀は幅が広く、曲輪側には土塁を設けている。これは、土塁を胸壁として城外の敵を鉄砲で攻撃するためである

**馬出郭**　主郭の北虎口を守る馬出郭。玄蕃尾城は、主郭を二つの馬出で守る厳重な防御を敷いていた

城内最大の面積をもつ搦手郭は、武器や兵糧などの物資を保管するためのものと考えられている

郭と同じ機能で、角馬出である。

この馬出郭の外側に構えられているのが搦手郭である。扇状の平面構造で周囲には土塁がめぐらされている。その規模は主郭よりも大きい。曲輪内部を注意して見てみると、平坦に曲輪造成がなされておらず、自然地形が残されている。これまで見てきた曲輪造成とは違い、普請を加えていないということである。この曲輪は武具、武器、弾薬や兵糧《ひょうろう》などの集積場所として構えられたものと見られる。その位置は柴田軍の所領である越前《えちぜん》から最初に入ることのできるところである。さらに物資を集積する広さを確保している。

玄蕃尾城の諸曲輪は、主郭以外は兵の駐屯できる構造ではない。橋頭《きょうとう》堡《ほ》としての馬出や導線としての曲輪である。主郭は勝家の本陣となるので物資の集積には向いておらず、兵站《へいたん》のための曲輪としてこの搦手郭が構えられたのだ。物資集積としての曲輪であるため、曲輪造成も最小限の普請でよかったのである。

ところで、搦手郭の虎口は平虎口となっている。虎口前面にかけられた土橋も幅が広い。これは物資を運び込むためである。しかし、そのリスクは大きい。それを解消するのが主郭北側に構えられた角馬出である。ここからは搦手郭の土橋が正面に見え、見事に横矢が効いている。角馬出は主郭虎口を守るだけではなく、搦手郭の防御まで見据えて構えられたのである。

このような縄張は現地で地形に合わせただけで築けるものではない。現地を踏査した上で設計図をもとに築かれたとしか考えられない。その構造は土造りの城の到達点として評価できる。織豊系の陣城の典型例を堪能していただけたであろうか。満腹感に浸りながら帰路に着くこととしよう。

## 登城＆観光memo

### 賤ヶ岳の戦いの跡地をたどる

玄蕃尾城が学べる施設は少ない。まずは賤ヶ岳の戦いを知るために賤ヶ岳には登っておきたい。冬期は徒歩となるが、その他の時期は山麓よりリフトが利用できる。長浜城歴史博物館では湖北の戦国史を概観できる。城跡近辺では山麓に北国街道が走っており、柳ヶ瀬では本陣跡が残されている。また、木之本では宿場の面影が残されており、浄信寺は羽柴秀吉の本陣となったところである。

余呉川
北国街道
Point 2
主郭
帯曲輪
天守か?
Point 2
喰違い虎口
Point 3
張出郭
馬出郭
土橋
Point 1
虎口郭
大手郭
大手虎口
堀切
賤ヶ岳・近江方面

賤ヶ岳の戦いのために造られた陣城

# 玄蕃尾城 復元イラスト

考証=樋口隆晴、Illustration=香川元太郎

天正10年（1582）の築城中の様子を想定したイラスト。鍬やもっこを持って普請を進める人足や戦場となる賤ヶ岳方面を警戒する兵士が描かれており、戦の気配を感じながら工事を行う陣城の緊張感が表現されている。搦手側の尾根は城兵らの宿営地になっているが、これは曲輪面積が狭い玄蕃尾城には居住空間がなかったと考えられているため。翌年の賤ヶ岳の戦いでも、この尾根は兵の駐屯地として活用されたと思われる。なお、イラストには天守風の高層建造物が描かれているが、建物の構造は判明していない。また、馬出郭や虎口郭内の建物の有無については不明である。

3章
攻城戦の舞台

# 堅城を落とすために敷かれた包囲網

# 鳥取城と太閤ヶ平

【とっとりじょうとたいこうがなる】

鳥取県(因幡国)

ガイド人
細田隆博
(鳥取市教育委員会)

城の建つ久松山と秀吉と戦った吉川経家

写真A

## 歴史と立地　至近距離で対峙した羽柴軍と吉川軍

鳥取平野にそびえ「日本にかくれなき名山」(『石見吉川家文書』)と称された鳥取城。天下統一を目指す織田軍が迫ると、毛利《もうり》氏から派遣された城主・吉川経家《きっかわつねいえ》以下、1400余の城兵は抗戦の構えを見せる。この結果、天正9年(1581)に敢行されたのが、後に羽柴秀吉が「渇《かつ》やかし殺し」と称す兵糧攻めだ。城から約1・3㎞東に位置する太閤ヶ平は、その際に築かれた秀吉本陣である。

鳥取城は壮絶な戦を経験し、その後も大藩の居城として機能したという来歴をもつ山城である。一方、太閤ヶ平は、兵糧攻めに際した遺構が生々しく残る。それ故に鳥取城と太閤ヶ平周辺は、それ一つで日本城郭の形態変化を物語る「城郭の博物館」と称される。

| | |
|---|---|
| 所在地 | 鳥取県鳥取市東町 |
| 築城 | 天文年間(1532～55)[山名氏] |
| 廃城 | 明治12年(1879)[陸軍の撤退による] |
| 標高/比高 | 263m / 257m |

**電車** JR「鳥取駅」からバスで「市立武道館前」下車、徒歩すぐで吉川経家像

**車** 鳥取自動車道「鳥取IC」から約10分で吉川経家像

**駐車場** 智頭街道沿いの「市営片原駐車場」を利用
(土日祝日は県庁駐車場なども利用可能)

**登城時間** 吉川経家像から徒歩約1時間で山上ノ丸。太閤ヶ平登山口から山頂まで徒歩約1時間

山下ノ丸に建つ仁風閣は、明治時代に旧藩主・池田家の別邸として建てられた洋風建築で、国の重要文化財に指定されている。館内では様々な企画展示もされており、城と合わせてめぐりたい(入館料:一般150円)。山下ノ丸の御番小屋跡がトイレになっている。

# 鳥取城&太閤ヶ平縄張図

提供＝鳥取市教育委員会

## 鳥取城と太閤ヶ平ポイント&ルート

登城難易度 ★★★★★

- スタート 吉川経家像
- ↓ 約5分
- Point 1 城下町
- ↓ 約1時間
- Point 2 太閤ヶ平
- ↓ 約15分
- Point 3 大防衛ライン
- ↓ 約2時間
- Point 4 鳥取城山上ノ丸
- ↓ 約1時間
- Point 5 鳥取城山下ノ丸

# 太閤ヶ平縄張図

提供＝鳥取市教育委員会

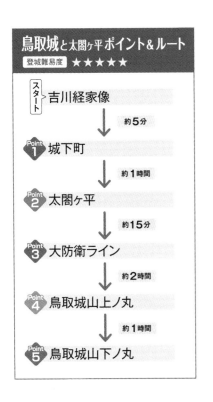

**水堀越しの鳥取城**　鳥取城は、城外からでも堀越しに石垣を楽しむことができる

スタート

## かつての城主像を起点に鳥取城攻めの舞台を歩く

天正9年（1581）、毛利方の最前線となった鳥取城には、吉川経家が入り、城兵や避難した民衆を含め約4000人が籠城した。一方、秀吉方は3万ともいわれる大軍で、秀吉本陣の太閤ヶ平を中心に陣城《じんじろ》群を構築し、周辺約12㎞の包囲網を形成した。

鳥取城（本丸）と太閤ヶ平、双方の直線距離は1・3㎞。今回は、久松《きゅうしょう》山麓に立つ吉川経家像からスタートし、山の手通りの兵糧攻め伝承地をめぐり、太閤ヶ平から鳥取城をめぐる対陣コースを歩いてみよう。約5～6時間の行程だが、1日のうちに互いの陣営を見られるので、攻め手と守り手双方の視点に立って城兵の心理を追体験できる。

### Point 1 城下町
#### 合戦ゆかりの史跡をめぐる

見学ルートの基点は吉川経家銅像だP110 写真A。兵糧攻めの末、民衆の命と引き換えに自刃し、忠義ある武将として慕われている。なお、銅像を見上げる歩道周辺は、籠城後に城から出てきた民衆に、秀吉方が粥を配った場所と伝えられている。銅像から山の手通りを南に歩きながら鳥取県知事公舎を過ぎると歩道脇に尾根の崖面が迫る。この尾根は、天王の尾と呼ばれ、鳥取城南端の防御拠点でもあり、この周辺が、秀吉に偵察を命じられた19歳の加藤清正が初戦功をあげた場所とされる。

さらに進むと江崎という地区に至る。ここは、鳥取城下を大きく蛇行しながら流れていた湊川（後の袋川）の川湊に開けた町場だった。制川権が秀吉側に掌握されると、荷揚げされた物資は、太閤ヶ平に運び込まれたことだろう。

**伝加藤清正初戦功の場**　清正が偵察で功をあげた天王の尾

### Point 2 太閤ヶ平
#### 土塁に守られた秀吉本陣

さて、市街地から直接、太閤ヶ平へ登るルートは主に二つある。一つは、前述で紹介した川湊の奥、谷伝いの山道を行くルートと、鳥取東照宮の鳥居から登るルートだ。前者は太閤ヶ平と川湊を結ぶ主要道と思われるが、太閤ヶ平直下まで見晴らしは利かない。一方、後者は、昭和になって整備された道で、登山口から3・5㎞のなだらかなアスファルト道を約1時間30分歩く。初心者にはおすすめだ。

太閤ヶ平に近づくと左手に鳥取

Point 1 **江崎から見た太閤ヶ平**
江崎地区は袋川の川湊だった

写真B　太閤ヶ平から見た鳥取城　Point 2

秀吉本陣と鳥取城の本丸は互いの様子が丸見えだった。羽柴軍の食事風景は、飢餓に苦しむ城兵の士気を大いに下げたことだろう

Point 2　本陣内郭の大手虎口

秀吉本陣の内郭へ至る虎口。両側には土塁と堀が構築されており、侵入は容易ではない

城の他、毛利方が防衛のために砦を配した山並みや日本海を望むことができる 写真B 。さらに進むと中国自然遊歩道の看板手前左にある下りの山道が、鳥取城へつながる対陣コースとなる。そのまま約150m進むと、右手に太閤ヶ平の説明板があり、その背後が太閤ヶ平の空堀《からぼり》と土塁《どるい》である。

空堀に沿って奥へ進むと秀吉本陣へ続く搦手虎口《からめてこぐち》に至る。平虎口だが、片方から横矢が掛かる。内部に入ると約58mの方形区画の全周を土塁が囲む。正面にある鳥取城側の二隅の高まりが櫓台《やぐらだい》だ。大手虎口は、搦手虎口に入って左前方の開口部である。大手虎口を出ると正面に幅約10mの直線の大手道が取り付く。虎口前の土橋両端は現状の最深部で深さ3mの空堀をともない、高さ5mの櫓台などで両側面から攻撃できる。

その鉄壁の構造は、日本最高傑作の土の陣城と称される。このことから、織田信長自らが鳥取に出陣することを前提に、秀吉が巨大な本陣を築いたと考えられている。

## Point 3 大防衛ライン
### 水ももらさぬ厳重な防御

太閤ヶ平を見学した後は、鳥取城への対陣コースを進む。しばらくして中国自然遊歩道と書かれた看板を左手に曲がり、10分程度進むと、山道を介して左右にV字に開口した竪堀《たてぼり》を見ることができる。これは太閤ヶ平を守るために築かれたもので、三つの尾根を連結し総延長が700mにも及び、厳重な防衛ラインとなっている。

ここから、約20分、比較的なだらかな山道を下っていくと、鞍部《あんぶ》に至り、この辺りが鳥取城東側の端部となる。

Point 3　竪堀

太閤ヶ平の防衛ラインに築かれた竪堀

## Point 4 鳥取城山上ノ丸
### 近世城郭に改修された堅城

さて、戦国時代の山城を起源とし、江戸時代を通じて存続した鳥取城は、久松山（標高263m）山頂周辺の山上ノ丸と山麓の山下ノ丸で異なる表情を見せる。山上ノ丸は戦国時代の山城の姿を残し、一方、山下ノ丸は元和5年（1619）以降の鳥取藩池田家32万石の居城としての姿を残す。

山上ノ丸へは、吉川経家像を起点に二つのルートがある。一つは山下ノ丸を経由して急峻だが距離的に最も近い中坂。もう一つが荷馬の往来した東坂である。

前述した鳥取城東側の端部には、鳥取城の説明看板が右手にある。その説明看板周辺で三つの道に分かれるが、鳥取城へは中央の登り坂となる東坂を進もう。ここからは、鳥取城の山上ノ丸に至る。しばらくすると虎口部分のみが石

**歴史小咄**　切腹に際して、吉川経家は何通か遺書を書き残した。1通は子どもたちに宛てたもので、仮名交じりに「自分の命と引き換えに皆を救い、一門の名をあげたことは幸せなことだ」と記している。経家は今も、地元から慕われ続けている。

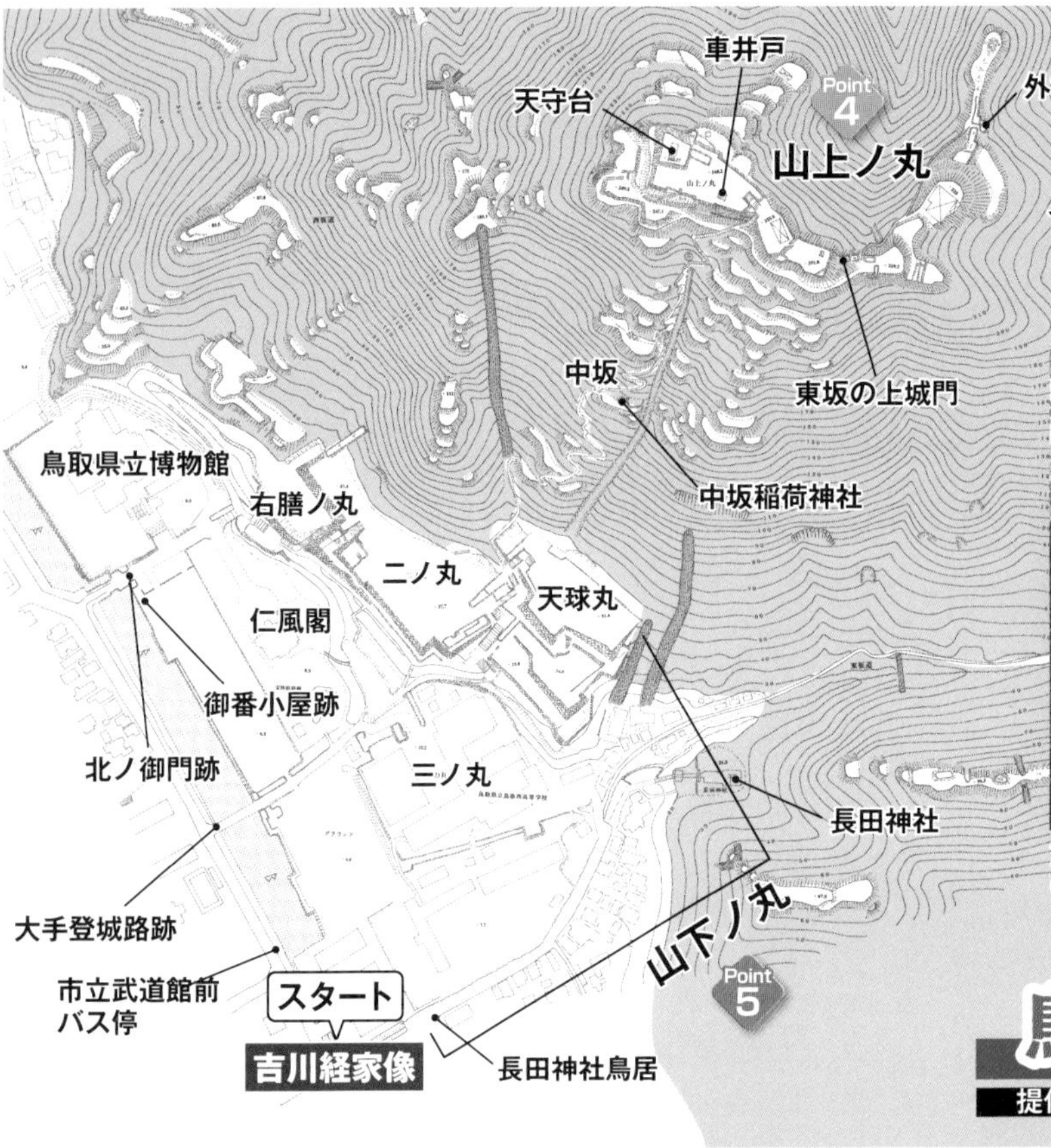

**東坂の上城門**　外神砦につながる東坂の上城門跡には野面積みの石垣が残る

## 鳥取城縄張図

提供＝鳥取市教育委員会

垣化され、斜面を遮る登石垣が付属する城門跡が2か所ある。いずれも倭城《わじょう》との関連性が指摘され、石垣化された箇所は兵糧攻めの後に城主となる宮部継潤《みやべけいじゅん》の所産とされる。最初に現れるのが、外神砦《とがみとりで》である。この場所は、山上ノ丸の最前線の防御拠点である。山上ノ丸の東側端部に舌状に張り出した尾根を巧みに利用しており、中央に外枡形《そとますがた》虎口をもつ。東坂の上城門は、城外側に大きな鏡石《かがみいし》を配し大手門の様相を呈する。ここを入ると山上ノ丸の中枢だ。

　山上ノ丸は西側を最高所として、東側に向かって切岸《きりぎし》で防御された曲輪《くるわ》を階段状に配していた。まさに天然の要害を利用した土からなる城である。この構造は、東側の太閤ヶ平を明らかに意識している。東坂を進み右手の石段を登りきった場所は、山上ノ丸の西半分にあたり、石垣化されている。これらの部分は宮部期以降に改修したものである。頂に立てば、この地が「日本にかくれなき名山」と称された理由が実感できる。一方、東に目をやると、太閤ヶ平のある本陣山の山容を望める。人の動きを視認でき、その声も聞こえるほどの距離感だ。

**Point 4 山上ノ丸の石垣**
山上ノ丸には、宮部氏時代に築かれ池田氏が改修した石垣が残る

### Point 5 鳥取城山下ノ丸
#### 石垣や門の復元が進む

　山下ノ丸へ至るには、東坂から登ってきた石段を下りそのまま直進し、中坂を下る。中坂は、石段

石垣の崩落を防ぐために積み足された石垣。球面状に積まれたものは全国にも類例がない

の急な下り道なので、気を付けて下りたい。

山下ノ丸に至ると、国内唯一の球面石垣や旧藩主別邸の仁風閣《じんぷうかく》、県立博物館などの見どころも多い。博物館や仁風閣などで、城をめぐる歴史的背景を学習するのもよいだろう。

山下ノ丸の大手登城路は現在復元工事が進められており、そこから直接、城外に出ることはできない。そのため県立博物館や仁風閣前の道を進み、搦手の北ノ御門跡から城外に出る。北ノ御門跡を過ぎて左にお堀端を進むと、2018年に復元された擬宝珠《ぎぼし》橋に至る。現在、この先にある石垣の修復が進められており、2020年度内には、大手門であった中ノ御門表門の復元が完了する予定である。擬宝珠橋を過ぎると、起点となった吉川経家像に至る。

**擬宝珠橋**　大手登城路復元の第1弾として2018年に完成した擬宝珠橋。城郭の復元橋としては国内最長規模を誇る

## 登城&観光 memo

### 市内で学ぶ鳥取城攻め

鳥取城と太閤ヶ平のパンフレットは、鳥取駅の観光案内所や城内施設等で入手できる。吉川経家の菩提寺は鳥取駅から鳥取城へ至る中程の真教寺であり、墓所は市内の円護寺集落にある。鳥取城内の県立博物館、仁風閣では主に城主に関する資料が展示されている。東照宮鳥居前の市歴史博物館「やまびこ館」では、江戸時代後期の二ノ丸を再現した映像を見ることができる。この仁風閣とやまびこ館では、鳥取城と太閤ヶ平の御城印も販売されているので見逃せない。鳥取駅周辺には天然温泉が湧く銭湯が点在するので見学の疲れを癒そう。

城は政庁や領主の住居などの役割ももつが、本来の役割は軍事拠点である。このページでは、合戦のために築かれた陣城や悲惨な戦いを経験した城などを紹介。合戦で散っていった将兵たちに思いを馳せてみてほしい。

激戦をくぐり抜けた要害

# 戦うための城5選

馬冷しの大堀切

東京都

非戦闘員も犠牲になった殲滅戦

## 八王子城

［はちおうじじょう］

小田原北条《ほうじょう》氏の本城である小田原城（神奈川県）の支城《しじょう》。北条氏四代・北条氏政《うじまさ》の弟・氏照《うじてる》が、滝山城⇩P30より高い標高４７０ｍの深沢山に、天正15年（１５８７）に築城した。

麓の居館と、戦いの際に籠もる要害部で構成された中世城郭で、山頂の本丸から尾根伝いに詰《つめ》の城へとつながる、関東屈指の巨大山城であった。安土城（滋賀県）の影響とみられる石垣による幅の広い大手道など、近世城郭らしさもあり、現在も復元整備が続いている。

天正18年（１５９０）の豊臣秀吉による小田原攻めの際、北条氏照が小田原城に詰めて留守のところを、前田利家《まえだとしいえ》・上杉景勝《うえすぎかげかつ》・真田昌《さなだまさ》幸《ゆき》ら1万5千に攻められ、1日で落城した。その際には城兵だけでなく、女性や子どもなど、千数百人が犠牲になったという。この落城により、小田原城にいた氏政と氏照は切腹、城は開城され、北条氏は滅亡した。

小宮曲輪下からの眺望

御主殿の滝

**所在地** 東京都八王子市元八王子町

**電車** JR「八王子駅」からバスで「霊園正面」下車、徒歩約15分

**車** 圏央道「八王子西IC」から約10分

神奈川県

# 石垣山城

［いしがきやまじょう］

常識を覆した総石垣の陣城

南曲輪の石垣

豊臣秀吉が天正18年（1590）の小田原城攻めの際、城の西3kmにある笠懸山《かさがけやま》に築いた陣城《じんじろ》。築城には4万人が動員され、約80日で完成。小田原城（神奈川県）から見えないよう周囲を木で覆い、完成後に伐採したため、一夜城ともいわれる。

石垣や櫓《やぐら》を備えた本格的な近世城郭で、関東初の総石垣の城でもあった。小田原城を水陸20万余の大軍で包囲した秀吉は、陣城でも圧倒的な差を見せつけ、小田原北条氏の戦意を奪った。

**所在地** 神奈川県小田原市早川梅ヶ窪地内

**電車** JR「早川駅」から徒歩約40分

**車** 西湘バイパス「小田原IC」から約20分

静岡県

# 丸子城

［まりこじょう］

駿河支配の要として大名たちが狙う

丸馬出と三日月堀

駿河《するが》の西の要として、駿河支配を狙う武田と徳川の争いの場となった。

応永年間（1394～1428）に今川氏重臣の斎藤安元《さいとうやすもと》が築き、永禄11年（1568）に武田《たけだ》氏が駿府《すんぷ》に侵攻すると、重臣の山県昌景《やまがたまさかげ》らが入城。丸馬出《まるうまだし》や横堀などが設けられた（徳川時代とも）。武田氏滅亡後は徳川氏が支配し、ここでも改修が行われたが、家康の関東移封《いほう》にともない廃城になった。曲輪《くるわ》や土塁《どるい》、三日月堀、堀切《ほりきり》などの遺構がよく残る。

**所在地** 静岡県静岡市駿河区丸子

**電車** JR「静岡駅」からバスで「吐月峰駿府匠宿入口」下車、徒歩約10分

**車** 東名高速道路「静岡IC」から約20分

兵庫県

# 黒井城

［くろいじょう］

明智光秀を苦しめた丹波の要衝

本丸下に張り出した石垣

建武の頃から約120年にわたって、播《はり》磨《ま》の国衆《くにしゅう》・赤松《あかまつ》氏5代の居城だった。

天正3年（1575）に明智光秀《あけちみつひで》の大軍に攻められた際は、赤井直正《あかいなおまさ》が二度にわたって撃退したが、直正の病死により天正7年（1579）に落城。光秀は重臣の斎藤利三《としみつ》に城主を命じ、利三の娘で、後に徳川家光の乳母となる春日局《かすがのつぼね》がここで生まれている。光秀と利三が山崎の合戦で敗れると堀尾吉晴《ほりおよしはる》が入城し、山頂に石垣を築いて織豊《しょくほう》系城郭に改修した。

**所在地** 兵庫県丹波市春日町黒井

**電車** JR「黒井駅」から徒歩約15分

**車** 舞鶴若狭自動車道「春日IC」から約5分

香川県

# 引田城

［ひけたじょう］

瀬戸内海を望む四国攻めの舞台

山頂からの眺望

播磨灘を望む丘陵に築かれた陸海交通の要害。築城以来、寒川《さんがわ》氏や三好《みよし》氏など何度も城主が変わり、天正11年（1583）には仙石秀久《せんごくひでひさ》が入城。天正12年（1584）の引田表の戦いで、長宗我部元親《ちょうそかべもとちか》に攻められ落城するが、秀吉の四国平定にともない、再び秀久が入城。秀久が改易《かいえき》された後も度々城主が変わり、元和《げんな》の一国一《いっこくいち》城令《じょうれい》で廃城となった。

現在も石垣や礎石などに織豊系城郭の特徴が残っている。

**所在地** 香川県東かがわ市引田字川向城山

**電車** JR「引田駅」から徒歩約20分

**車** 高松自動車道「引田IC」から約10分

# 城攻めの方法と攻城兵器

## 最小の犠牲で城を落とすための工夫

戦国時代の合戦は、大多数が政治・軍事拠点である城の取り合いだった。地形的に有利な場所に築かれた城を力攻めで落とすのは難しく、戦国時代には様々な戦術や攻城兵器が考案された。ここでは、主な攻城戦術と兵器を紹介しよう。

### 城攻めのはじまり

城を包囲した攻城軍は、城の周囲に城攻めの拠点となる陣城を築く。さらに籠城軍の補給を断つため街道を制圧し、近隣の村で刈田や放火を行った。

### もぐら攻め

鉱山開発の専門集団である金掘衆を使い、城の地下へ続くトンネルを掘り、水源を破壊したり櫓などを破壊する戦術。武田氏の金山衆が有名で、駿河深沢城（静岡県）攻めや三河野田城（愛知県）攻めで活躍したとされる。

Illustration＝香川元太郎

### 様々な攻城兵器

**焙烙**

陶器に火薬を入れ、導火線に火をつけて敵に投げ込む兵器。敵の防衛拠点である櫓の破壊などに使われた

**仕寄り**

敵の射撃から身を守る楯や竹束。攻城戦では、竹束を三角に組んだ竹束牛を前線に並べていた

**大砲（大筒）**

当時の大砲は命中率が低く、櫓や塀の一部を壊せる程度の威力だったが、敵に与える心理的ダメージは大きかった

### 攻める城に合わせた戦術をとり攻城戦を有利に進める

戦国時代の城攻めの方法として一般的だったのは、「力攻め」である。虎口《こぐち》や塁壁《るいへき》を弓矢や鉄砲で攻撃し、城兵がひるんだすきに堀や土塁《どるい》・石垣を越えて城内に侵入するのが基本だ。力攻めで城に接近することを「仕寄《しよ》る」、この時、城兵の攻撃から身を守るために使う竹束《たけたば》や大楯・塹壕《ざんごう》などを「仕寄り」という。また力攻めの時に建物に火を放つのが「火攻め」で、火矢の他、焙烙《ほうろく》という火焔瓶のようなものを投げ込む方法もあった。

しかし、城攻めには城兵の3倍以上の兵が必要とされる上に、多くの犠牲者が出る。さらに籠城戦は、基本的には守る側が有利だった。そこで考えられたのが「兵糧《ひょうろう》攻め」や「水攻め」だ。比較的多かったのが、羽柴秀吉による三木城（兵庫県）攻めや鳥取城➡P110攻めで知られる兵糧攻めだった。これは城内への兵糧輸送を断ち、兵糧が尽きるまで城を完全包囲し、降伏させる戦法である。いっぽう、同じく秀吉の備中高松城（岡山県）攻めで知られる水攻めは、堤を築いて近くの川の水を城に引き入れて水浸しにするというものだった。大規模な兵力の動員による、味方軍の被害の少ない包囲戦を得意とした。

武田《たけだ》氏や今川《いまがわ》氏は「もぐら攻め」という変わった戦法も行っていた。城内の水の手を断つために、金鉱を掘る金山衆《かなやましゅう》などがトンネルを掘って井戸水を抜いたり、水に毒を入れたりしたものである。

戦国時代後半には、丘や平地の城が増えたが、動員人数の増加や土木技術の発展で、巨大な水堀や高い石垣を築くことが可能になった。こうした防御の進化とともに、城攻めの方法もどんどん進化していったのである。

4章

# 発掘整備が進む城

近年、山中に埋もれた山城の発掘調査や整備が進んでいる。この章では、整備によって本来の姿を取り戻しつつある四つの山城を紹介。

# 諏訪原城［すわはらじょう］

## 発掘調査でよみがえった巨大な馬出

静岡県（遠江国）

ガイド人
加藤理文
（日本城郭協会理事）

歴史と立地

### 徳川家康が改修した遠州支配の要の城

天正元年（1573）遠江《とおとうみ》侵攻を目指す武田勝頼《たけだかつより》が牧ノ原台地上に築城。小山城（静岡県）とともに、大井川西岸の防衛線及び高天神城への補給線を確保する重要な拠点となった。だが、同3年（1575）長篠《ながしの》・設楽原《したらがはら》の戦いで武田軍が壊滅的敗戦を喫すると、徳川家康が遠江全域奪還に向け動き出す。二俣城（静岡県）の奪還に成功した家康は、諏訪原城を取り囲み猛攻を仕掛け、ついに開城に追い込んだ。その後家康は、古代中国の故事にちなんで「牧野城」と改名し、直ちに大改修を実施し、駿河《するが》侵攻の前線基地としたのである。

城は、大井川を背にする台地先端に2条の空堀《からぼり》を配し、その内側に本曲輪《ほんくるわ》、外側に二の曲輪を置く「後堅固《うしろけんご》の城」の見本である。

| | |
|---|---|
| 所在地 | 静岡県島田市菊川 |
| 築城 | 天正元年（1573）［武田勝頼］ |
| 廃城 | 天正18年（1590）［徳川氏の関東転封による］ |
| 標高／比高 | 220m ／ 120m |

電車 JR「金谷駅」から徒歩約30分で駐車場
車 東名高速「相良牧之原IC」から約20分で駐車場
駐車場 大手曲輪付近と二の曲輪南馬出付近にそれぞれ駐車場あり
登城時間 駐車場から本曲輪まで徒歩約30分

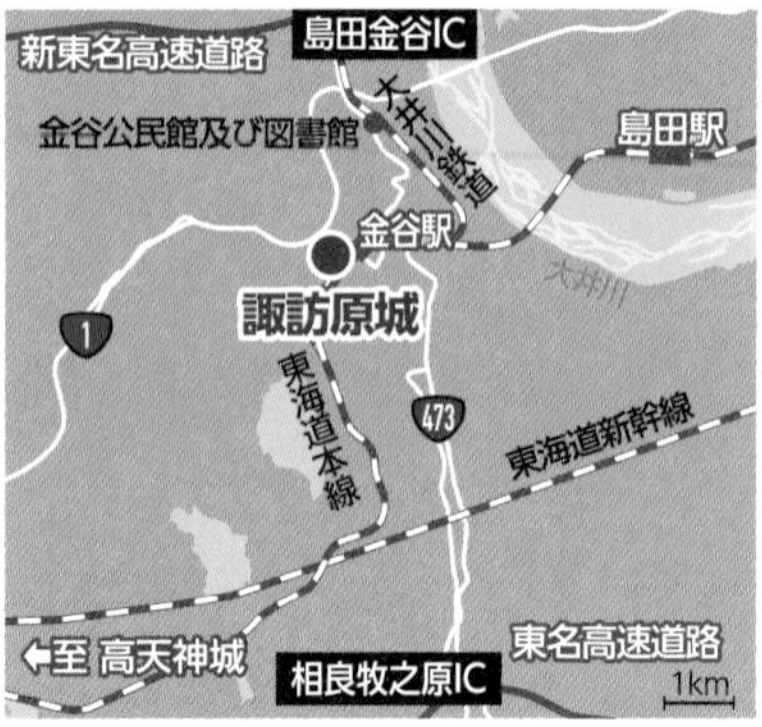


ℹ トイレは駐車場内の諏訪原城ビジターセンターに設置されている。自動販売機もあるので、水分調達もしておこう。

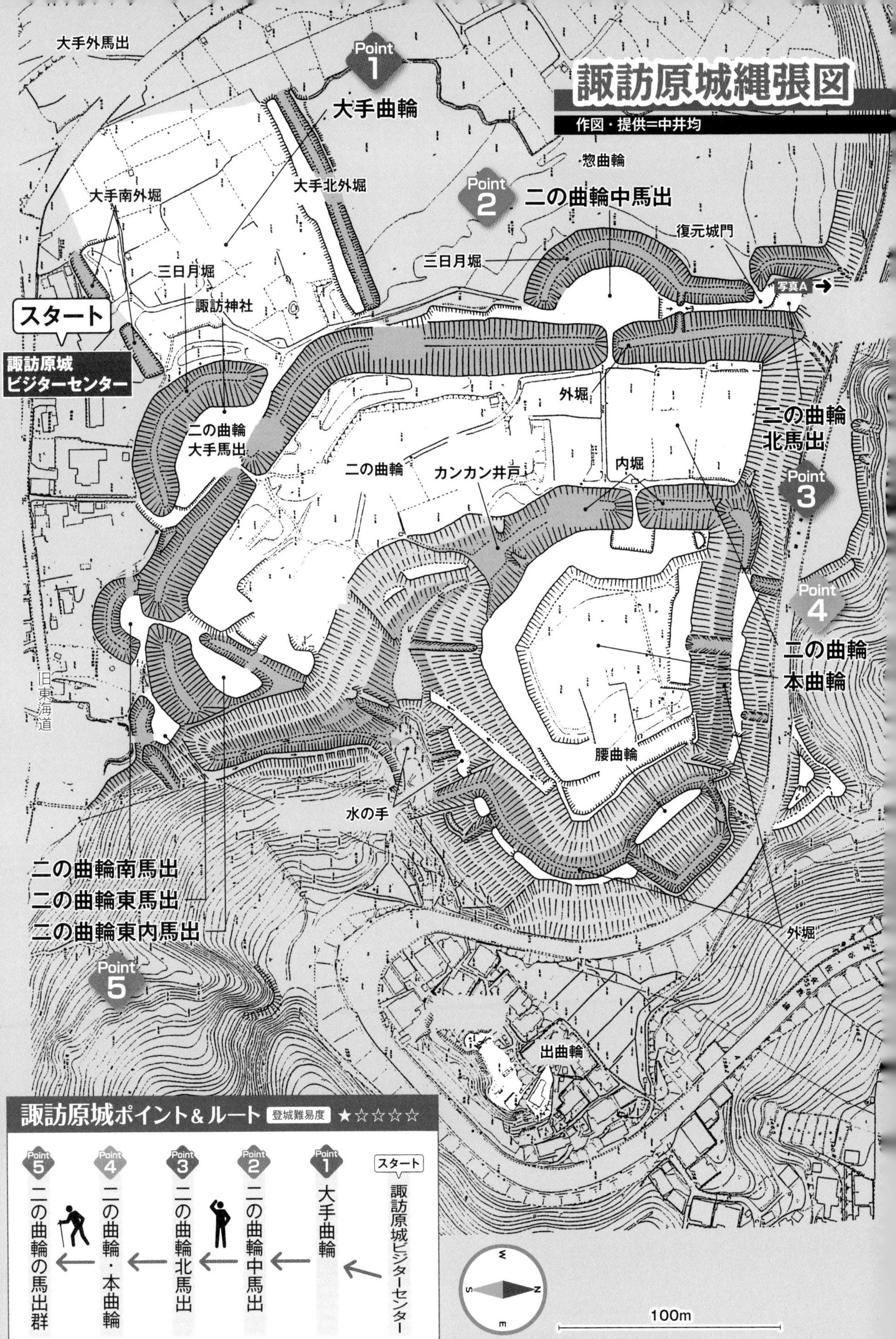


## 諏訪原城ポイント＆ルート

登城難易度 ★☆☆☆☆

スタート 諏訪原城ビジターセンター ← 約5分 ← Point 1 大手曲輪 ← 約10分 ← Point 2 二の曲輪中馬出 ← 約5分 ← Point 3 二の曲輪北馬出 ← 約5分 ← Point 4 二の曲輪・本曲輪 ← 約10分 ← Point 5 二の曲輪の馬出群

スタート

## 茶畑を眺めながら城内へ向かおう!

諏訪原城ビジターセンター西横の通路を進むとすぐに大手南外堀が見えてくる。その内側が、最も大外に設けられた大手曲輪で、現況は茶畑だ。城跡は、未整備箇所もあるが、脇道にそれない限りは、軽装で十分だ。城内は、アップダウンが多いため、滑りにくいシューズにしよう。

Point 1

## 大手曲輪

### 巨大な堀に守られた外郭

大手曲輪は、本来はコの字を呈し、前面に巨大な丸馬出《まるうまだし》を設けていた。現在、北側と南側の堀の直線部分が約１００ｍにわたって残存している。調査によって、ともに堀幅約５ｍ、深さ約３～５ｍの空堀《からぼり》と判明。南が断面Ｖ字の薬研《やげん》堀《ぼり》、北が断面逆台形の箱堀であった。南側は土塁《どるい》がなく、北側のみ内部に土塁を構築するなど南北で形状が異なっていた。

大手曲輪の東側に南北約４５０ｍにわたって、幅約25ｍ、深さ約15ｍの超巨大な外堀がのびる。この堀は、台地から城を独立させる目的を持った、この城で最も重要な防御施設であった。

Point 1 大手曲輪の北側外堀

大手曲輪北側を守る横堀は、曲輪側に土塁を設けて侵入者を阻んでいた

Point 2 二の曲輪中馬出

二の曲輪の西面を守る中馬出は、発掘調査の結果から徳川氏時代に造られたことが確実視されている

Point 2
## 二の曲輪中馬出
### 徳川氏が築いた巨大馬出

大手曲輪から外堀に沿って真っすぐ北に進むと二の曲輪中馬出に至る。南側の大手馬出とともに、国内最大規模を誇る丸馬出だ。その規模は、最も幅広となる中央部（東西幅）で約28m、二の曲輪よりの最大幅は約50mで、約三百坪強の面積をもつ。縁辺部には、幅約11mの土塁が存在するため、馬出平坦面として使用できる面積は、非常に少ない。二の曲輪側、北馬出側への土橋は、ともに中途で切断させ、木橋をかけ、万が一に際しては、切り離そうとしている。形は丸馬出だが、機能は最前面に配した出丸《でまる》としかいいようがない。

発掘成果からこの馬出は、徳川氏の構築であることが確実だ。長篠・設楽原の戦いで勝利した徳川氏は、身をもって織田軍による鉄砲戦術の効果を認識した。分厚く高い土塁を盾とし、前面全周約80mにわたって火器を配備し、火力による敵の撃退を目指したのである。

**二の曲輪外堀**　二の曲輪と馬出の間は、総延長約400m、幅15〜20m、深さ約7mにも及ぶ長大な空堀で隔てられている

Point 3
## 二の曲輪北馬出
### 重ね馬出による北面の防御

中馬出北側に付設し、重ね馬出の前面を担っていた。二の曲輪側以外の三面を土塁で囲む構造で、南側の東西に土橋を設け、土塁を割った場所で礎石城門（2017年木造復元）を検出した。西側土橋は、幅約3m、長さ約7mで、西側城外と接続している。二の曲輪北馬出から真っ直ぐ二の曲輪中馬出へ続く帯状の曲輪が両者をつなぐ通路であった。通路は30m余の長さを持ち、城内側1m程が通路として平坦面を造り、西側に土塁と土塀が構えられたと推定される。この通路は、二の曲輪中馬出北側で約4mの幅で途切れ、木橋がかけられていたと推定。

北馬出は、外側に対し城門と土塁を設けるが、内側は土塁もたない。中馬出へ続く通路も同様だ。ここに侵入した敵を、二の曲輪からの一斉射撃の的とするためだ。極めて強固で工夫された防備力を観察してほしい。あわせて、ここから望む、富士山もぜひ堪能してほしい（写真A）。

二の曲輪中馬出は、北側に馬出を重ねて守っている。北馬出の入口には、発掘調査を元に復元された薬医門が建つ

**北馬出からの眺望**　諏訪原城からは大井川越しに富士山を望める　写真A

## Point 4 二の曲輪・本曲輪
### 眼下に広がる大井川の流れ

二の曲輪は、台地上から攻め寄せる敵の最前線に当たる重要な曲輪になる。西側前面には、幅約20mの、曲輪面積の四割を占める巨大な土塁を構築し、守りを固めていた。また、中央部に中仕切りの土塁を設け、南北で独立して機能が果たせるような工夫も凝らしている。外側と連絡する土橋は3か所で、いずれも前面に馬出を配す強固な構造であった。

本曲輪は、周囲に曲輪全体を取り囲むように幅15m程の巨大な土塁を設け、さらに東端に一段低く腰曲輪が付設する。虎口《こぐち》は、枡形《ますがた》状を呈し、土橋を渡った場所で礎石城門を検出した。本曲輪では、二面の遺構面が確認され、武田段階の焼土面を土塁の下で検出した。本曲輪斜面下には、北から東、西側と三方を堀が取り囲み、さらに東側にコの字状に突出する横堀を付設し、防御を固めていた。まさに、盤石の構えであった。

本曲輪からの眺望は開け、眼下に大井川の流れ、正面に富士山、東に大崩《おおくずれ》海岸と駿河湾が広がる。タイミングが良ければ、大井川鉄道を走るSLを見ることもできる。

本曲輪からは、南側の園路を伝って城域南端へ向かう。途中、内堀底に残るカンカン井戸を見落とさないようにしたい。石組み井戸だが、往時のものかははっきりしない。この井戸から南へのびる谷筋に水が湧くため、ここが水の手であったと考えられる。

城内最大の面積をもつ二の曲輪は、土塁を設けて曲輪内を仕切っていた

本曲輪は背後を自然斜面で守り、二の曲輪につながる西側には幅の広い空堀を設けていた

**カンカン井戸**　本丸内堀には石積みで補強された「カンカン井戸」が残る。現在、井戸底は埋まり、水が涸れている

## Point 5 二の曲輪の馬出群
### 小型馬出を重ねた堅い防御

城域の最南端に3か所、小型の馬出が存在する。東内馬出外堀の調査では、武田氏が築いた薬研堀《やげんぼり》を徳川氏が箱堀に改修した痕跡が確認されている。曲輪の外郭縁辺部に沿う形の逆L字状の土塁も、当初の土塁を崩し、新たな土塁を

構築していた。

最も小規模な東馬出では、城外側との間に礎石城門が確認された。馬出の調査で唯一確認された城門になる。ここでも、上下二時期の遺構を検出した。

南馬出は、西側台地の最南端に位置する小規模(20m×12m)な馬出だが、前面の三日月堀は堀幅約13m、深さは約7mの箱堀となっていて、極めて防備は強固である。土塁はなく、塀などで防備していた可能性が高い。これは、曲輪面積が狭く、土塁構築の余裕がなかったための処置と理解されよう。

こうした状況から、東内馬出と東馬出は、本来一つの曲輪で、ここが武田時代の最前線と推定される。それを裏付けるのが、鉄砲玉の出土で、3か所の馬出で実に52個が発見されている。ここで、大規模な攻城戦が展開されたことを物語る。徳川氏は、南側の防御を強固にするため、曲輪の中央部に幅25m、深さ15mの外堀を通すとともに、その前面に南馬出を設け、防備強化を図ったのである。

ここから最後に二の曲輪大手馬出に向かおう。北側の中馬出と対になる巨大馬出だ。内部に、武田勝頼が勧進《かんじん》し、諏訪原城の名前の由来となった諏訪大明神が鎮座する。

これで、主要部を一周したことになるが、おおよそ1時間半から2時間ほどが必要だ。斜面の竪土塁《たてどるい》や、横堀に降りて見学すれば、さらに1時間ほどを要する。

従来、丸馬出を多用した武田氏典型の城といわれてきたが、発掘調査によって徳川氏改修が確実となった。徳川氏が、どのように武田氏の築城術を取り入れ、さらなる改修を施したかが判明する貴重な城である。

**諏訪神社**　二の曲輪大手馬出には城名の由来となった諏訪神社が鎮座する。社殿の屋根を見てみると、武田家の家紋が用いられていることがわかる

武田氏時代の最前線を担った東馬出。馬出を守る横堀は途中で竪堀に接続し、東海道方面からの進入を阻む

台地と地続きである南側は、三つの馬出を設けることで守りを固めていた

## 登城&観光 memo

### ビジターセンターで登城準備をしよう

諏訪原城ビジターセンターではパンフレットの頒布や御城印販売がされ、続日本100名城のスタンプも設置。センター内には諏訪原城の年表や復元図、発掘調査で出土した品などが展示され、城の歴史を学ぶこともできる。城の周辺には菊川坂や金谷坂など東海道の石畳が残っているので、足をのばしてみよう。

**歴史小咄**　勝頼の父・武田信玄は、自分の遺体を諏訪湖に沈めるように遺言するほど、篤く諏訪明神を信仰していた。また、諏訪大社大祝の娘を母に持ち、一時は諏訪氏を継承するなど、勝頼自身も諏訪大明神と縁が深い。

### 改修によって大きく姿を変えた駿遠国境の城

# 諏訪原城 復元イラスト

考証=加藤理文、Illustration=香川元太郎

イラストは、徳川氏による改修が完了した天正9年（1581）以降の姿を台地方面から描く。従来の説では、家康が増設したのは大手曲輪のみとされていた。しかし発掘調査で、武田氏時代の城域は本曲輪と二の曲輪東内馬出、二の曲輪東馬出に留まり、二の曲輪や巨大な馬出群は徳川時代に増設された可能性が指摘されている（島田市博物館蔵）。

大井川
出曲輪
Point 4
本曲輪
二の曲輪
外堀
カンカン井戸
内堀
二の曲輪北馬出
Point 3
三日月堀
二の曲輪中馬出
Point 2
大手北外堀
惣曲輪

# 国吉城【くによしじょう】

## 領国支配の拠点の姿が明らかに

福井県（若狭国）

ガイド人
大野康弘
（若狭国吉城歴史資料館館長）

発掘調査で確認された居館跡の石垣

写真A

### 歴史と立地　朝倉軍の猛攻を退け信長に激賞された堅城

国吉城は、標高197・3mの通称「城山」に築かれた山城である。若狭《わかさ》と越前《えちぜん》の国境に近く、丹《たん》後《ご》街道の二つの峠を押さえる要衝に立地する。近年の発掘調査で、戦国期の様相を留めつつ領国支配の拠点城郭へ改修された痕跡が明らかになった。

弘治2年（1556）、若狭国守《しゅ》護《ご》・武田氏の重臣である粟屋《あわや》勝久《かつひさ》が築城し、永禄6年（1563）から十余年にわたり、朝倉軍を撃退し続けた攻防戦は、〝国吉籠城戦〟として知られる。元亀元年（1570）、朝倉氏討伐に向かう織田信長の軍勢を迎え入れた。天正11年（1583）、賤ヶ岳《しずがたけ》の戦い後に羽柴秀吉の家臣・木村定光《きむらさだみつ》が城主となり城と城下が整備されたが、江戸時代前半頃に廃城となった。

| | |
|---|---|
| 所在地 | 福井県三方郡美浜町佐柿 |
| 築城 | 弘治2年（1556）［粟屋勝久］ |
| 廃城 | 寛永11年（1634）［酒井忠勝の入封による］ |
| 標高／比高 | 197m ／ 150m |

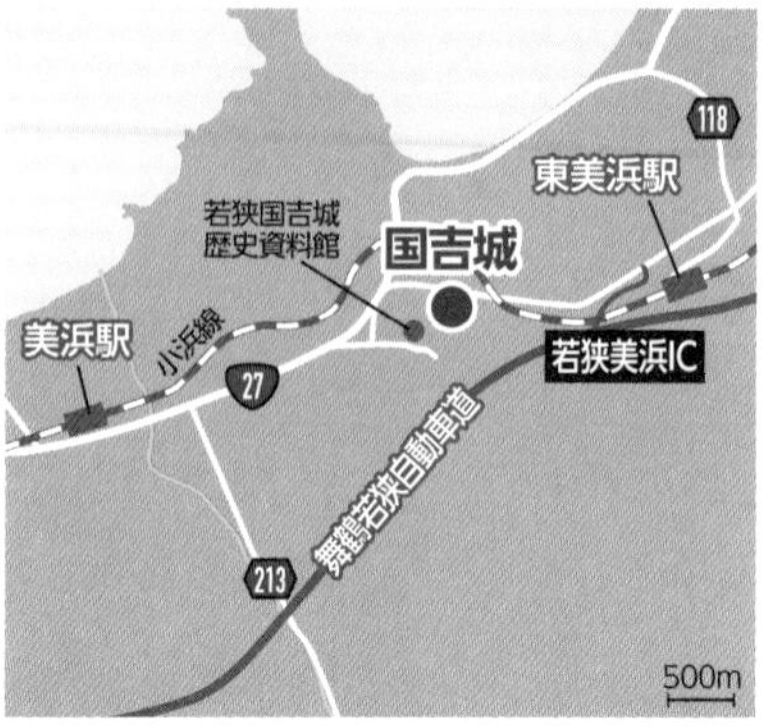


電車　JR「美浜駅」からバスで「佐柿」下車、徒歩約5分で登城口
車　舞鶴若狭自動車道「若狭美浜IC」から約5分で駐車場
駐車場　城跡南の見学者用駐車場と若狭国吉城歴史資料館駐車場の2か所が利用可能
登城時間　登城口から本丸まで徒歩約30分

ⓘ 若狭国吉城歴史資料館では、登山用杖や熊鈴の貸出しがあり、荷物も預けられる。

# 国吉城縄張図

提供=若狭国吉城歴史資料館

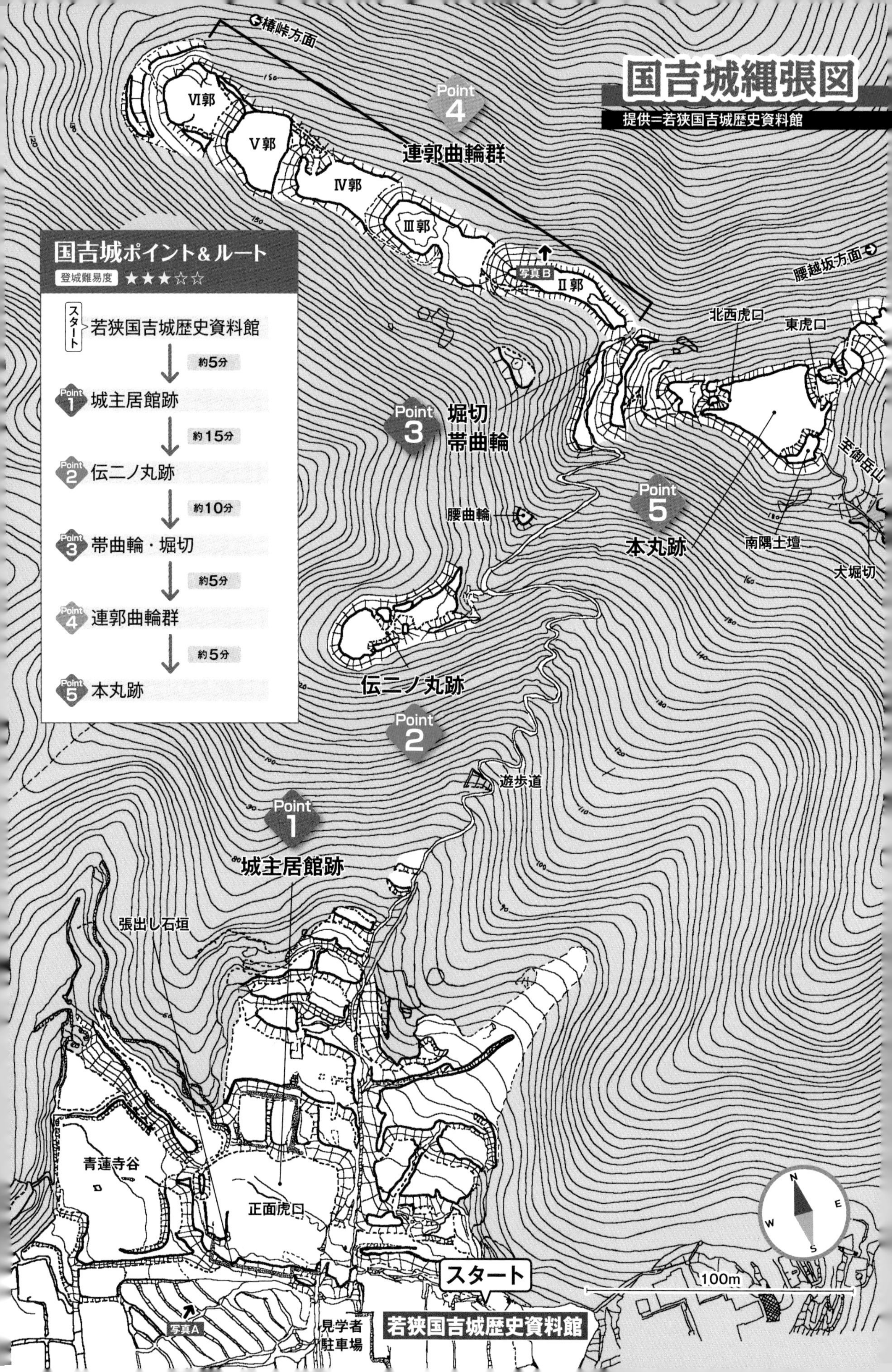


## 国吉城ポイント&ルート

登城難易度 ★★★☆☆

- スタート 若狭国吉城歴史資料館
- ↓ 約5分
- Point 1 城主居館跡
- ↓ 約15分
- Point 2 伝二ノ丸跡
- ↓ 約10分
- Point 3 帯曲輪・堀切
- ↓ 約5分
- Point 4 連郭曲輪群
- ↓ 約5分
- Point 5 本丸跡

スタート

## 江戸時代の奉行所跡で城の歴史を学ぼう！

スタートは若狭国吉城歴史資料館から。江戸時代の佐柿《さがき》町奉行所跡に建ち、周囲をめぐる石垣は当時のもの。建物（旧田辺半太夫《たなべはんだい》家住宅）は、国登録有形文化財である。館内では、国吉城とその城下町である佐柿の町並みについて、映像や模型、解説パネル、発掘調査出土品などで紹介している。先年、自動販売機も設置された。駐車場は、見学者用駐車場や資料館駐車場（身障者用）が利用できる。

資料館から城山頂上の本丸跡までの比高差は150m程で、整備された城山遊歩道をゆっくり登っても30分程で本丸に到達できる。城域を隅々見学しても、概ね3時間あれば一まわりできる。

**若狭国吉城歴史資料館**　山麓の資料館には、国吉城の模型など城に関する展示が並ぶ。ここで城の歴史や構造を学んでから、登城に挑戦しよう

Point 1

## 城主居館跡

### 発掘で出土した居館の石垣

資料館を右手に町奉行所跡石垣に沿って進めば、目前は城主居館跡である。一帯は4月から5月に咲き誇るシャガの群生地として知られる。

城山南麓の谷筋に大小の平坦地が段々と重なる曲輪《くるわ》群で、城主や家臣団の屋敷跡と伝わってきた。発掘調査で各段から石垣や礎石建物群が確認され、伝承が裏づけられた。各調査地点には調査写真付きの説明板がある P128 写真A。

城山への入口でもある正面虎口《こぐち》跡（大手口）は、現在は広い空間地となっているが、石段の痕跡や石垣、門礎石の一部が確認された。各段の石垣は、すべて発掘調査で出土したもので、最下段南面の張り出した石垣は、築石は大きく、隅部は切石を積んだ算木《さんぎ》積みである。関ヶ原の戦い後に若狭国主となった京極高次《きょうごくたかつぐ》が築いた小浜城と同笵《どうはん》の軒丸瓦《のきまるがわら》が出土しており、京極期の増築とみられる。その他の石垣は総じて築石は小さくて横長面を表に奥行きが短く、裏込石《うらごめいし》の量も少ないなど古式で、木村定光が築いた天正期石垣と考えられる。なお、すべて画一的に上半分を崩して下半分が埋められており、「破城」の痕跡としても注目される。

西の谷は、かつての青蓮寺《しょうれんじ》跡で「青蓮寺谷」と呼ばれる。雨落ち溝をともなう礎石建物や井戸

Point 1 城主居館跡の石垣

居館跡最下段南面の石垣は、隅部が算木積みとなっており、関ヶ原の戦い以降に築かれた新しい石垣と考えられている

**青蓮寺谷**　かつて青蓮寺という寺院があったとされる谷で、発掘調査により礎石建物や井戸跡などが確認されている

**歴史小咄**　粟屋勝久は、若狭守護・武田氏の重臣。朝倉氏の若狭支配に抵抗し、朝倉氏に敵対する織田信長に協力。朝倉氏滅亡後は丹羽長秀の与力となり、武田氏の旧領回復を嘆願するが受け入れられなかった。本能寺の変後は羽柴秀吉に仕える。

伝二ノ丸跡は石垣が確認されていない土造りの曲輪である。曲輪の南面には、土塁がめぐらされている

**登城道**　登城道は整備されているが、急坂の上に九十九折れが続くので休憩をとりながら登っていこう

**喰違い虎口**　伝二ノ丸中央は、高土塁で形成された喰違い虎口となっている

が確認されている。天正元年（1573）、織田勢の一乗谷攻めに参加した粟屋勝久は、持ち帰った五百体愛染明王《あいぜんみょうおう》図や青磁浮牡丹皿を寄進し、今に伝わる。江戸時代、小浜藩主・酒井《さかい》忠勝《ただかつ》は寺を佐柿町奉行所の南に移し、現在に至る。

城主居館跡から頂上へは、敷砂利と擬木で整備された遊歩道が約600m続いている。100mごとに距離表示を設けており、概ねの目安になる。「本丸跡まであと500m」の表示板の少し上に、害獣除けの柵と木戸が見える。木戸の出入り後は必ず扉を閉めてほしい。ここから九十九折《つづらお》れの急坂が200mほど続く。細かな折れと階段を前に登るのを躊躇《ためら》うかもしれないが、自分のペースでゆっくり登ろう。

## Point 2 伝二ノ丸跡
### 城内唯一の土造りの遺構

九十九折れの急坂を越えて、城山中腹に至る頃、道標が見える。左手に降りると「二ノ丸」と伝わる曲輪に、右手に遊歩道を進むと本丸下に至る。ここは伝二ノ丸跡に降りてみよう。

南側に高土塁《どるい》がめぐり、この直下は先ほど登ってきた九十九折れの急坂である。曲輪の中央で土塁が喰違《くいちが》いに交じり、「喰違い虎口」を形成している。現状では石垣は見当たらない。

敵を足止めする喰違い虎口であるが、現在の遊歩道では通らない。九十九折れの急坂の途中で伝二ノ丸南面下にまわり込んで西側から伝二ノ丸に入り、喰違い虎口を経て本丸下に至る尾根筋を登るというのが本来の登城路だったのではないだろうか。

伝二ノ丸跡から再び遊歩道を登りはじめると、左手の尾根筋に半月状の腰曲輪《こしぐるわ》が見える。大小の石が散乱し、石垣や岩盤を生かした造りであったことがうかがえる。右手の遊歩道の斜面には石垣が見える。ここから先は岩盤が露呈し、石垣も散見される。岩盤は非常に脆《もろ》くなっているので、横を通る時は十分に気を付けてほしい。また、この辺りは雑木と枝葉の整理により見通しが良くなり、目前に本丸の高台が飛び込んでくる。

## Point 3 帯曲輪・堀切
### 発掘調査で発見された石垣

間もなく、遊歩道が途切れて本丸下帯曲輪《おびくるわ》の下段に着く。ここから堀切《ほりきり》に進む幅狭な城道は、かつて約40mの直線石垣をともなう幅4mほどの段曲輪で、本丸を含めて曲輪ごとに築かれた石垣が段々と重なった景観であったとみられる。城下から見上げた時、本丸西面が一段の高石垣に見えたのではないか。段々状の石垣と説明板はぜひ足を止めて見てほしい。

**堀切**　本丸とⅡ郭を隔てる堀切。両岸には石垣が設けられていた

## Point 3 帯曲輪の石垣

発掘調査で発見された石垣。石材は自然石だけでなく、石仏などの転用石が使われている

石垣をたどりつつ進むと、本丸と北西尾根筋を断ち切る堀切に至る。幅4m、深さ1・8m程度で、両岸に石垣が築かれていた。堀底は平坦な箱堀で、橋脚礎石が検出され、かつては橋がかかっていた。なお、堀切は本丸の南東尾根筋側にもある。幅広で深いが石垣は設けられていない。

## Point 4 連郭曲輪群
### 高低差を利用した防御

堀切から椿峠方面に連なる北西尾根筋には、五つの曲輪が並ぶ(連郭曲輪群《れんかく》)。堀切と接するⅡ郭は、雑木と枝葉が整理され、若狭湾から敦賀半島、国吉籠城戦の折に朝倉方が築いた付城《つけじろ》群が一望できる **写真B**。

各曲輪を連絡する登土塁や虎口が残り、石垣はⅡ郭、Ⅲ郭に見られる。尾根際は切り立った崖で、

**写真B**　**Ⅱ郭からの眺望**　Ⅱ郭からは若狭湾を一望できる

連郭曲輪群は堀切や横堀を設けず、曲輪間の高低差を防御装置としていた

各曲輪を落とさなければ本丸には近づけないが、曲輪間の高低差は非常に大きい。見学の折も、一部は虎ロープを伝って切岸《きりぎし》を昇降しなければならないので注意する必要がある。

## Point 5 本丸跡
### かつての天守跡が残る曲輪

堀切に戻り、本丸下帯曲輪から城道を登る。落ち葉や木根で滑りやすいので注意が必要だ。S字の坂道の先が本丸跡である。外周には石垣が散見され、総石垣だったことをうかがわせる。曲輪中央に説明板と石碑、籠城戦の際に投げ落とす武器にしたという石仏や墓石が集められている。石垣中にも石仏や墓石は相当量積まれており、「転用石」の可能性がある。

近年の発掘調査では、数々の新発見があった。正面虎口となる北西虎口跡では、周囲の石垣と門礎石、石段跡、「鏡石《かがみいし》」とみられる巨石を確認した。東虎口跡では、枡形《ますがた》状の虎口空間と石垣、石段痕跡を発見した。南隅に残る櫓台では、約2m間隔に並ぶ礎石抜取り痕と外周石垣の一部を検出した。ここに天守に類する建築が存在した可能性は高い。なお、これまでの調査で瓦の出土は限定的で、国吉城の主要な建物は板葺《いたぶ》きや柿葺《こけらぶ》きとみられる。

国吉城は、現在も攻めるに難しい〝難攻不落〟をリアルに体感できる。しかし、尾根から見える絶景は、きっと疲れを癒してくれるだろう。同時に、国吉城が築かれた立地と構造に思いを馳せ、築城した戦国武将の知恵と工夫を感じてほしい。

発掘調査時の虎口の様子。礎石をともなった門が構えられていたようだ

**本丸の櫓台**　本丸南隅には、天守跡とみられる櫓台が残る

## 登城&観光memo

### 江戸時代の面影が残る佐柿の町

若狭国吉城歴史資料館の東側には、国吉城主・粟屋勝久を祀る徳賞寺がある。城山の麓に広がる佐柿集落は、国吉城の城下町として整備され、江戸時代には丹後街道の宿場町として栄えた。現在も当時の面影を残す町家が残る。なお、資料館のほか、高札場跡や城跡入口にパンフレットケースを設置している。国吉城址や佐柿の町並み散策に便利なパンフレットやチラシを設置しているので、手に取って利用してほしい。

4章 発掘整備が進む城

# 飯盛城【いいもりじょう】

## 「天下人」が居した中世石垣の城

大阪府（河内国）

ガイド人
中井均
（滋賀県立大学教授）

### 歴史と立地　河内国と大和国の境に位置する石垣の城

河内《かわち》国の東端にそびえる標高314mの飯盛山は、大阪府民にとっては日々仰ぎ見る象徴的な山である。はじめて城が築かれたのは南北朝時代といわれ、現在も本丸に楠木正行《くすのきまさつら》の銅像が立つが詳細は不明である。確実に城郭が構えられるのは享禄年間（1528～32）で、河内守護代《しゅごだい》の木沢長政《きざわながまさ》が居城としていた。飯盛城が河内最大の城として整備されるのは永禄3年（1560）に三好長慶《みよしながよし》が居城としてからである。芥川城（大阪府）からの居城の移転は天下を意識したものであった。居館も山上に構えたと考えられ、山上で連歌《れんが》の会を催し、裁判を行うなど、山城《やまじろ》を軍事施設としてのみ用いるのではなく、政治、文化の場としたことは城郭史上、画期的なことであった。

| | |
|---|---|
| 所在地 | 大阪府大東市北条・四條畷市南野 |
| 築城 | 享禄年間（1528～32）頃［木沢長政］ |
| 廃城 | 天正4年（1576）か［織田信長の命による］ |
| 標高／比高 | 314m ／ 300m |

**電車** JR「四条畷駅」から徒歩約15分で四條畷神社登城口、またはJR「野崎駅」から徒歩約10分で慈眼寺登城口

**車** 第二京阪道路「寝屋川南IC」から約15分で駐車場

**駐車場** 四條畷神社、または慈眼寺の駐車場が利用可能

**登城時間** 四條畷神社、または慈眼寺のどちらからも約1時間で主郭

城内にトイレはない。登城前に、四條畷神社か慈眼寺のトイレで済ませておきたい。千畳敷下の楠公寺の脇にも簡易トイレがあるが、女性にはおすすめできない。

飯盛城縄張図
作図・提供=中井均
100m
N
S
W
E
四條畷神社
スタート
北丸
堀切
Point 1 御体塚丸
写真A
三本松丸
Point 2 石垣
Point 2 副郭
写真B
Point 3 主郭（本郭）
主郭（高櫓郭）
楠木正行銅像
土橋
楠公寺
馬場
FM送信所
トイレ
Point 4 千畳敷
Point 5 南丸
搦手虎口
竪堀群
龍
間
慈眼寺、野崎城跡
飯盛城ポイント&ルート
登城難易度 ★★★★☆
スタート 四條畷神社
約40分
Point 1 御体塚丸
約10分
Point 2 石垣・副郭
約5分
Point 3 主郭（本郭・高櫓郭）
約10分
Point 4 千畳敷
約5分
Point 5 南丸・搦手虎口

北丸と御体塚丸を隔てる堀切。岩盤を削って造ったもので、むき出しの岩盤(写真左)を観察することができる

スタート

## 北から攻めるか 南から攻めるか

飯盛城への登城コースはＪＲ四《し》条畷《じょうなわて》駅から四條畷神社に行き、そこから北方尾根筋を登るコースと、ＪＲ野崎駅から野崎観音慈眼《じげん》寺《じ》に行き、そこから南方尾根筋を登るコースがある。少々迂回するが四條畷神社の北方より飯盛山の東側谷筋に入り、楠公寺《なんこうじ》へ登るコースもある。尾根筋から登るのはきついが公共交通機関からは便利である。また、裏技として阪奈《はんな》道路から大東市青少年野外センターへ自動車で行くこともできる。

Point 1

## 御体塚丸

### 長慶が葬られた伝承地

今回は四條畷神社からアタックしよう。神社の裏から登るとまず延々と続く急な階段を登らねばならない。あとは尾根筋を南へ登ることとなる。堀切《ほりきり》もなく最初に平坦地と思しき場所に着くが、ここがかつては北丸と呼ばれていたところである。曲輪《くるわ》の切岸《きりぎし》も甘く、曲輪ではなく、飯盛山特有の痩せ尾根そのものの可能性が高い。その前方に一段高くそびえているのが御体塚丸《ごたいづかまる》である。その北面には巨大な堀切を構えた。御体塚丸側の切岸を見ると岩盤がほぼ垂直に削り込まれている。堀切は岩盤を掘り切って構えられたものである。堀切の北側も平坦地となり、ここも古くより北丸と呼ばれている。ただ削平は未熟で曲輪とは考えら

**飯盛城遠景**　飯盛城は、河内国と大和国の国境である生駒山脈を構成する山の一つに築かれている

**歴史小咄** 戦国時代の天下人といえば、織田信長や豊臣秀吉、徳川家康が思い浮かぶ。しかし、当時「天下」という言葉は「畿内=京都と周辺地域」を指す言葉だった。そのため、彼らに先駆けて畿内を支配した三好長慶は戦国初の天下人ということができるだろう。

れず、飯盛城の北端はやはり御体塚丸の北方の堀切と見られる。

御体塚丸とは飯盛城で死去した三好長慶がその死を隠して飯盛城に葬られたという伝承があり、その葬地がここだということで付けられた名称である。曲輪の中央には自然の岩盤が露頭しており平坦とはならない。ただ興味深いのは最近の発掘調査で塼《せん》貼《ば》り建物（レンガを壁に貼った建物）が建てられていたことが判明した。また、多くのかわらけが出土しており、何らかの宗教的な施設が存在したようである。この御体塚丸で注目されるのは曲輪周囲の切岸面に点々と石垣の残されていることである。数段にわたって点々と認められることより、構築当初は御体塚の南・西・東面は段築《だんちく》（崩落を防ぐために階段状に造ること）された石垣がめぐっていた。

三好長慶が死去した際、後継ぎが若年だったため、彼の死は3年間伏せられた。その間、長慶の遺体はこの曲輪に埋葬されていたという

## Point 2 石垣・副郭

### 尾根筋に残る石垣群

石垣はここだけではなく、ほぼ城域全面に築かれている P134 写真A。特に東面に数多く構えられていた。飯盛山には主尾根となる南北尾根に対して東西に極めて細い痩せ尾根が派生する。その東側痩せ尾根に構えられた曲輪には石垣が多用されている。御体塚丸の東にのびる尾根上の曲輪にも石垣が残るが、痩せ尾根への見学は危険であり、ここではすすめられない。御体塚丸をそのまま南へ進もう。ここから尾根筋の階段状に曲輪が削平されており、一つは古くより三本松丸と呼ばれている。さらに進むと見事な曲輪に出る。主郭直下にあるため副郭と呼ばれている。

副郭では西斜面に少し下ると、切岸面に石垣が見える。この石垣は二段に段築されている。さらに主郭の北面から東面にまわり込むと、切岸面が石垣によって築かれているのが最もよくわかる場所の一つがある。

**腰曲輪の石垣**　御体塚丸下の腰曲輪には、二段の石垣が設けられている

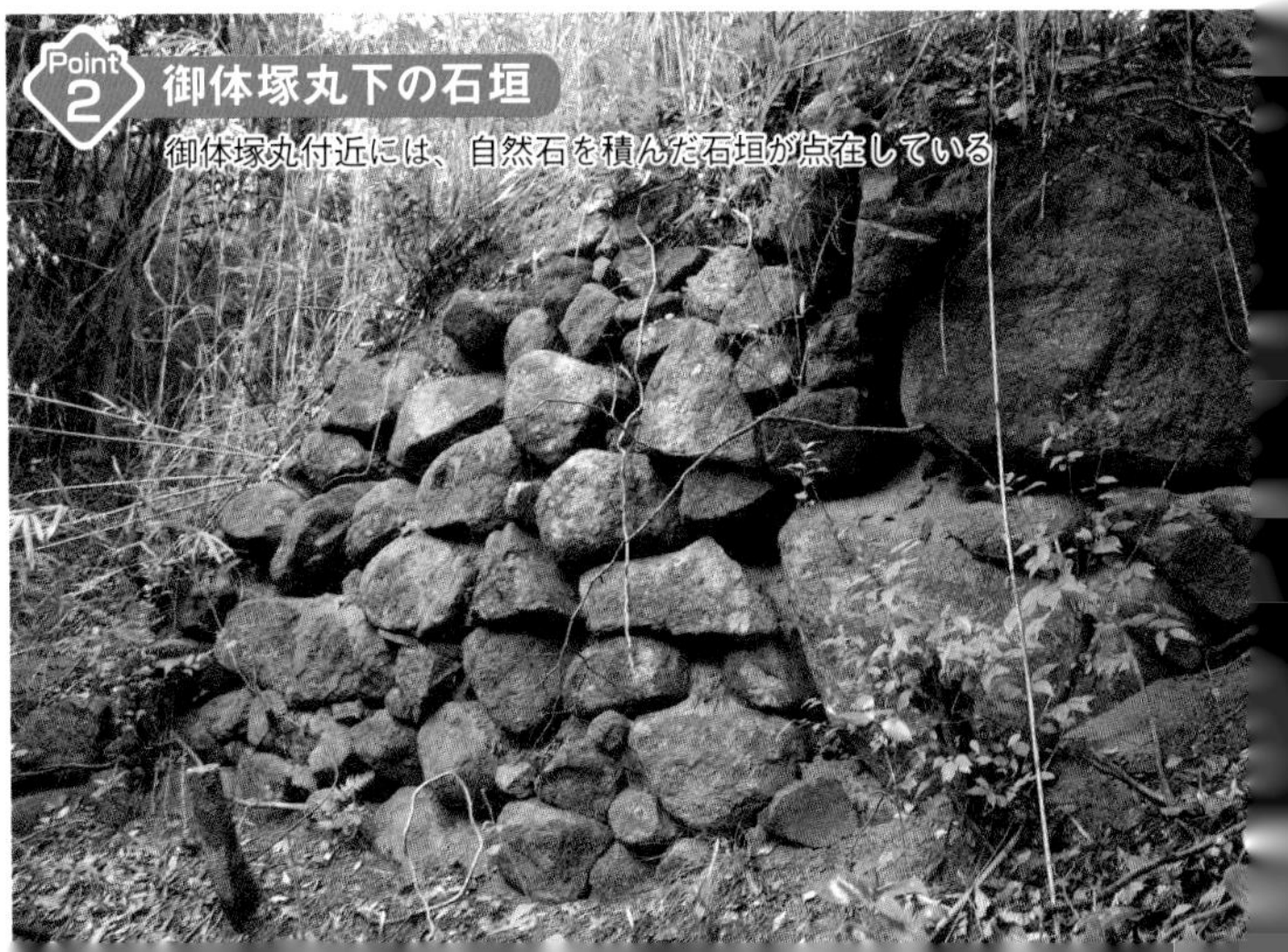

御体塚丸付近には、自然石を積んだ石垣が点在している

の眺望　本郭からは、大阪平野や六甲の山々などが一望できる

主郭は、本郭と高櫓郭の二段で構成されている

**高櫓郭**　高櫓郭には、四條畷の戦いで討死した楠木正行の像が立つ

## Point 3 主郭（本郭・高櫓郭）
### 大阪市街まで望める眺望

主郭は本郭と高櫓郭という二段からなる。実質的には高櫓郭が本丸に相当しよう。本郭には展望台があり、ぜひここからの眺望を楽しんでもらいたい 写真B 。西方は神戸から播磨《はりま》まで、北方は摂津から山城《やましろ》まで、南方は紀伊《きい》まで一望のもとに見渡せる。長慶は摂津芥川城から飯盛城に移るのであるが、その理由はこの眺望にあったのではないだろうか。芥川城からはこうまで望めない。天下を意識した長慶は五畿内《ごきない》を眼下に望むこの城に移ったのだろう。

飯盛山の最高所に構えられたのが高櫓郭である。中央には楠木正行の巨大な銅像が立つ。四條畷の戦いに由来して建てられたものである。

## Point 4 千畳敷
### 長慶の屋敷跡とされる曲輪

高櫓郭から南には一気に下りとなる。その間には堀切も構えられている。南方にそびえる千畳敷《せんじょうじき》との鞍部《あんぶ》は現在林道となっているが、元来は巨大な堀切のあったところである。千畳敷に行く前に林道を少し北に向かうとハイキングコースに石垣が残されている。この石垣の東斜面にも曲輪が階段状に配置されており、石垣が残されているが、やはり足元が悪く危険なため見学できない。このハイキングコースの石垣が最も見やすい石垣である。

南に戻り、林道を登りきるとFM大阪の基地局となっている。このあたりが千畳敷である。大きく三段から造成されているが、いずれも巨大な面積を有している。飯盛城の大きな特徴は、山麓に居館を設けていないことである。長慶は山上に屋敷を構えていたようだ。その屋敷地と考えられるのが千畳敷である。北方の高櫓郭や本郭が極めて小面積であるのに対して千畳敷エリアは大きく、曲輪使用に相違のあることを示してい

主郭の南側には、S字状の土橋が走る。土橋の両側には竪堀が設けられており、堀切の役割を持っていたことがわかる

長慶の居館が建っていたとされる曲輪。ラジオ基地局を建てる際の発掘調査では、「かわらけ」などが出土している

**主郭下の石垣**　主郭下のハイキングコースには石垣が点在しているが、台風の影響で一部で落石が起こっているため、注意が必要だ

る。本郭エリアが防御施設であり、千畳敷エリアが居住施設であったと考えられる。長慶は山上で畿内千句という連歌会を催し、裁判の調停などを行っている。戦国時代の山城が軍事的な防御施設であったものから政治、文化の場としたのであった。永禄8年（1565）に飯盛城にいた宣教師のガスパル・ヴィレラに会いに行ったアルメイダは城の麓から駕籠に乗って山頂に向かっている。居住施設が山上にあったことがわかる。

## Point 5 南丸・搦手虎口

### 搦手に残る石造りの門

この千畳敷と城の南方を防御する目的で構えられたのが南丸である。三段の平坦地から構成されており、東辺にのみ土塁が構えられている。南丸の東直下の山道は城道を利用したもので、道の両側に石垣が築かれており、門跡とみられる。平虎口《ひらこぐち》ではあるが、南側から門跡を見ると右側は方形の土壇《どだん》に石垣が積まれており、番所もしくは櫓が構えられていたと考えられる。この門が飯盛城の南端の虎口とみられる。

さて、南丸は千畳敷を防御するとともに、城道のある東直下を意識して土塁を東辺のみに設けたのである。さらに南丸の南斜面から西斜面にかけて十数本の竪堀《たてぼり》群が放射状に構えられている。尾根を断ち切る堀切は設けられないが、南丸が飯盛城の南端とみられる。

これでほぼ飯盛城の中心部は踏破することができた。帰路はこのまま南下してJR野崎駅に向かおう。山麓の野崎観音の背後には平坦地が階段状に残るが、ここは15世紀の応仁の乱に利用された野崎城跡である。ここから野崎駅はもうすぐである。

虎口の左手には土塁が設けられ、敵に対して横矢を掛けられるようになっていた

**登城&観光 memo**

**飯盛城の歴史を学べる資料館**

野崎駅近くには大東市立歴史とスポーツふれあいセンターがあり、2階が歴史民俗資料館となっているが、飯盛城に関する展示は少ない。一方、四條畷駅近くには四條畷市立歴史民俗資料館がある。ここでは田原城主のキリシタン墓碑が展示されている。いずれの資料館でも「河内飯盛城」のパンフレットが入手できる。

4章 発掘整備が進む城

# 月山富田城
【がっさんとだじょう】

## 大規模な伐採が行われた難攻不落の名城

島根県（出雲国）

ガイド人 舟木聡（安来市教育委員会）

### 歴史と立地　山陰の名門・尼子氏の栄光を支えた堅城

月山富田城（以下富田城）は標高約190mの月山山頂部を中心に、飯梨川《いいなしがわ》（旧名：富田川）へ向かって馬蹄形にのびる尾根上に多数の曲輪《くるわ》を配した山城 写真A。築城年代には諸説あるが、戦国期には戦国大名・尼子《あまご》氏の居城となった。

永禄9年（1566）の毛利元就《もうりもとなり》の侵攻により尼子氏は滅亡、以後は毛利氏の管理下に置かれた。天正19年（1591）には吉川広家《きっかわひろいえ》が入城し、近世城郭へと改修を行ったと推定される。慶長5年（1600）の関ヶ原の戦いの結果、広家は周防《すおう》国岩国へ転封となり、代わって堀尾忠氏《ほりおただうじ》が父・吉晴《よしはる》とともに入城した。堀尾氏は慶長16年（1611）冬に松江城を築城し本拠を移したため、その後、富田城は廃城となった。

| | |
|---|---|
| 所在地 | 島根県安来市広瀬町富田 |
| 築城 | 平安～鎌倉時代か［不明］ |
| 廃城 | 慶長16年（1611）［松江城築城による］ |
| 標高／比高 | 190m ／ 160m |

**電車** JR「安来駅」からバスで「月山入口」下車、徒歩すぐで安来市立歴史資料館
**車** 「安来IC」から約20分で道の駅広瀬・富田城
**駐車場** 道の駅広瀬・富田城駐車場が利用可能
**登城時間** 駐車場から本丸まで約40分

2018年に「全国山城サミット」が開催され、それに向けて大規模な整備が行われ、城内は大変歩きやすい。城内には入口広場と千畳平、そして山中御殿北隣にトイレあり、また、道の駅広瀬・富田城の駐車場にもトイレがある。

# 月山富田城縄張図

作図・提供＝寺井毅

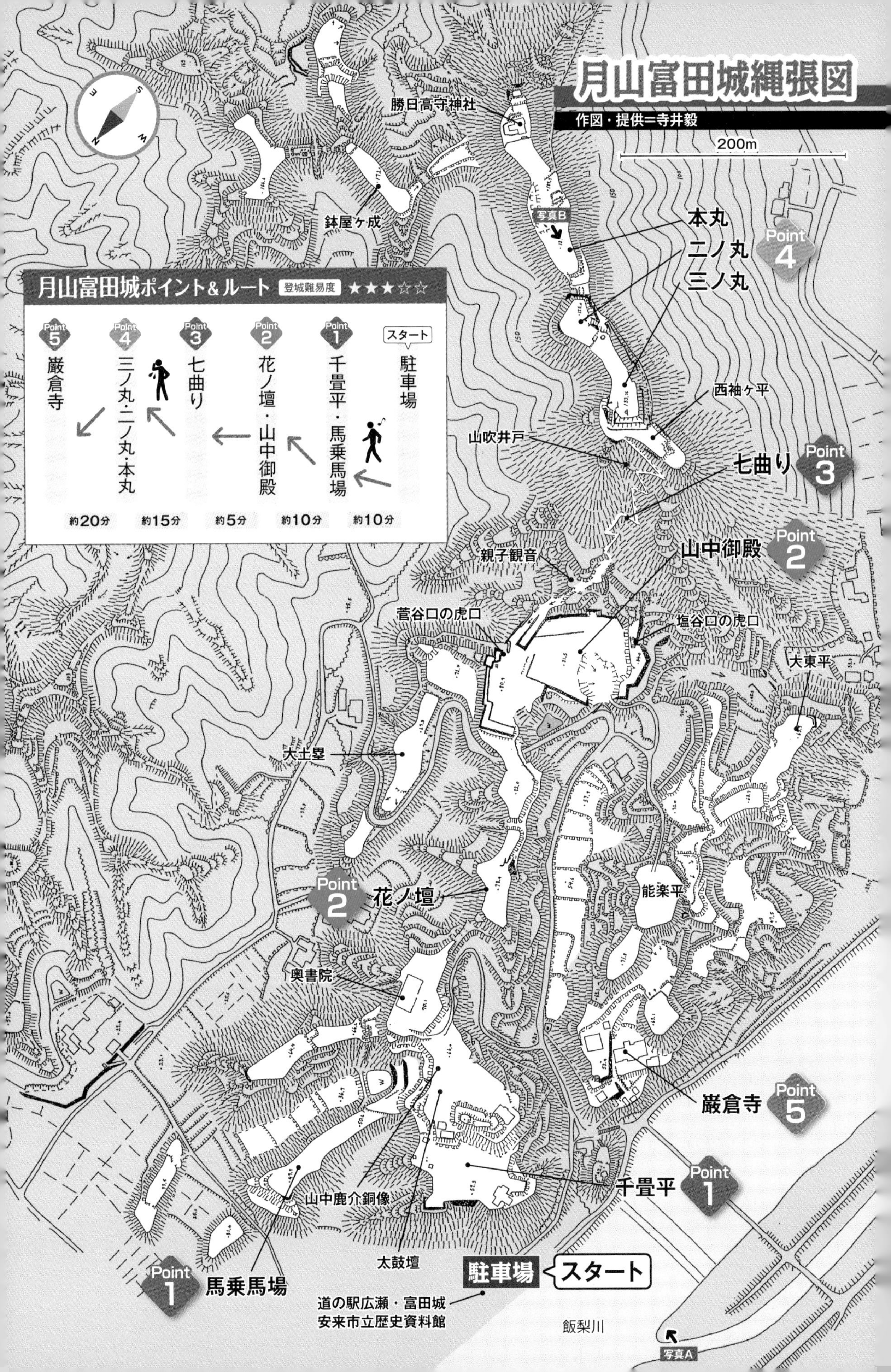

200m
月山富田城ポイント＆ルート
登城難易度 ★★★☆☆
スタート 駐車場
約10分
Point 1 千畳平・馬乗馬場
約10分
Point 2 花ノ壇・山中御殿
約5分
Point 3 七曲り
約15分
Point 4 三ノ丸・二ノ丸・本丸
約20分
Point 5 巌倉寺
勝日高守神社
鉢屋ヶ成
写真B
本丸
二ノ丸
三ノ丸
Point 4
西袖ヶ平
山吹井戸
七曲り
Point 3
親子観音
山中御殿
Point 2
菅谷口の虎口
塩谷口の虎口
大東平
大土塁
Point 2
花ノ壇
能楽平
奥書院
巌倉寺
Point 5
千畳平
Point 1
山中鹿介銅像
太鼓壇
Point 1
馬乗馬場
駐車場
スタート
道の駅広瀬・富田城
安来市立歴史資料館
飯梨川
写真A

## スタート

# まずは資料館で事前学習 城のイメージを膨らませよう

山陰道安来《やすぎ》ICを降りて南へ車を走らせると、20分ほどで安来市広瀬町へと至る。城跡までの道には富田城跡の案内板が設置されているので、それを頼りに進めばいいだろう。

広瀬の街の中心部と飯梨川を隔てたところに道の駅広瀬・富田城と安来市立歴史資料館があるので、自動車で訪れる場合はここに駐車するか、山中御殿《さんちゅうごてん》の近くにある駐車場に停めると良い。

登城前には、安来市立歴史資料館へ向かうことをおすすめしたい。富田城跡からの出土品をはじめ、古代から近世にかけての安来市に関する歴史資料が展示されている他、城跡のパンフレットなども手に入れることができる。また、堀尾時代の富田城と城下の姿を推定復元したジオラマ模型も展示されており、これを見れば堅固な富田城の構造をイメージしながら歩くことができるだろう。

## 登城&観光memo

### 道の駅で名産品を入手しよう!

登城口にある道の駅「広瀬・富田城」では、伝統工芸品である広瀬絣などの物産品が購入でき、事前に予約すれば藍染体験もできる。食事は建物内にあるそばうどん処「尼子」で蕎麦やうどんが食べられる。隣接する安来市立歴史資料館では安来の歴史を学べる他、現在人気の「御城印」や「御将印」も購入できる。

## Point 1

# 千畳平・馬乗馬場 城主の権威を見せつける石垣

歴史資料館を出て資料館裏側へと進むと入口広場があり、その南側にある狭い道路を上がっていくといよいよ城内へと入る。

千畳平《せんじょうなり》は城内の北端に位置する広い曲輪で、曲輪の周囲は桃山時代に築かれたと思われる大規模な石垣で固められている。石垣のコーナー部分には櫓台《やぐらだい》状に張り出した箇所があり、周囲から鯱瓦《しゃちがわら》や鬼瓦などの装飾瓦が出土していることから、櫓が建てられていたとみられる。堅固に築かれた石垣と合わせ、直下にあった城下町や城外からの見映えを強く意識したのだろう。

千畳平から谷を挟んで東側には馬乗馬場《うまのりばば》と呼ばれる曲輪があるが、この曲輪の北半部分にも石垣が築かれており、千畳平と同様に外部からの見映えを意識したものであろう。

千畳平から尾根沿いに進むと太鼓壇曲輪《たいこのだん》に至る。曲輪の北東には高さ10mほどの高まりがあり、ここに太鼓櫓があったといわれている。北西端には尼子家再興のために幾度も毛利軍と激しい戦いを繰り広げた武将・山中鹿介幸盛《やまなかしかのすけゆきもり》の銅像が立てられている。

**馬乗馬場**　千畳平の北に張り出す曲輪。毛利軍との戦いの前線拠点だったと考えられている

## Point 1 千畳平の石垣

桃山期に築かれたとされる石垣。整備によって、石の積み方などがはっきり確認できるようになった

**整備後の月山富田城**　2016年の整備によって山頂や七曲りの樹木が伐採され、山麓からも遺構が見えるようになった

**整備前の月山富田城**　整備前の月山は樹木に覆われ、石垣や七曲りを見ることはできなかった

## Point 2 花ノ壇・山中御殿

### 大規模な石垣が残る中枢部

太鼓壇から戦没者慰霊碑が立つ奥書院曲輪を通り、尾根を南へ進むと花ノ壇曲輪に至る。発掘調査によって建物跡3棟と柵跡または塀の跡などが発見され、うち2棟の建物が管理等や休憩施設として整備され公開されている。

さらに進むと、周囲に大規模な石垣が築かれた広大な曲輪が現れる。ここが山中御殿と呼ばれる曲輪で、近世期には富田城の中枢的な施設であったと考えられる。山中御殿には幾つかの虎口《こぐち》が設けられており、菅谷口《すがたにぐち》門跡には櫓跡が隣接しており、侵入者に睨みを利かせていた。

広大な山中御殿には、堀尾氏時代に築かれた石垣が残る。写真は菅谷口の虎口

塩谷口《しおだにぐち》門跡は埋門《うずみもん》形式の狭小な虎口で、門の内部は正面に壁があり御殿内部が見通せないような造りとなっていた。左右には石段があり、一方は御殿内へ、もう一方は月山山頂方向へと向かっている。

また、発掘調査によって御殿の北端で大規模な石段遺構が見つかっており、最終的にはここが御殿の大手口であったと考えられている。

さらに山中御殿から北東方向を見下ろすと、大きな土手のような地形があるのに気づくだろう。実はこれが敵の侵入を防ぐための「大土塁《どるい》」であり、長さ約130m、最大幅約20m、高さ約6mと城内最大級の土塁である。

## Point 3 七曲り

### 防御拠点も兼ねた登城道

山中御殿から七曲りと呼ばれる登山道を進み山頂を目指す。少し登ると、親子観音と呼ばれる石造物が目に入る。これは来待石《きまちいし》（凝灰質砂岩）製の石廟《せきびょう》に納められた宝篋印塔《ほうきょういんとう》で、基礎部に彫られた戒名や年号などの調査により、堀尾家御家騒動の首謀者である堀尾吉晴の娘婿である堀尾河内守《かわちのかみ》の嫡男・勘解由《かげゆ》の墓と推定されている。

七曲りを半分ほど登ると、いま

**山中鹿介銅像**　尼子再興を悲願とする鹿介が、三日月に「我に七難八苦を与えたまえ」と祈ったという逸話を再現している

**歴史小咄**　山中鹿介は、幼少期から尼子家に仕えていたとされる。月山富田城の戦いでは、塩谷口を守り吉川元春隊を退ける奮戦を見せた。落城後は尼子家再興を目指し、月山富田城に幾度も攻め寄せるが果たせず、天正6年（1578）に毛利軍によって謀殺される。

なお豊富に水を湛える山吹井戸がある曲輪に至る。この曲輪は比較的大きな曲輪で七曲りを見渡すような位置にある。よく観察すると、曲輪の一部には小規模な石垣も積まれており、この曲輪が山頂部へ迫る敵を迎え撃つ防御拠点であったとみられる。

## Point 4 三ノ丸・二ノ丸・本丸
### 曲輪を守る石垣を堪能

　七曲りを登り西袖ヶ平に至ると目の前に二段の石垣が現れる。これが三ノ丸の石垣である。三ノ丸と二ノ丸の周囲と本丸の南端付近には近世期に改修を受けて石垣が築かれているが、山中御殿や千畳平など山麓部の石垣とは石材や積み方が大きく異なるのに気付くだろう。山頂部の石垣は流紋岩を使用し隅角部《すみかど》の積み方が算木《さんぎ》状でないものが多く、花崗岩を使用し隅角部が算木状である山麓部の石垣に比べて築造年代がやや古いと考えられる。

　石垣脇の階段を上がると三ノ丸に至る。三ノ丸は発掘調査によって中央付近に曲輪を分断する空堀跡が確認されており、もとは二つの曲輪だったものを、城の改修時

曲輪名はかつて多数の花が植えられていたことに由来するという。南側には発掘調査で見つかった建物が復元されている

山中御殿から月山へ登る登城道。2018年に樹木の伐採や路面の整備が行われ、歩きやすくなっている

月山に攻め寄せる敵を最初に食い止める拠点。発掘調査で確認された崩れた石材などが積み直され、往時の姿がよみがえった

月山の山頂部からは、月山富田城の戦いで毛利軍が本陣を置いた京羅木山などを見ることができる

**二ノ丸と本丸を隔てる堀切** 二ノ丸と本丸の間は、深さ約7m、幅約20mの堀切によって隔てられていた

月山最高所の吐月峰に設けられた曲輪。曲輪内には、山中鹿介の記念碑が立つ

に埋め立てて一つの曲輪にしたようである。

三ノ丸を奥へと進むと二ノ丸跡に至る。ここでは発掘調査により建物跡とともに尼子氏時代の高級陶磁器が多数出土しており、城主の居住空間もしくは会所などがあった可能性がある。

西袖ヶ平から三ノ丸・二ノ丸の周辺は史跡整備によって樹木が伐採されており眺望が素晴らしい。城下はもちろん、大内《おおうち》軍や毛利軍が陣を築いた京羅木山《きょうらぎさん》や勝山などの他、島根半島や中海、鳥取県の弓ヶ浜半島そして日本海まで一望できる 写真B。

二ノ丸から石段を下り、大堀切《ほりきり》を通り本丸へと向かおう。本丸は東西に細長い曲輪で、最奥には奈良時代に編纂された『出雲国風土《いずものくにふど》記《き》』にも記載されている勝日高守《かつひたかもり》神社が現在も鎮座している。

## Point 5 巌倉寺 堀尾氏ゆかりの古刹

山頂から再び七曲りを下って山中御殿へ至り、市道を通って道の駅駐車場へと戻る途中、最後に巌倉寺《いわくらじ》に立ち寄るといいだろう。巌倉寺は真言宗の古刹で、本堂には堀尾吉晴の奥方が慶長7年（1602）に寄進した厨子《ずし》があり、寺の本尊である木造聖《しょう》観音《かんのん》立像や木造多聞《たもん》天《てん》立像が納められている。

また境内には吉晴の墓所もある。墓石は来待石で造られた五輪塔で、来待石製のものとしては日本最大級の大きさを誇っている。

巌倉寺を後にして出発地点である道の駅へ到着。こうして実際に富田城跡を歩いてみると、城の規模の大きさだけでなく、城内各所に設けられた様々な防御施設や急峻な地形によって巧みに防御された堅固な城郭であることを体感することができる。

月山富田城はまさに戦国時代を代表する難攻不落な名城であるといえよう。

巌倉寺の境内には、最後の城主である堀尾吉晴の墓所が残る

戦国時代の山城では多くの遺構が経年により失われてしまったが、発掘調査や整備により当時の姿が明らかになっている。ここでは、発掘により新たな事実が見つかった城や積極的に整備が進められている城を紹介しよう。

# 山城の本来の姿を解き明かす 発掘整備が進む山城5選

石垣の発掘調査の様子

愛知県

## 織田信長が築いた石垣が出土 小牧山城【こまきやまじょう】

濃尾《のうび》平野を一望する、標高86mの小牧山に築かれた織豊《しょくほう》系城郭の原点。永禄6年（1563）に織田信長が美濃《みの》攻略の拠点として築城、清洲城（愛知県）から移った。そして永禄10年（1567）に稲葉山城を攻略し、岐阜城（岐阜県）と改めて移るまでの4年間居城とした。

　近年の発掘により、主郭を取り囲む二～三段の石垣が発見され、土の城が主流だった当時、信長が総石垣の城を画策していたことがわかった。虎口《こぐち》から主郭に続く大手口など、後の安土城（滋賀県）との類似点も指摘されている。山頂部の主郭には、信長の居館跡と思われる曲輪《くるわ》の他にも、数多くの土《ど》塁《るい》で囲まれた曲輪があり、山麓には武家屋敷や堀があった。

　信長死後に起こった小牧《こまき》・長久《ながく》手《て》の戦いでは、徳川家康・織田信《のぶ》雄《かつ》連合軍の本陣になり、その際は山の周囲を二重の堀と土塁で防御している。

整備された南麓大手曲輪地区

主郭に残る石垣

**所在地** 愛知県小牧市堀の内
**電車** 名鉄「小牧駅」からバスで「小牧市役所前」下車、徒歩すぐ
**車** 東名高速道路「小牧IC」から約5分

## 岐阜県

# 岐阜城［ぎふじょう］

### よみがえる信長時代の遺構

復元が進む山麓居館の庭園跡

標高329mの金華山《きんかざん》の山頂にあり、もとは稲葉山城と呼ばれた斎藤道三《さいとうどうさん》の居城。美濃を攻略した織田信長によって改修が行われ、地名も岐阜に改められた。信長と嫡男《ちゃくなん》の信忠《のぶただ》が本能寺に倒れた後は、孫である織田秀信《ひでのぶ》が城主になる。しかし、慶長5年（1600）の関ヶ原の戦いで、福島正則《ふくしままさのり》らに攻められ落城した。

山麓居館の整備が進む他、2019年に現天守台の下から、信長時代とされる天守台が発見されている。

**所在地** 岐阜県岐阜市金華山天守閣

**電車** JR「岐阜駅」からバスで「岐阜公園・歴史博物館前」下車、徒歩約5分

**車** 東海北陸自動車道「岐阜各務原IC」から約20分

## 岐阜県

# 美濃金山城［みのかねやまじょう］

### 発掘で明らかになった城の姿

本丸の発掘現場の様子

織豊系城郭のモデルといわれる石垣の山城。天文6年（1537）、斎藤正義《さいとうまさよし》によって築城された。永禄8年（1565）に織田信長の家臣・森可成《もりよしなり》が城主になり、長可《ながよし》・蘭丸《らんまる》・忠政《ただまさ》と受け継がれて信長と秀吉の東美濃支配の拠点になったが、関ヶ原の戦いの後、廃城になった。

2006年から発掘調査が継続的に行われており、2018年の調査では天守跡と目される半地下構造の石垣が発見され、議論が続いている。

**所在地** 岐阜県可児市兼山

**電車** 名鉄「明智駅」からバスで「元兼山町役場前」下車、徒歩約15分

**車** 東海環状自動車道「可児御嵩IC」から約10分

## 鳥取県

# 米子城［よなごじょう］

### 山中から発見された登り石垣

発掘当時の登り石垣

応仁・文明年間（1467〜87）に山《やま》名宗之《なむねゆき》が築いた砦《とりで》が前身。慶長7年（1602）頃、中村一忠《なかむらかずただ》によって山陰初の本格的な近世城郭として完成した。その後、寛永9年（1632）に荒尾《あらお》氏が城主になり、明治まで統治した。

中海に張り出した湊山《みなとやま》山頂に高石垣で囲われた本丸があり、天守台などが良好な状態で残っている。2016年には、城絵図によって存在が指摘されていた登り石垣が確認されている。

**所在地** 鳥取県米子市久米町

**電車** JR「米子駅」からバスで「湊山公園」下車、徒歩約5分

**車** 山陰自動車道「米子西IC」から約10分

## 愛媛県

# 河後森城［かごもりじょう］

### 往時の山城を味わえる復元整備

建物が復元された西第十曲輪

伊予《いよ》国と土佐《とさ》国の国境に築かれた山城。築城年代は不明だが、鎌倉時代には渡辺氏が領有していたとされる。しかし、戦国時代に渡辺氏の養子となった一条教《いちじょうのり》忠《ただ》の追放以降は、長宗我部《ちょうそかべ》氏や豊臣政権の圧迫により度々城主が変わった。

河後森城では発掘調査に基づいた復元整備が行われている。発掘結果を参考に堀切《ほりきり》や土塁を復元する、通路遺構の一部を見学用に露出させるなどの工夫によって、戦国時代の山城の雰囲気を味わうことができる。

**所在地** 愛媛県北宇和島郡松野町松丸・富岡地内

**電車** JR「松丸駅」から約10分

**車** 松山自動車道「三間IC」から約30分

# 城を守る呪術

## 戦国武将たちも恐れた祟りや呪い

古代から信じられ、時に人々の行動も縛っていた呪術。実力主義の戦国時代にあってもその影響力は大きく、築城にもまじないが取り入れられていた。ここでは鬼門除けや転用石など、城に残る呪術の痕跡を紹介しよう。

### 城を守るために行われた地鎮祭や鬼門除け

祟《たた》りや呪《のろ》い、まじないといった神秘的な考え方や行為は、古くから日本人の身近にあった。明治初期までは、陰陽五行説《いんようごぎょうせつ》を日本独自に発展させた呪術や占術をあつかう陰陽寮《おんみょうりょう》という政府機関が存在したほどだ。現代でも、工事の前に土地の地主神を祀《まつ》る地鎮祭の習慣が残っているが、乱世を生きた戦国武将たちも例外ではなかった。築城という最先端の技術を駆使する事業にあたる時も、何らかの呪術に頼っていたのである。

いまの地鎮祭にあたる「鍬立《くわだて》」（または鍬入《くわいれ》・鍬始《くわはじめ》など）の記述は、史料にもよく見られる。地鎮祭とそう変わりない儀式だったようだが、当然ながら現代よりも熱心に行われただろう。

これは、城にまつわる伝説の中で、いわゆる人柱《ひとばしら》伝説が多いことからもうかがえる。人柱伝説とは、例えば普請中や完成後に石垣や建物が壊れたため陰陽師が占うと、地主神の祟りだとされ、それを鎮めるため、神へのいけにえとして生きた人間（人柱）を埋めた、というものである。無事の完成を祈って最初から人柱を立てたという伝承もある。

ただし、城跡から人柱と断定できるものは出土していない。動物、人形、厄除けの輪宝が書かれた皿などの出土例はあるので、これらで代用していたと考えられる。人柱の代用は、毛利元就が吉田郡山城（広島県）改修の際、人柱の替わりに埋めさせた「百万一心」の巨石の逸話が有名。

地主神を祀るために城内に祠《ほこら》を建てることが多かったようだが、ほかに城主の氏神や、領民が信仰する神を祀った例もある。また、鬼が出入りする鬼門《きもん》（北東＝艮《うしとら》）の方角に細工を施す「鬼門除け」もよく見られる。上田城（長野県）のように北東の堀と土塁《どるい》をへこませたものや、下坂館《しもさかやかた》（滋賀県）のように祠を祀った例もある。

さらに、石垣に墓石・五輪塔《ごりんとう》・石棺《せっかん》などの石を利用した「転用石」は、石不足と戦国武将の「無頼《ぶらい》」的行為と説明されてきたが、「墓石を縁の下に置くと縁起がいい」という地方もあるように、民俗学でいう「ケガレの逆転」を用いたという見方もできる。この他、悪鬼退散を祈る「蘇民将来《そみんしょうらい》」や「急《きゅう》急如律令《きゅうにょりつりょう》」の木簡《もっかん》も多数見つかっている。戦国大名の城にも、さまざまな呪術がほどこされていたのである。

松江城（島根県）には、本丸工事が難航した際に、城下の盆踊りに参加していた若い娘をさらって人柱にしたという伝説が残る

上田城本丸は、鬼門除けのために北東隅を切り欠く

福知山城（京都府）の天守台は、五輪塔や宝篋印塔などを転用石として使用している

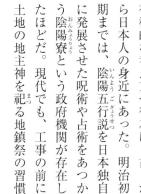

# 5章

# 石造りの山城

近世以降も大名の居城として存続した山城は、多くが総石垣に改修された。この章では、壮大な石垣を堪能できる四つの山城を紹介。

5章
石造りの山城

# 岩村城

［いわむらじょう］

## 険しい山上に石垣を築くための工夫

岐阜県（美濃国）

ガイド人
髙田徹
（城郭史料研究会）

歴史と立地

### 大名たちが争奪を繰り返した東美濃の要衝

岩村城は文治元年（1185）に鎌倉幕府御家人《ごけにん》であった加藤景廉《かとうかげかど》が築いたと伝わるが、信憑性は薄い。はっきりした築城時期は不明だが、景廉後裔の岩村遠山《とおやま》氏によって室町後期には城郭として維持されていたのは間違いない。

その後、織田氏と武田《たけだ》氏との間で、争奪が繰り広げられた。豊臣期に美濃金山《みのかねやま》城（岐阜県）主・森氏の支城となるが、慶長5年（1600）には田丸直昌《たまるなおまさ》が城主となる。同年に起こった関ヶ原の戦いの翌年、大給松平家乗《おぎゅうまつだいらいえのり》が2万石を領して城主となった。松平氏が2代続いた後、寛永15年（1638）～元禄15年（1702）の間は丹羽氏5代が城主となる。

その後、再び大給松平氏が城主となり、明治初頭まで7代が続いた。

| 所在地 | 岐阜県恵那市岩村町城山 |
|---|---|
| 築城 | 室町時代後期か［遠山氏］ |
| 廃城 | 明治6年（1873）［廃城令による］ |
| 標高／比高 | 717m ／ 150m |

電車　明知鉄道「岩村駅」から徒歩約20分で岩村歴史資料館
車　中央自動車道「恵那IC」から約25分で岩村歴史資料館
駐車場　岩村歴史資料館前、または本丸直下の出丸駐車場を利用
登城時間　岩村歴史資料館から本丸まで徒歩約30分
出丸駐車場から本丸まで徒歩5分

出丸駐車場には休憩スペースとトイレが設置されている。岩村歴史資料館の駐車場を利用する場合は、登城前に資料館のトイレによっておくと良いだろう。

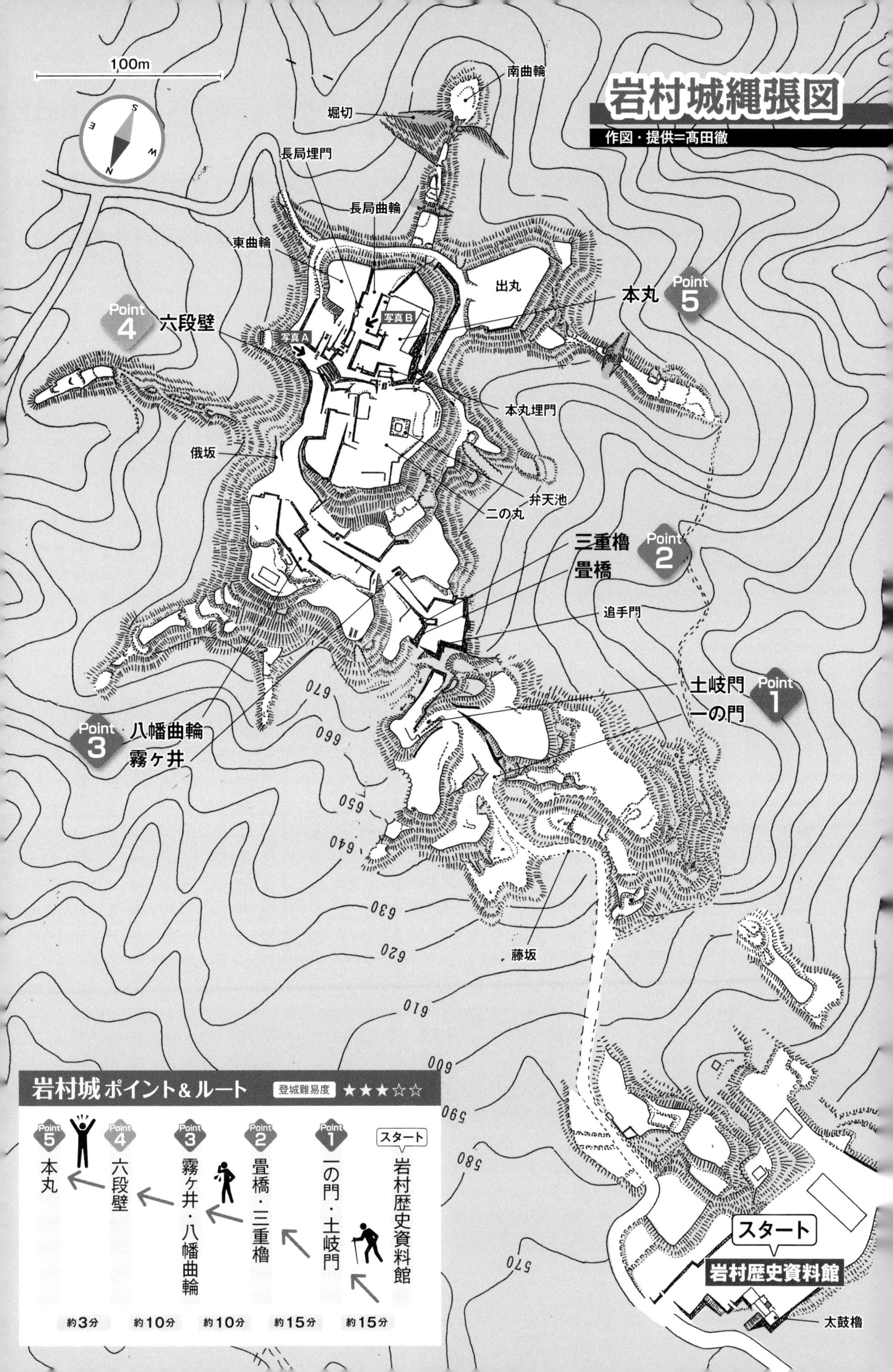

岩村城縄張図
作図・提供=髙田徹
100m
S
W
N
E
南曲輪
堀切
長局埋門
長局曲輪
東曲輪
出丸
本丸
Point 5
Point 4
六段壁
写真A
写真B
本丸埋門
俄坂
弁天池
二の丸
三重櫓
畳橋
Point 2
追手門
土岐門
一の門
Point 1
Point 3
八幡曲輪
霧ヶ井
670
660
650
640
630
620
610
600
590
580
570
藤坂
スタート
岩村歴史資料館
太鼓櫓
岩村城 ポイント&ルート
登城難易度 ★★★☆☆
スタート 岩村歴史資料館
Point 1 一の門・土岐門
Point 2 畳橋・三重櫓
Point 3 霧ヶ井・八幡曲輪
Point 4 六段壁
Point 5 本丸
約15分
約15分
約10分
約10分
約3分

スタート

## 山麓の資料館で岩村の歴史を学ぶ

岩村城に歩いて登るなら、スタート地点は岩村歴史資料館が最適である。資料館には岩村城・岩村藩に関わる貴重な資料が陳列されている。特に明和3年（1766）に約200分の1縮尺で作成された「岩村城平面図」は幅が約3・6mに及ぶ上、緻密かつ精密だ。登城前にじっくり見ておきたい。

城下から望む岩村城　江戸時代の面影を残す城下町は「重要伝統的建造物群保存地区」に選定されている

資料館前には大型バスも出入り可能な駐車場がある。駐車場に入る際に気付くはずだが、駐車場の北側には太《たい》鼓《こ》櫓《やぐら》・表御門・平重《へいじゅう》門などが建っている。今は石垣を残す程度だが、駐車場は岩村藩主邸の跡である。太鼓櫓などは1990年に古図を参考に建設された模擬建築である。ただし、藩校知新館《ちしんかん》正門だけは旧位置から移築された現存建築である。

岩村城は日本三大山城の一つに数えられるが、藩主邸から山頂の本丸までの高さは約140mである。登城路も整備されており、急な勾配はほとんどない。余裕をみても、藩主邸から50分あれば本丸にたどり着けるだろう。

岩村藩主邸跡　かつて藩主の屋敷があった地には、太鼓櫓や表御門などが建設されている

Point 1

## 一の門・土岐門　石垣や礎石が残る登城門

藩主邸の太鼓櫓前から10分弱、「藤坂」と呼ばれる大手道を上ると一の門跡に着く。一の門跡には、城内での位置、一の門を描いた絵図、「岩村城の復元CG画像」を読み取ることができるQRコードを表示した案内板が立てられている。城内の主要地点にも同様の案内板が立っている。

一の門跡の奥に見える石垣上は、家臣屋敷地跡だ。城内の石垣のほとんどは、江戸中期以降に積み替えられたか、新たに積まれたもので占められている。隙間なく、ぴっちりと積み上げられた石垣の目地は、幾何学模様を思わせるものがある。

一の門跡から坂を上ると、土岐《とき》門跡に着く。現地には礎石が残る

Point 1 一の門

一の門にはかつて櫓門や番所が設けられていた。門の内側は「本城」と称されていたという

土岐門　登城道の二の門にあたる。ここから追手門へは道が180度折れ曲がる

かつては門の枡形をにらむようにそびえていた。城内最大の建物で、天守のごとき偉容を誇ったという

が、門自体は明治になって市内岩村町飯羽間《いいばま》の徳祥寺《とくしょうじ》に移築され、現存する。四脚門であるが、改造が著しい。土岐門の名は、遠山氏が土岐氏の城門を奪って建てたことが由来という(諸説あり)。

## Point 2 畳橋・三重櫓

### 侵入者を阻む巨大櫓

土岐門跡から南に向かって歩いていくと、畳橋跡に着く。畳橋は山腹に設けられた堀切《ほりきり》にかけられた木橋だった。堀切は戦国期の名残であり、近世になって拡張・整備された可能性が高い。明治初頭に畳橋は撤去されたため、現在は廃城後に設けられた道で行き来する。堀底に向かって歩いていく際、左手(東側)にある土塁《どるい》状の高まりが本来の大手道であり、その先端から対岸に畳橋がかかっていた。畳橋は、平面がL字形に折れ曲がる、極めて特徴的な造りである。

大手道側から畳橋を渡ろうとすれば、正面には三階櫓が立ち塞がっていた。畳橋の上で折れ曲がると、正面(東側)に追手門の枡《ます》形《がた》があった。畳橋が失われた今日

**畳橋跡**　登城道と追手門をつなぐ木橋がかかっていた。現在は橋が失われているため、堀底から追手門へ入ろう

**『岩村城絵図』に描かれた畳橋と三重櫓**　橋と門内の曲輪で、あたかも二重の枡形のような厳重な縄張となっている

**歴史小咄**　岩村城には「おつやの方」という美しい女城主の伝説が伝わる。おつやは織田信長の叔母だったが、城が敵軍に攻められた際、敵の大将・秋山虎繁に降伏しその妻となる。これに激怒した信長は岩村城を包囲し、おつやと虎繁を捕らえて処刑した。

かつて八幡曲輪には岩村城を築いたという伝承がある加藤景廉を祀る八幡神社が鎮座し、歴代城主の崇敬を受けていた

**霧ヶ井**　日照りでも涸れることなく水が湧き続けたという井戸

では想像を膨らませるしかないが、付近は極めて特徴のある縄張《なわばり》であった。

追手門跡の枡形を抜けると、大手道は東に向かって緩やかに湾曲する。付近は大手道の両側に苔むした石垣が続き、樹齢を重ねた大木が多く見られる。古城らしさを体感できる場所といえよう。

## Point 3 霧ヶ井・八幡曲輪
### 城に残る信仰と伝説

大手道の右手（南側）には、簡易な屋根に覆われた「霧《きり》ヶ《が》井《い》」と呼ばれる井戸がある。井戸をのぞいてみると、いまも水が湧き出していることがわかる。水は手ですくえる位置に湧いているが、飲用はできない。「霧ヶ井」には、敵襲があった時に秘蔵の蛇骨を投げ込むと、霧が立ちこめて城を覆い隠したという伝承が残る。ちなみに岩村城の別称は、霧ヶ城であった。

「霧ヶ井」から大手道を挟んだ北東側には高まりがあり、頂部には霧ヶ城神社の社殿がある。

一帯は江戸期には八幡曲輪《はちまんくるわ》と呼ばれ、霧ヶ城神社の場所には八幡神と遠山氏遠祖の加藤景廉を祀る八幡宮が鎮座していた。八幡宮から西側に下がった位置には神宮《じんぐう》寺《じ》（薬師寺）が存在した。八幡宮社殿は明治6年（1873）に山麓に移され、岩村八幡神社本殿として現存する。同社鳥居前には、二の丸にあった弁天社の祠《ほこら》も移されている。また神宮寺にあったものではないかと思われる八方睨みの龍天井絵は、市内上矢作《かみやはぎ》町の円頂《えんちょう》寺《じ》に残される。

正面から見た六段壁。築かれた当初は一ないし二段の石垣だったが、補強を重ねた結果、六段となった

## Point 4 六段壁
### 補強工事で生まれた奇観

八幡曲輪から南へ進むと、右手（西側）に二の丸、左手（東側）に俄坂《にわかざか》がある。俄坂は、戦国期の岩村城大手があった場所と伝わるが真偽は不明である。

俄坂付近からは、六段からなる雛壇状の石垣「六段壁」が見えてくる。岩村城の定番撮影スポットとして注目を集めているが、各段の高さは1～2m前後にすぎない

**長局曲輪**　六段壁から東曲輪を抜けると長局曲輪が見えてくる。長局曲輪は本丸下に細長くのびる腰曲輪だ

P150 写真A。側面から観察すると、上から二・三・四段目が最上段の石垣の裾部を補強するように設けられていることがわかる。いわゆる「はばき石垣」の類だ。少しまわり込んで六段壁を見ると、どのような順序（前後関係）によりそれぞれの石垣が築かれているのか、理解できるはずである。

## Point 5 本丸
### 発掘で判明した往時の姿

本丸には天守は設けられず、櫓・多聞《たもん》・塀等が設けられていた写真B。今は基壇や礎石の一部を残す程度である。近年行われた発掘調査によれば戦国期の主郭を崩して平坦地を拡張し、近世の本丸が形成された模様である。したがって、近世以前の本丸は現状よりもずっと狭く、おそらく切岸《きりぎし》によって他の曲輪と峻別されていたのではないか。なお城内で出土する瓦《かわら》は少量であるため、多くの建物は板葺《いたぶ》きであったと考えられている。

駆け足で解説を試みたが、大手道沿いの主要な遺構を取り上げたにすぎない。尾根上に設けられた戦国期の堀切など、他にも見どころは多い。また大手道を上るのを敬遠したい方は、本丸南西の出丸《でまる》に通じる車道を用いると良いだろう。駐車スペースがある上、すぐ正面が本丸となっている。

戦国期の遺構を残す岩村城だが、いま残る石垣がいつの時代に、どのような背景で成立したかは明らかになっていない。岩村城を描いた「正保《しょうほう》城《しろ》絵《え》図《ず》」では、全体をかなり簡略化しているが、それでも現状ほど石垣を描いていない。謎が多く、解明すべきことが多い岩村城ながら、それだけ魅力、見どころにあふれているといえよう。

岐阜県と長野県にまたがる恵那山が一望でき、岩村城が国境を守る要地だったことがわかる

**本丸表門** 長局曲輪と本丸をつなぐ門跡。かつては櫓門や多聞櫓を備えた内枡形虎口だった

### 登城＆観光memo
#### 歴史ある街並みを歩く

旧城下町は、岩村城の北西山麓にのびており、正面に城山がそびえる。1998年には町人地が国の重要伝統的建造物群保存地区に選定された。町家の裏側を区画する背割溝は「天正疎水」と呼ばれ、織田信長家臣の河尻秀隆時代に整備されたといわれている。町屋のうち、勝川家、木村邸資料館などが一般公開されている。勝川家の土蔵は、岩村城から移築されたものだという。近年ではＮＨＫ連続テレビ小説『半分、青い。』のロケ地となったことが記憶に新しい。

**本丸と南曲輪を隔てる堀切** 織豊期に石垣の城へと変貌した岩村城の中で、中世を感じられる貴重な遺構だ

# 5章 石造りの山城

# 周山城《しゅうざんじょう》
## 最初期の石垣技術を伝える〝幻の城〟
京都府（丹波国）

ガイド人
福島克彦
（大山崎町歴史資料館館長）

歴史と立地

### 丹波支配の拠点として明智光秀が築く

周山城は、現在の京都市右京区京北町周山に明智光秀《あけちみつひで》が築いた城として知られている。天正９年（１５８１）９月15日、光秀は周山の「彼山」において、堺の津田《つだ》宗及《そうぎゅう》を招き「十五夜之月見」で楽しんだ（『宗及他会記』）。「彼山」とは周山城のことと考えられる。

当城は光秀滅亡後も使用され、天正12年（１５８４）２月４日、羽柴秀吉が「丹州シヲ山ノ城」に下向している（『兼見卿記《かねみきょうき》』）。当時は小牧・長久手の戦いの時期であり、徳川家康と結んだ丹波国衆《たんばくにしゅう》が蜂起していた。秀吉は、その対策として当城を改修したと考えられる。ほかに天正12年当時、秀吉の家臣だった加藤光泰《みつやす》が城主に命じられたという記録もある（『寛《かん》政重修諸家譜《せいちょうしゅうしょかふ》』）。

| 所在地 | 京都府京都市右京区京北周山町 |
|---|---|
| 築城 | 天正9年（1581）以前［明智光秀］ |
| 廃城 | 天正12年（1584）以後［不明］ |
| 標高／比高 | 480m ／ 220m |

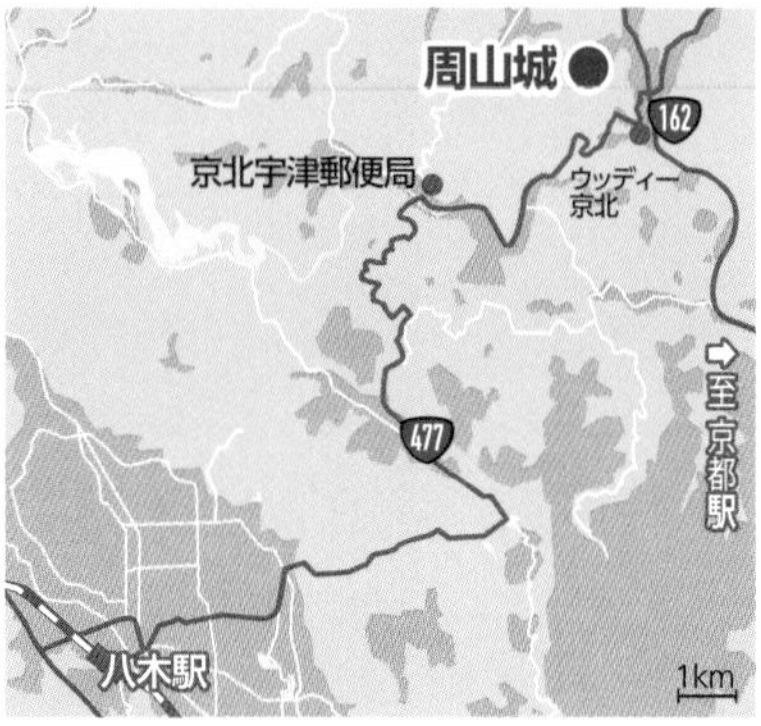


電車　JR「京都駅」からバスで「周山」下車、徒歩約10分で登城口
車　京都縦貫自動車道「八木東IC」から約30分で道の駅 ウッディー京北駐車場
駐車場　道の駅 ウッディー京北駐車場が利用可能
登城時間　登城口から主郭Ⅰまで約40分

ⓘ 道の駅 ウッディー京北では周山城のパンフレットが入手可能。パンフレットには、城内案内図の他にも登城の注意が書かれているので事前に確認しておこう。

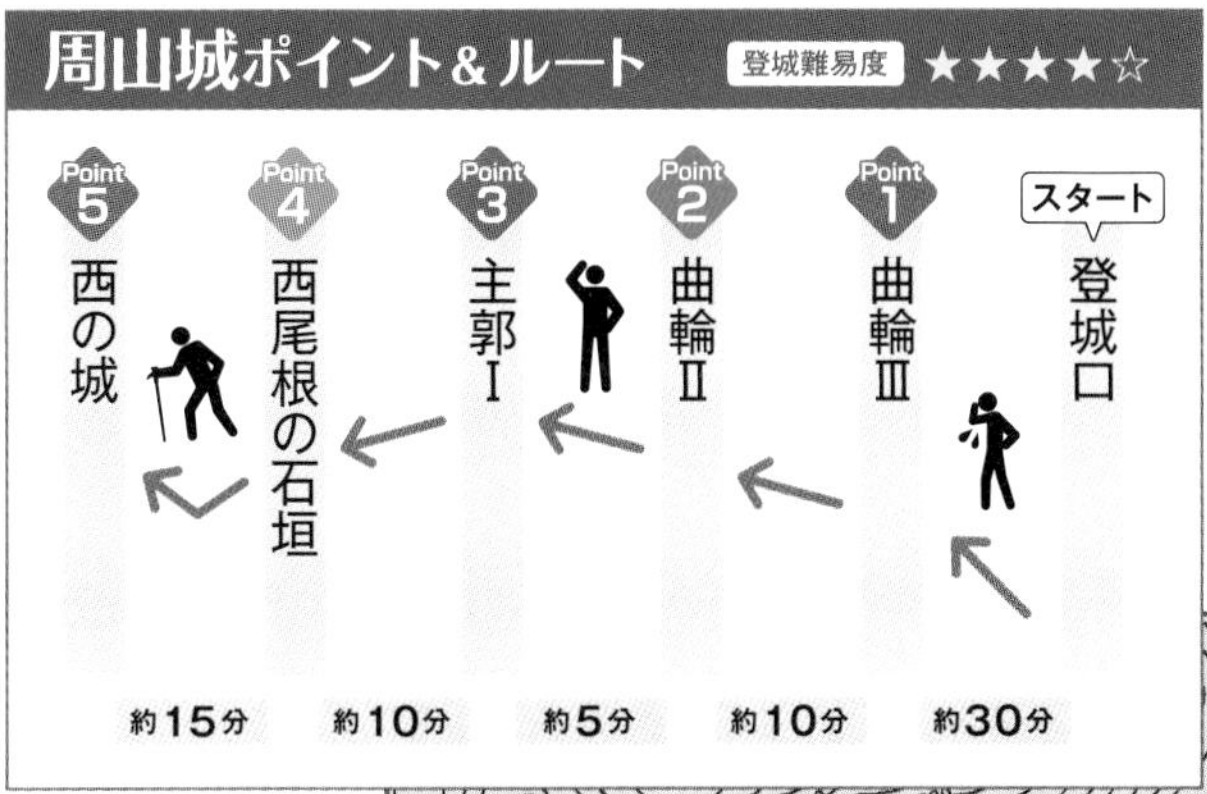


## 周山城縄張図

作図・提供=福島克彦

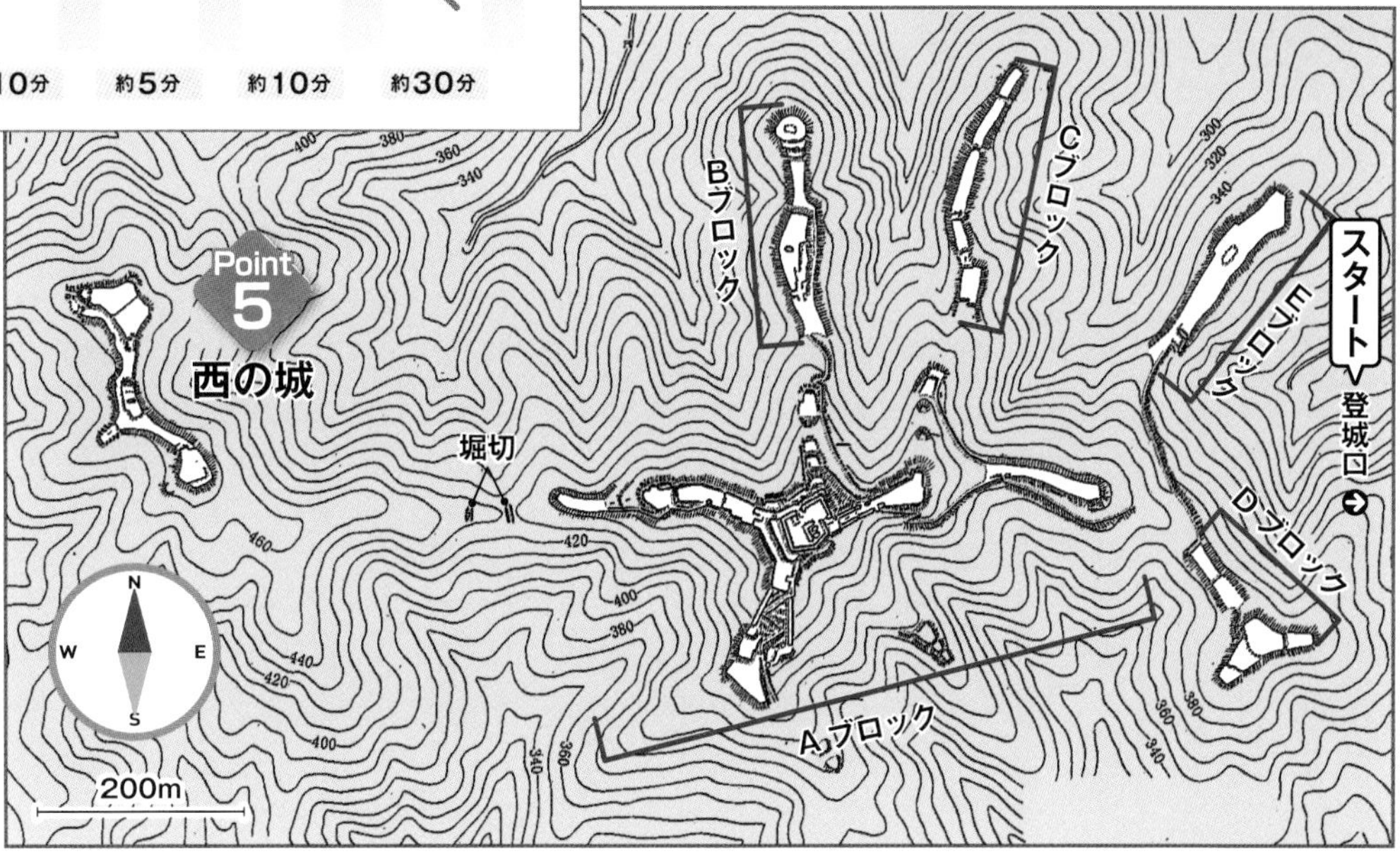


## 周山城主要部（A-ブロック）縄張図

作図・提供=福島克彦

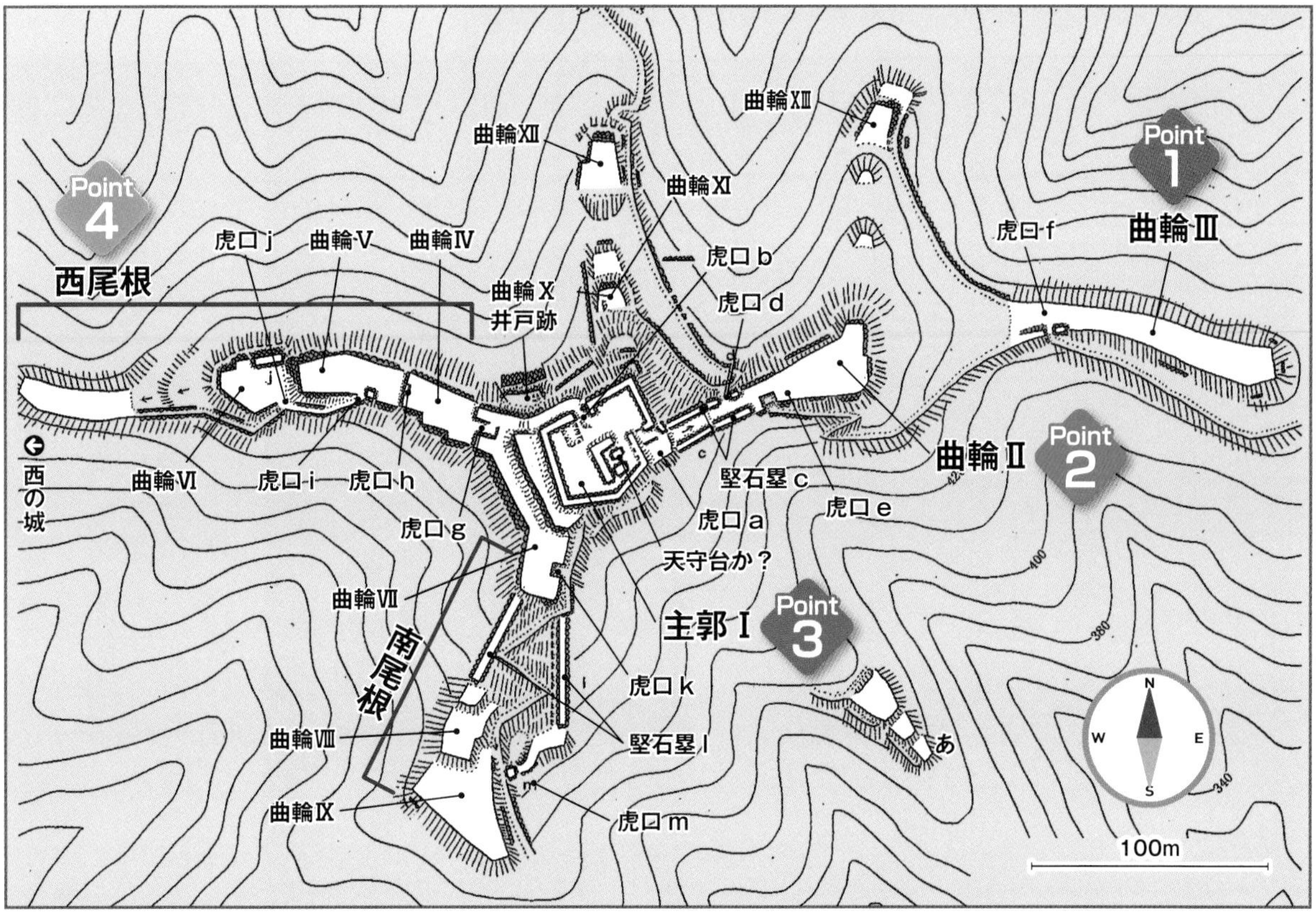

スタート

## 土の遺構を眺めながらAブロックを目指そう

周山は、丹波南部の舟運の動脈である、大堰《おおい》川（保津《ほづ》川）と、京都と若狭《わかさ》を結ぶ長坂街道のルートの結節点にあたる。周山城は、この周山集落の西にそびえる城山一帯に築かれていた。南北620m、東西793mに及び、丹波でも有数の大規模山城である。遺構は大別してA～Eブロックに分かれ、山頂部の主郭Ⅰを起点に、曲輪群が放射状に広がって配置されていた。

**周山城遠景**　北から見た周山城跡の全景。Eブロックのある左手の尾根から、曲輪Ⅲ、Ⅱ、Ⅰ（主郭）と続く。右手には西の城跡の尾根が見える

城跡へは、京都駅からバスを利用するのが便利だ。バス停から旧道を350m北上し左折すると、城跡の説明板があるので、これを目印にしたい。ここから西へ坂道を登っていくと、谷に入り山道を進むことになる。谷の最深部から葛籠《つづら》折《お》れの山道を登ると、まずはEブロックに到達。Eブロックは、石垣がなく、技巧性に乏しいイメージだ。しかし、近年赤色レーザー測量によって、曲輪の切岸《きりぎし》が等質幅で盛土されている様相が確認され、計画的に造成されていることがわかった。さらに南へ向かうと、Dブロックがある。支尾根の独立した頂に占地された、純然たる戦国の土の城である。

Point 1

### 曲輪Ⅲ　侵入者を阻む石造りの虎口

この地から西の尾根を登ると、Aブロックの東端である曲輪Ⅲに達する。進入路は長細いⅢの南側面を進み、西の付け根の虎口《こぐち》fに入る。このfは左右を石塁《せきるい》で固めた本格的な虎口で、進入側から見て左手に石垣が張り出している。東から向かうと、虎口fに入る前で90度折れる構造となる。

この地から西の尾根を上がると主要部へ至る。以後、主要部へ至るルート上に虎口や石垣が多用されており、技巧性に富む構造が堪能できる。

Point 2

### 曲輪Ⅱ　複数の虎口で登城道を守る

曲輪Ⅲから西へ進むと、曲輪Ⅱへ至る。この間の城道には南側の壁面に石積みが築かれている。一般に中世城郭では、平坦地である曲輪は確認しやすいが、曲輪間を結ぶ斜面上の城道はわからないところが大半だ。ところが周山城の場合、主要部であるAブロックの城道の側壁には石積みがともない、当時のルートを理解することができる。実際に光秀や茶人の津《つ》田《だ》宗及《そうぎゅう》が登ったルートを追体験できるのだ。

曲輪Ⅱの虎口eは石塁がない

Aブロック最初の関門となるのが虎口fだ。かつては櫓門を備えた威厳ある姿だった

曲輪Ⅱへ至る虎口。隅部が破壊されているものの、侵入者を阻むように石垣が張り出している様子がわかる

**歴史小咄**　天正3年（1575）、織田信長は明智光秀に対し、追放した足利義昭を支持する丹波国人衆の平定を命じる。当初光秀は、赤井直正の抵抗や波多野秀治の裏切りにより苦戦を強いられたが、天正7年（1579）には丹波国平定を完了。この功績で光秀は丹波一国を加増された。

主郭Ⅰへ続く尾根の側面には、竪石塁が設けられていた。斜面に沿って石垣が散らばる様はかなりの迫力だ

が、長方形状の掘り込みがあり、何らかの格式ある門があったものと思われる。長方形状の窪みは、扉が内側に開閉するための掘り込みであろう。なお、このeにもfと同じく進入路から見て左手に石垣が張り出しており、eの手前で一折れして門に入ることになる。

この曲輪Ⅱも周囲に低い石垣をめぐらせているが、やはり尾根の付け根に北側に開口した虎口dがある。このd部分が、周山城の中で最も巨石を使用した箇所である。虎口幅は狭いが、この地から北の曲輪Ⅺ、あるいはⅫを経て、北のBブロックにつながっている。これらの城道にも、側壁に石積みが築かれており、几帳面な築造姿勢がうかがえる。

さて、曲輪Ⅱから西へ登ると、ここで山頂の主郭Ⅰとつながる。このⅠとⅡの間は、斜面状になっているが、側面の縁に竪《たて》石塁2本がつながれており(竪石塁c)、ⅠとⅡが接続している。ちなみに、この斜面を登ると、Ⅰに入る直前に虎口空間のaがあり、ここから二折れして主郭へ入る念の入れようである。前述したf→Ⅲ→e→Ⅱ→a→Ⅰというルートが、城下周山集落からの進入路で、虎口・門が整備され、厳重な防御構造になっている。

## Point 3 主郭Ⅰ 厳重に石垣で守られた曲輪

主郭Ⅰは東西45m、南北35mのまとまった面積を持つ。不等辺五角形の形態を呈しており、側壁は数段の石垣、盛土によって加工が進められている。周囲には、微高の石塁が取り囲むが、隅角部《すみかど》には櫓台《やぐらだい》は見られない。

代わりに、中央部にはE字形の高さ1・5mの石塁が残存している。この構築物の評価は難しいが、隙間の窪みを地下と考えれば、穴蔵を持つ天守台の可能性がある。ただし、こうした類例は乏しいため、断定はできない。いずれにせよ、この構築物がⅠの中央に居座るため、主郭の平坦地は西と東に分断され、建造物を建てるスペースは限られている。なお、主郭周辺からは、豊臣秀吉の大坂築城頃まで使用されたという瓦《かわら》が採集でき、瓦葺《ぶ》き建物があったことは確実だ。

## Point 4 西尾根の石垣 良好に残る石垣を堪能する

主郭Ⅰのうち、北側に開口された虎口bは、西尾根、南尾根の曲輪群とつながっている。特に主郭ⅠとⅣの間の斜面には、二折れの

曲輪Ⅹに残る直径1.5mほどの井戸跡。周辺には井戸を守る石垣が残っている

主郭の中央には石垣跡が残り、3か所の入口と穴蔵が確認されている。天守台の可能性もあるが、詳細は不明

曲輪Ⅵには高さ1mほどの石塁が約20mにわたって設けられている。一部転用石材も見られる

石垣が破壊されたためわかりにくくなっているが、かつては喰違い虎口を形成していた

虎口gが設置されている。gは曲輪に付随せず、斜面に占地した構築物で、屈曲させた城道には石段も残存する。斜面を有効に防御施設に使おうとする姿勢がみえる。この北斜面には井戸跡が見られ、やはり石垣で守られている。Ⅳ、Ⅴ、Ⅵの側壁に高石垣がめぐっているが、特にⅤの北西隅の高石垣は圧巻である。Ⅵの北辺には石塁がめぐるが、上位のⅤ側面の石垣面をずらして築かれている。一方、Ⅵの南側には高さ1mの石垣で守られた城道が構築されている。ここでも、城道をしっかり石垣で保護している様相がうかがえる。

同じく、虎口bから主郭Ⅰの西縁をまわるルートがある。南側へまわり込むと曲輪Ⅶへ到達し、石段が露出する虎口kから葛籠折れの道で下位の曲輪Ⅷ、Ⅸとつなぐ。この葛籠折れの城道を守るため、左右2本の竪石塁lが下位の曲輪と接続している。これは前述の竪石塁cと同様の構築物であり、当城が斜面のルートを重視していた姿勢が、よく理解できる。

これを下りると、虎口mがあり、南の城外へつながる。

## Point 5 西の城
### 虎口が残る織豊期の陣城

西尾根からさらに西へ進むと、2本の堀切《ほりきり》が現れる。周山城の主要部には、堀切や横堀などの遮断施設が見られないが、この地点に

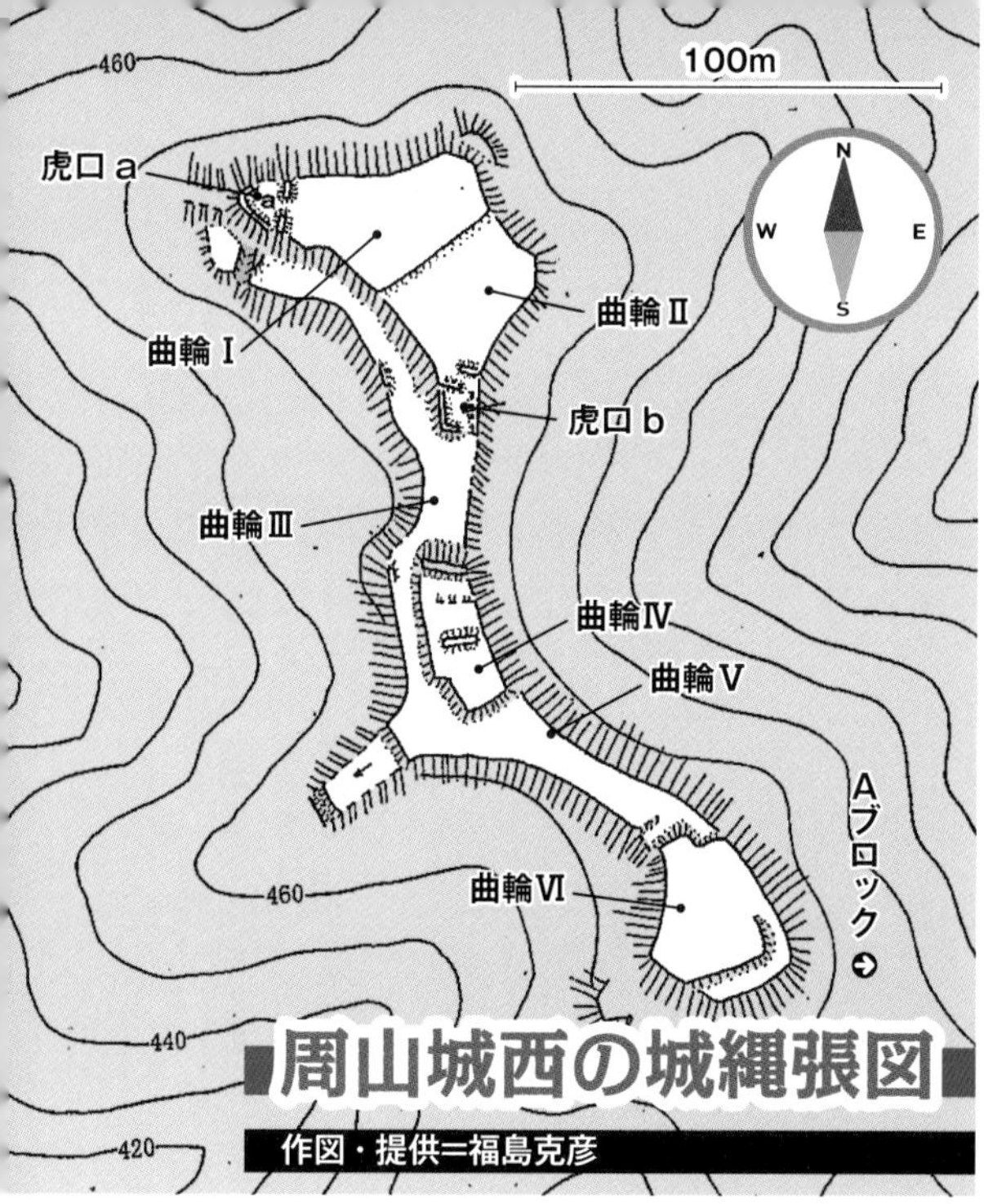


## 周山城西の城縄張図

作図・提供＝福島克彦

**南尾根の竪石塁**　南の尾根は、竪石塁を設けて曲輪同士を連結している

築かれているのは、城域の境界であることを示すものだろう。

この堀切を隔てて、西へ350m進んだ尾根上に、周山西の城跡がある。これは1990年代前半に確認された、南北200m、東西150mの独立した土の城である。東の周山集落から見ると、さらに西の山地へ入った奥まった遺構である。この西の城の山麓には集落が見られず、生活空間から隔絶された遺構となる。曲輪は北からⅠ～Ⅵまで配置され、一部土塁や帯曲輪も見られる。土の城であり、古いタイプに見えるが、ここで注目したいのは曲輪ⅠとⅡの両端に虎口空間（外《そと》枡《ます》形《がた》）のa、bが残存している点であろう。虎口の構造から勘案すれば、やはり織豊《しょくほう》系の陣城《じんじろ》と考えられる。そのように考えると、削平度が弱いⅢ、Ⅳ、Ⅴ、Ⅵの曲輪も、兵を配置する駐屯地空間だったと考えられる。

このように、周山城は、同じ織豊期に恒久的目的で築かれた総石垣の城と、臨時に造成された土の城が山上に並立して残存していたことになる。こうした並立状態が、どのような政治的背景をともなって築造されたのか、現段階では判断しかねるが、立地から考えると、両者は別個の存在ながら、何らかの対抗意識、あるいは補完の中で築かれたものと思われる。

**堀切**　Aブロックと西の城の間に設けられた堀切。両端は竪堀に接続して斜面にのびている

### 登城＆観光memo

#### 墨塗りの光秀像が伝わる慈眼寺

周山城の麓には光秀ゆかりの慈眼寺が建つ。この寺院には、光秀の坐像が祀られているが、その姿は衣服や顔まで真っ黒に塗りつぶされている。これは光秀が逆臣となった後も、彼の善政を慕う領民たちが密かにその遺徳を偲ぶために墨塗りにしたためだという。境内では坐像をモチーフにした「くろみつくん」のグッズや周山城の御城印なども頒布されている。拝観は土・日・月の週3日。詳しくは公式サイトを参照。

**Point 5 西の城の虎口a**

土塁によって平虎口を形成。虎口の先は土塁が設けられ、馬出のような空間となっている

# 高取城［たかとりじょう］

## 天空に築かれた石垣の要塞

奈良県（大和国）

ガイド人
木場幸弘
（高取町教育委員会）

### 歴史と立地
### 高低差日本一を誇る日本三大山城の一つ

高取城は標高約583mにあり、麓の城下町からの比高も約446mと高低差日本一を誇る。岩村城➡P150や備中松山城➡P168とともに「日本三大山城」にも数えられる名城である。

高取城は南北朝期、豪族の越智《おち》氏が居城の貝吹山《かいぶきやま》城の支城として、奈良から吉野へ通じる要所に築いた「カキアゲの城」（中世山城）を前身とする。

織豊《しょくほう》期に豊臣秀長《ひでなが》が本多利久《ほんだとしひさ》に命じて、近世城郭へと改修。江戸時代に本多氏が断絶すると、寛永17年（1640）に譜代《ふだい》の植村家政《うえむらいえまさ》が初代藩主となり、明治維新まで14代藩主を務めた。明治4年（1871）の廃藩置県によって廃城となり、その2年後、入札で多くの櫓《やぐら》や門が売却された。

| | |
|---|---|
| 所在地 | 奈良県高市郡高取町高取 |
| 築城 | 南北朝期［越智氏］ |
| 廃城 | 明治6年（1873）［廃城令による］ |
| 標高／比高 | 583m ／ 446m |

**電車** 近鉄吉野線「壺阪山駅」から奈良交通バスで「壺阪寺」下車、徒歩約１時間で八幡口

**車** 城下の観光案内所「夢創館」まで西名阪自動車道「郡山IC」から約40分、南阪奈道路「葛城IC」から約30分

**駐車場** 城下の観光案内所「夢創館」周辺の駐車場を利用。八幡口の駐車スペースは３～５台程度

**登城時間** 観光案内所「夢創館」から本丸まで約2時間。八幡口から本丸まで徒歩約20分

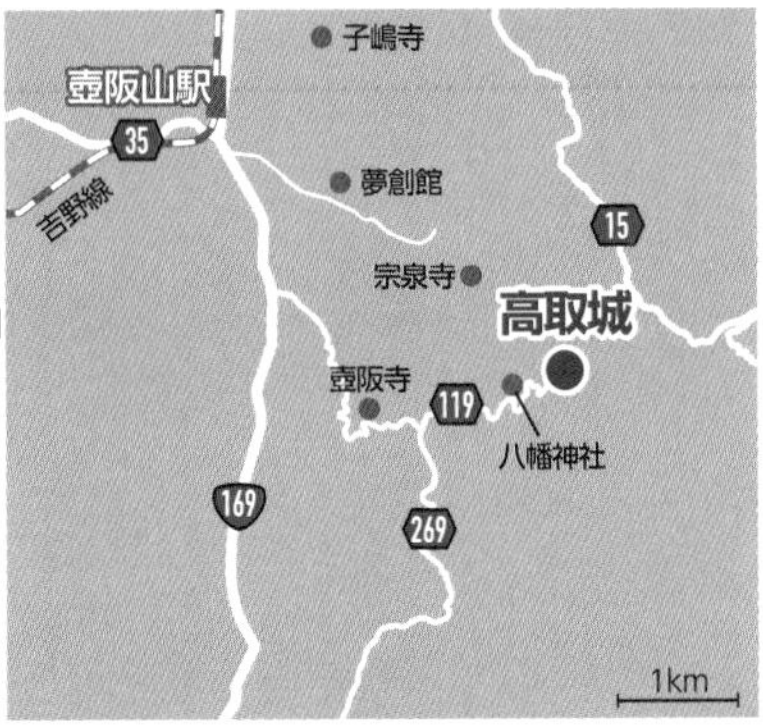


ℹ 城内にトイレはない。八幡口の登城口に簡易トイレがあるのでそこを利用。八幡口にはパンフレットも置かれている。

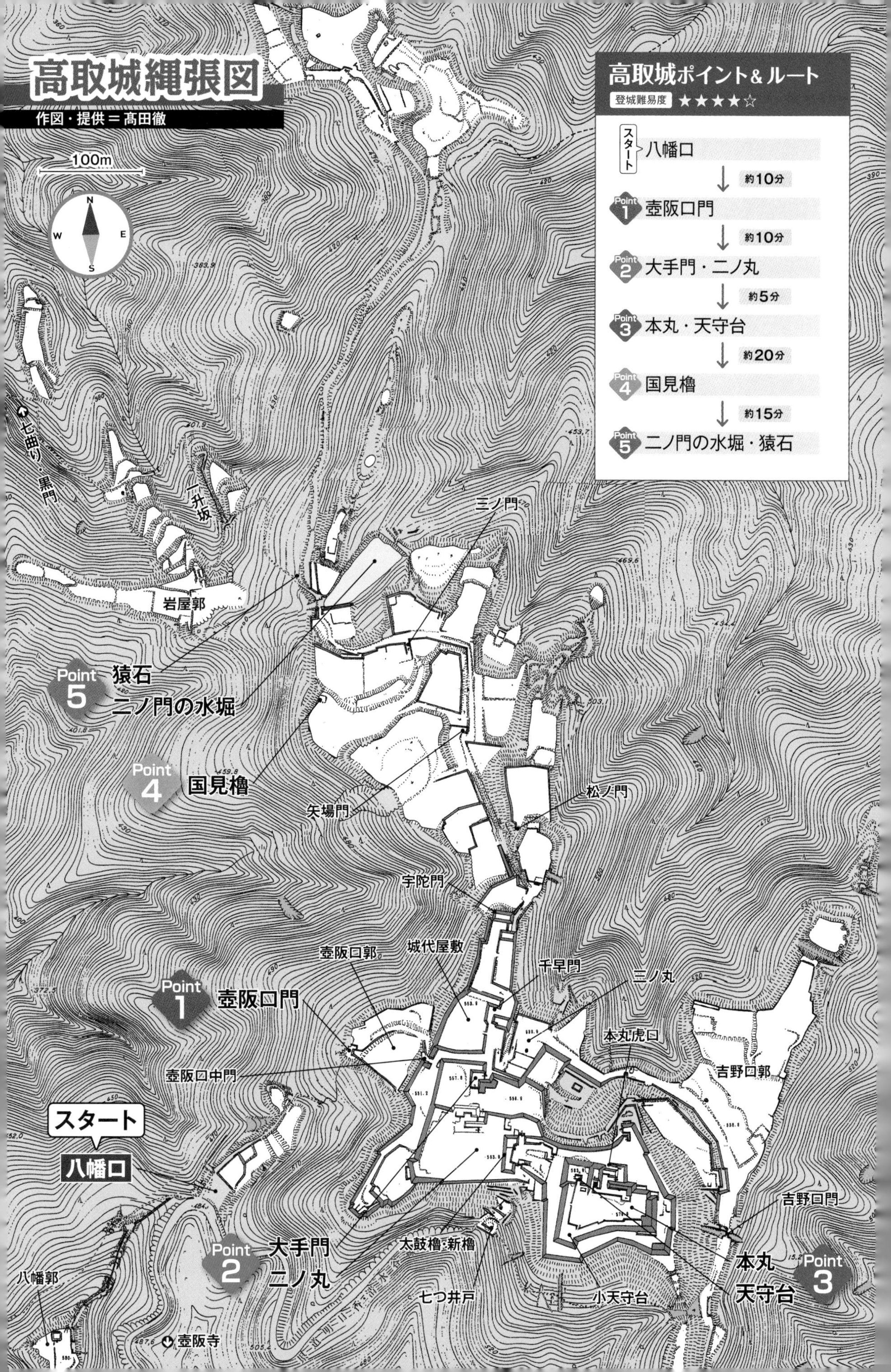

高取城縄張図
作図・提供＝髙田徹
100m
N
W
E
S
高取城ポイント＆ルート
登城難易度 ★★★★☆
スタート 八幡口
約10分
Point 1 壺阪口門
約10分
Point 2 大手門・二ノ丸
約5分
Point 3 本丸・天守台
約20分
Point 4 国見櫓
約15分
Point 5 二ノ門の水堀・猿石
七曲り・黒門
一升坂
岩屋郭
Point 5 猿石
二ノ門の水堀
Point 4 国見櫓
三ノ門
矢場門
松ノ門
宇陀門
壺阪口郭
城代屋敷
千早門
三ノ丸
本丸虎口
吉野口郭
Point 1 壺阪口門
壺阪口中門
スタート
八幡口
Point 2 大手門
二ノ丸
太鼓櫓・新櫓
七つ井戸
小天守台
吉野口門
本丸
天守台
Point 3
八幡郭
壺阪寺

スタート

## 2ルートある登城道
## 壺阪寺経由がおすすめ

高取城への登城道は2ルートある。一つは城下から黒門や二ノ門経由で大手道を登るルートだが、本丸まで約5km、2時間程度の登山となる。もう一つは壺阪寺《つぼさかでら》（南法華寺）から八幡口へ向かうルートで、壺阪寺まではバスが走っており、そこから八幡口まで徒歩約2・5kmとなる。今回は、八幡口から登城を開始し、大手道から城下へと下るルートで城をめぐりたい。

なお、八幡口には数台の駐車スペースがあるが、桜や紅葉のシーズンは混み合うのでおすすめできない。八幡口までタクシーを利用してもよいだろう。

壺阪寺から舗装された県道を歩くと、史跡高取城跡の解説板が立つ八幡口に到着する。ここから高取城に登城する。先に八幡口の反対側の階段を上がり、八幡郭を訪ねてもよいだろう。八幡郭の小高い平場《ひらば》には、八幡太郎こと源義家《みなもとのよしいえ》を祀《まつ》った八幡神社が鎮座している。

**八幡郭の八幡神社**　八幡郭は独立した地形にあり、高取城の中でも中世山城の要素が感じられる曲輪である

Point 1

## 壺阪口門
### 三方をにらむ櫓台

八幡口をスタートして、高低差のある登城道を登ると、鬱蒼とした壺阪口門が現れる。数年前、災害復旧として県が登城道の改修を行ったおかげで歩きやすくなったが、石垣はかなりはらんでいるので注意が必要である。

登城道に対して正面の位置に櫓《やぐら》台《だい》がそびえ、櫓の直下を通って城門に至る構造となる。高取城では、枡形《ますがた》と城壁の組み合わせによる防御の工夫に目を向けたい。

壺阪口門を過ぎ、本来は登り坂だが史跡整備によって新調された木製階段を上がると壺阪口中門に着く。発掘調査の結果、中門の礎石と石組みの排水溝が検出された。門は西向きで、石材を加工した柱座を設けた礎石から、左側が両開き扉、右側が脇戸からなることがわかった。

門の下部には石組みの排水溝が設けられており、排水口は登城道の下部のすべてに設置されていたと考えられる。

壺阪口中門から通路を進むと、2m高い位置に城代屋敷と呼ばれる曲輪《くるわ》がある。東西35m、南北70

壺阪口門跡から櫓台を見る。櫓からは三方向を見張り攻撃することができた

**大手門**　幅8mを測る城内最大級の枡形虎口。登城道はすべて大手門前で合流し、ここから二ノ丸・本丸へと入ることになる

**歴史小咄**　高取城を石垣の城へと改修した本多利久。その子本多俊政は慶長5年（1600）、徳川家康の会津征伐に従軍。その隙に、挙兵した石田三成が高取城を攻めたが、城は持ちこたえ三成軍を退けた。関ヶ原の戦い後、俊政は大和高取藩主として所領を保障されている。

mと広く、本多氏や植村氏ら重臣の屋敷があったとされる。

## Point 2 大手門・二ノ丸
### 御殿が建つ城の中心地

城代屋敷から、城内で最大規模の虎口《こぐち》となる枡形の大手門を通ると二ノ丸となる。

二ノ丸は上段と下段に分かれ、その間を内枡形状の虎口と十三間多聞櫓《たもんやぐら》が仕切っていた。上段は東西65m、南北60mの規模で、城主が滞在した二ノ丸御殿が建っていた場所である。二ノ丸東側には南北に石垣が走り、かつては石垣上に二層二階の太鼓《たいこ》櫓《やぐら》と十五間多聞で連結された新櫓が建っていた。この石垣は1972年に積み替えられている。

二ノ丸の南側には七つ井戸方面に降りる坂道がある。以前は七つ井戸まで自家用車で行けたが、近年の豪雨により林道で崖崩れが発生し、通行止めになっている。七つ井戸へと降りる急峻な坂道から見上げると、新櫓や本丸の石垣に圧倒されるだろう。七つ井戸は現在埋められ見学は不可能だが、湧水が今も流れ出ている。

藩主の館である二ノ丸御殿が建っていた

**七つ井戸から見上げた高石垣**　石垣が何層にも積み上げられ、最上部に新櫓の櫓台が見える。七つ井戸に下る道は整備されているが滑りやすいので要注意

## Point 3 本丸・天守台
### 複雑な虎口にも注目

二ノ丸東側の曲輪に入ると、精巧に築かれた高さ12mもの本丸天守台がそびえる。城内の最高地に位置する本丸は三段からなる曲輪群で、高さ8mの高石垣によって囲まれている本丸の周囲を、本丸帯郭が取りつく構造となる。木々が茂っているので眺望は良くないが、奈良盆地や吉野山方面を垣間見ることができるだろう。

本丸の建造物は、北西隅に天守、南西隅に小天守、東端の石垣上に煙硝《えんしょう》櫓《やぐら》が建つ構成であった。天守は具《ぐ》足櫓《そくやぐら》などを連結した三層三階の連郭式天守であり、地下一階の穴蔵から木製の階段を使って上がっていた。天守台の東側は防御のため複雑に屈曲した枡形状の虎口があり、戦国時代末期の形態を残しているとされる。

本丸の高石垣をよく観察すると、石を割る際の矢穴《やあな》の痕跡が多

**太鼓櫓、十五間多聞、新櫓跡**　高石垣は本丸の前面に立ちはだかり、櫓群は本丸を防御する役割を果たした

東西16m、南北14mの三層天守が、明治20年（1887）まで建っていたとされる

く見られる。また、漆喰《しっくい》が塗られた石材もあり、これらは飛鳥《あすか》地域の古墳に見られる横穴式石室《せきしつ》や横口式石槨《せっかく》を破壊して、高取城の石垣に転用したと考えられている。

Point 4
## 国見櫓
### 瀬戸内海まで一望する

本丸から城代屋敷まで戻り、城代屋敷東側の通路を一段降りて本丸帯郭下の通路を東方向へ進んだ先が、南北１４０ｍもある吉野口郭になる。郭内には鬼門櫓や鍛冶部屋等が置かれ、一帯は侍屋敷となっていた。曲輪の南端の登城道に通じる吉野口門には堀切が設けられている。

城代屋敷まで戻って、大手道を北に進もう。すぐに現れる千早《ちはや》門跡には、楠木正成《くすのきまさしげ》が鎌倉幕府軍を退けた千早赤阪城から運ばれた門が置かれたとされる。虎口は大手門と同じ幅８ｍもある。さらに進むと外枡形状の宇陀《うだ》門跡となり、同じ大和国（奈良県）内の宇陀松山城から移された門が設置されて

**本丸虎口** 何度も折れ曲がり、城内で最も複雑な虎口となる

**松ノ門跡** 近年の豪雨によってダメージを受け、石垣の一部が崩落。臨時の養生がなされている

大和国一帯から京や大阪方面まで一望できる。豊臣秀吉のいる大坂城とコンタクトをとることができたかもしれない

いた。虎口を挟んで北側の石垣上に到着櫓、南側に宇陀櫓が建てられていた。

　宇陀門跡北の松ノ門跡からは幅8mもある大手道が続くが、大雨ごとに登城道が浸食され、石垣の崩落もあり危険であった。近年では金網による養生と模擬階段などによる復旧工事が実施されているが、注意が必要だ。さらに北に進むと、クランク状に折れた矢場門跡の虎口となる。

　矢場門の先で左折して平坦な道を100mほど行くと、突如眺望が開ける。ここが国見櫓跡だ。その名の通り大和平野を一望できる場所で、天候の良い時は大阪市内のビル群や明石大橋、北は京都タワーまで望むことができる。

## Point 5 二ノ門の水堀・猿石
### 猿石が置かれた理由とは？

西側に折れる大手道を進み、いくつか曲輪を過ぎると二ノ門跡に到着する。本丸から二ノ門までは600mの距離となる。二ノ門は高取城の数少ない現存遺構で、城下の子嶋寺《こじまでら》に移築されている。

　二ノ門の北側には、山城ではあり得ない水堀がある。東側に幅4mの堤を設けて雨水や湧き水を堰き止めている。

　二ノ門を過ぎた先の三叉路では、ユーモラスな猿石が出迎えてくれる。猿石は飛鳥時代、東アジア各地から訪れた人々をもてなした石造物とされる。周辺で発掘されたものをこの地に運び、城の庚《こう》申《しん》様として祀ったようだ。

　重荷を運ぶ人夫に米一升を与えたと伝わる急峻な一升坂や、防御のために幾重も折れる七曲がりを下り、黒門を経て城下へと至る。壺阪寺から城へと登り、城内を見て下山する全行程約9㎞のコースとなる。健脚向きだが、歩いて損のない見どころの多い山城といえよう。

東西60m、南北40mの水堀。飲み水としたのだろうか？

**猿石**　城下と明日香方面に下る道の分岐点に立つ。おもてなしの意味を持つと考えられ、韓国やインドネシアのバリ島で同様の石造物が報告されている

## 登城&観光 memo

### 大名墓所が残る宗泉寺

大手登城道の黒門と七曲りの間には、藩主・植村家の大名墓所が残る宗泉寺がある。このあたりは別所郭と呼ばれる大規模な曲輪だった。城下町のメインストリートであった土佐街道では、古い町屋や石畳の道が残されている。毎年11月23日にはたかとり城まつり、3月には町屋の雛めぐりなど様々なイベントが開催されている。

# 備中松山城

［びっちゅうまつやまじょう］

## 中世と近世、二つの時代の遺構を体感

岡山県（備中国）

ガイド人
乗岡実
（丸亀市教育委員会）

### 歴史と立地　毛利氏と三浦氏が領有を争った巨大城郭

備中松山城は、岡山県西部を流れる高梁《たかはし》川の中流部、標高487mの臥牛《がぎゅうざん》山一帯に広がる。全国最高所に天守が現存し石垣造りの近世山城として著名であるが、戦国時代から備中国の要となる城で、数々の攻防戦の舞台となった。

城史は鎌倉時代にさかのぼる。永禄4年（1561）に三村家親《みむらいえちか》が山陰の尼子《あまご》氏の城将を攻め落として居城としたが、天正3年（1575）、元親の代に毛利《もうり》氏に攻められて落城した。

近世城郭としての体裁が整うのは関ヶ原の戦い直後に備中代官として赴任した小堀正次《こぼりまさつぐ》とその子の政一《まさかず》（遠州《えんしゅう》）の頃からで、続いて備中松山藩主となった池田長幸《いけだながよし》、水谷勝隆《みずのやかつたか》・勝宗《かつむね》らが改修を重ねたとみられる。

| | |
|---|---|
| 所在地 | 岡山県高梁市内山下 |
| 築城 | 仁治元年（1240）［秋葉重信］ |
| 廃城 | 明治6年（1873）［廃城令による］ |
| 標高／比高 | 487m ／ 290m |

**電車** JR「備中高梁駅」から徒歩約40分で城見橋公園

**車** 岡山道「賀陽IC」から約30分で城見橋公園

**駐車場** 基本的には山麓の城見橋公園駐車場を利用。8合目にふいご峠駐車場があるが、土日祝日及び、年度末・年度はじめ、9～11月は利用不可。城見橋公園からふいご峠駐車場までシャトルバスが運行

**登城時間** 城見橋公園から本丸まで約50分

シャトルバスの詳細な運行日はHPを確認すること。ふいご峠駐車場にはトイレや自動販売機などがあるので、登城の最終準備をしておこう。

# 備中松山城縄張図

全体図 作図・提供＝村田修三

拡大図 提供＝高梁市教育委員会（『史跡備中松山城跡 保存管理計画策定報告書』より）

# 城下町マップ

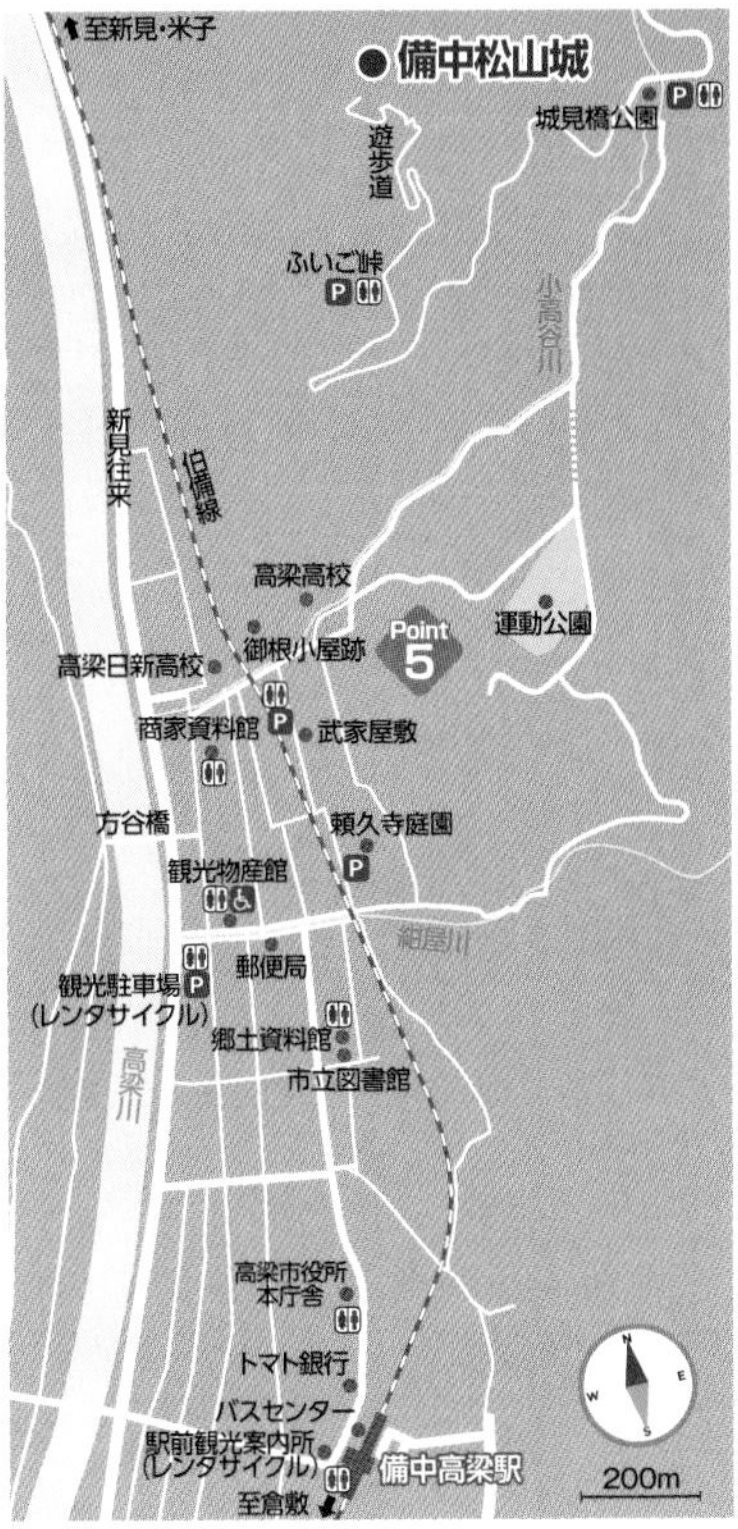


## 備中松山城ポイント＆ルート

登城難易度 ★★★★☆

- スタート 城見橋公園駐車場
- シャトルバス 約5分
- ふいご峠駐車場
- 約10分
- Point 1 下太鼓の丸・中太鼓の丸
- 約15分
- Point 2 大手門跡
- 約20分
- Point 3 本丸・天守
- 約15分
- Point 4 大松山城・大池
- 約30分
- ふいご峠駐車場
- シャトルバス 約5分
- 城見橋公園駐車場
- 約15分
- Point 5 御根小屋跡

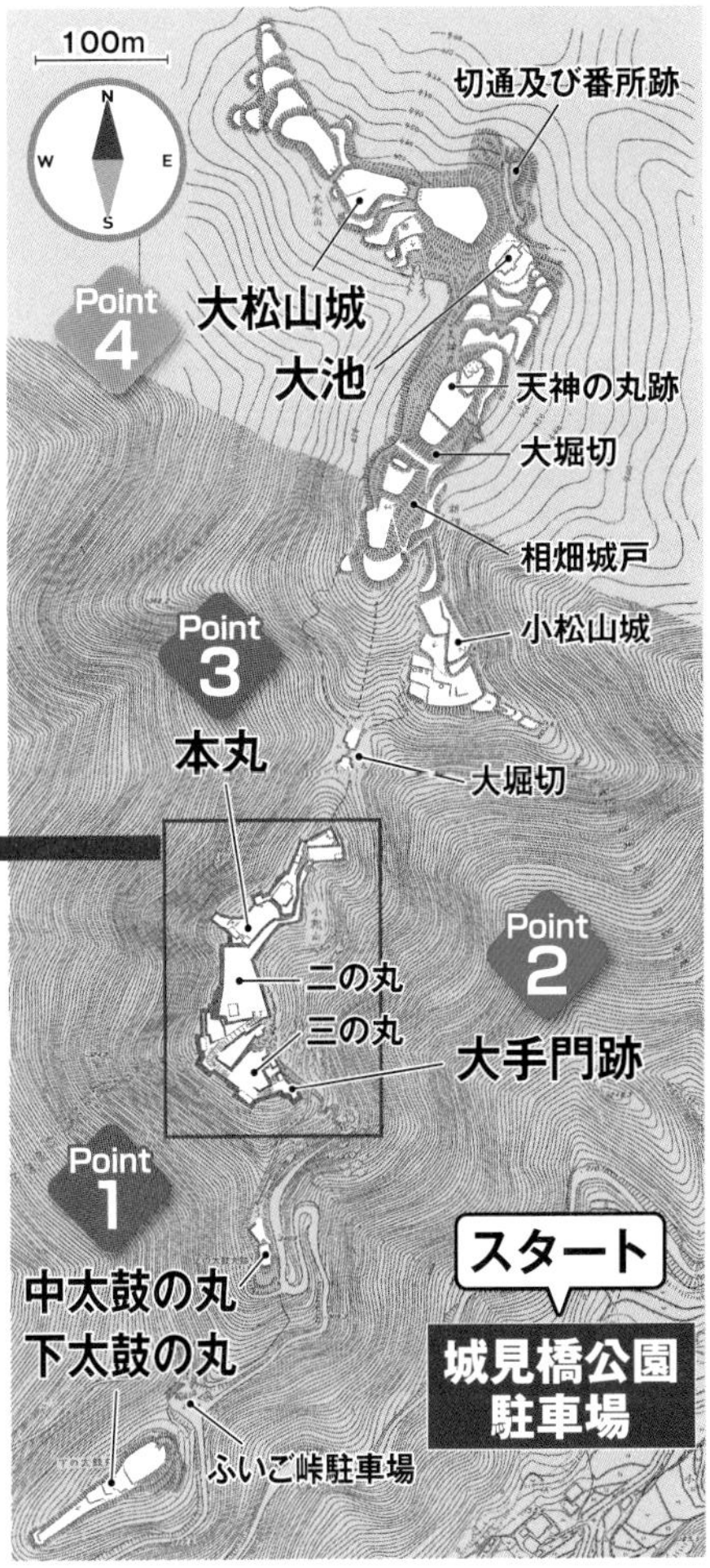

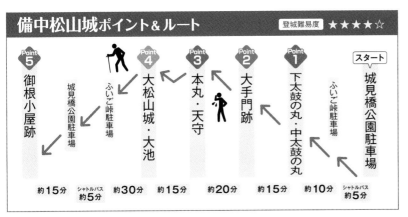

スタート

## 登城準備をしっかり整えて 巨大山城を探索しよう

松山城を歩く起点は、旧城下から小高下谷川に沿って東に入った城見橋公園である。ここから8合目の鞴《ふいご》峠までは、曲がりくねった急坂の舗装道を上る。終点には駐車場もあるが、土・日・祝の日中は自家用車の乗入れ禁止で、公園に車を止めてピストンバスに乗る。

鞴峠から、天守付近だけを見学し、峠に戻るなら、1時間半ぐらいでも見学は可能であるが、大松山城と呼ばれる中世山城部も含めて満喫するには半日以上は必用で、ハイキングとなる。

## Point 1 下太鼓の丸・中太鼓の丸

### 尾根筋を守る石垣の曲輪

まずは、峠のすぐ南西にある下太鼓の丸に上ってみよう。石垣造りの曲輪《くるわ》が四段ほど続き、主郭には櫓《やぐら》の基壇や貯水施設とみられる石組みがある。城門部脇の露岩を取り込んだ石垣も見逃せない。

峠の駐車場に戻って右手の舗装道を歩き、案内にしたがって遊歩道に入って尾根筋に出ると中太鼓の丸である。高さ約5mの割石《わりいし》積みの石垣をもつ櫓台があり、ここからは城下の眺めが抜群である。石垣の隅角《すみかど》を見ると角石長辺を一段ずつ左右に振り分けた算木積《さんぎづ》みとなっている。さらに上ると細長い曲輪となるが、その左右にも石垣が残る。

## Point 2 大手門跡

### 岩盤を取り込んだ重層石垣

岩場を迂回して遊歩道を登りつめると、大手門跡である。ここからが、近世松山城のメインとなる小松山の曲輪群である。門跡内の階段を登って振り返ってみよう。露岩と一体となった石垣が重層する姿が圧巻である。石垣は複雑に折れて、高低差も大きく鉄壁の軍備が施されていることが体感できる。通路の左手に沿う白壁の土塀は、近年の修理を経ているが重要文化財に指定されている実物である。戦国から遠ざかった江戸時代に補修が重ねられた結果か、狭間《さま》の視界が狭く、実践的ではない姿になり果てている。

さらに上って旧城下側への石垣が張り出す部分が三の平櫓跡、内側に広がる曲輪は三の丸で、その背後に石垣段が重なる姿も見逃せない。四の平櫓跡の手前で右に折れた箇所は急な階段となるが、その右側には土塀基礎の石組みがよく残る。左手に立ち上がるのが二の丸南辺の石垣である。その基部は近世城郭部分では最も古相の石垣で、丸みを持った自然石を用い、長辺を縦にとった立石をアクセントに組み込んでいる。東にまわり込むと、二の丸入口で櫓門の礎石

最前線の物見として戦国時代に造られたが、江戸時代に石造りへ改修された

**中太鼓の丸**　小松山城へ至る登城路を監視するため、近世に造られた櫓台

**三の丸の土塀**　現存する土塀の狭間の位置や構造は実戦向きではなく、平和な時代に改修されたものだと考えられている

**歴史小咄**　備中松山城は江戸時代に4度城主家が替わった。元禄期の城主・水谷家が断絶した際、家臣が改易に反対。城の受取りを担当する赤穂藩に抵抗する構えを見せた。この時、「赤穂義士」で有名な大石内蔵助が家臣たちを説得したという伝承が残る。

Point 2 折り重なる石垣

大手門内からは、重層する三の丸や二の丸の石垣という、近世城郭に改修された山城ならではの光景を見ることができるがよく残る。櫓門を入ってすぐの二の丸南端付近は天守以下の本丸建築群の絶好の撮影スポットである。

## Point 3 本丸・天守
### 日本最高所に建つ現存天守

本丸に進むには二の丸奥の石垣に沿って階段を上る。受付ではオリジナルグッズも販売している。入城券を買って南御門をくぐると、正面に天守の威容が目に飛び込んでくる。

本丸には、天守の他、櫓が3棟、門が三つ建つが、天守と二重櫓は現存建築、残りは復元である。六の平櫓では、屋根瓦や出土品の展示があり、ビデオも上映されている。天守は二重で、こぢんまりしているが、大きな唐破風《からはふ》が特徴的だ。西側の櫓台側部は入口廊下として下屋が設けてあり、西から見ると三重に見える仕掛けである。水谷勝宗が天和元年（1681）から3年かけて城を改修した時に建てられたものと伝わる。内部には柱や梁《はり》などの材木の組み、2階の神棚も注目されるが、板床にある石造りの囲炉裏《いろり》は珍しい遺構で必見。棟札や建築装飾など解体修理の成果に関わる展示もある。本丸の北側にまわり込むと二重櫓がある。岩山に石垣が築かれ、その上に櫓が載る姿は近世山城ならではの光景だ。内部は秋に特別公開される。

**囲炉裏**　天守1階には板石製の囲炉裏が設けられていた。籠城時の調理などを想定して造られたと考えられている

高さは11mと現存天守中最小。しかし、唐破風などの装飾により、他の天守に負けない風格を備えている

## Point 4 大松山城・大池
### 中世の遺構を探索しよう

さらに尾根筋を北にたどり、大松山を目指して歩こう。ここからは近世遺構と中世遺構が混合し、この城の特徴がよくわかる。まず、鞍部《あんぶ》まで下りると大きな堀切《ほりきり》がある。戦国期からの遺構とみられるが、両岸には高さ3mほどの石垣が積まれて近世山城への改修が行われている。復元された木橋を渡った左手にも石垣で画された張出しがある。

中腹の尾根平坦地一帯は相畑城《あいはたのき》戸《ど》と呼ばれる曲輪群である。周辺には井戸があり、近世・近代とみられる石積みも残っている。尾根筋まで上がると、せいろうが壇と

**大堀切の石垣**　堀切の両岸には高さ約3mほどの石垣が設けられ、木橋がかかっていた

呼ばれる土造りの曲輪があり、素掘りの堀切を経て登り詰めると天神の丸である。ここは臥牛山の山頂で、戦国期には重要な曲輪で、天神社があった。石積み基壇や礎石が残って史跡地としての整備も行われている。さらに北に進んで鞍部に下りると大池がある。近世の貯水池で珍しい遺構である。播《ばん》州《しゅう》赤穂《あこう》藩の大石《おおいし》内蔵助《くらのすけ》が監察した記録もある。割石を積んで護岸とし、長辺が30m近くもある。往時は屋根がかけられていたらしい。周囲の樹木が伐採され発掘調査を経て整備され、水を湛えた姿が美しい。大池から北西に登ると、ようやく大松山の曲輪群に到着である。種々見学しながらだと天守から1時間はゆうにかかる。戦国期の構造をよく留めた土段造りで、小規模な石積みや石組み井戸が点在する。足元に気を付けて、来た道を引き返し、山を降りよう。

なお、徒歩には向かないが、車で大池方面へアクセスするには、国道４８４号線から展望台を経て山道を北上する方法もある。終点の駐車場から大池まで徒歩約30分。冷え込んだ日の早朝、展望台から見る雲海に浮かぶ松山城は絶景で、一大ブームとなっている。

**大池**　大池では2018年に発掘調査が行われた。この調査では池の構造や規模が判明した

御根小屋の御殿や建物は明治6年（1873）の廃城令で解体されたが、御殿を囲む石垣は当時のものがよく残っている

## Point 5 御根小屋跡
### 高校に変貌した藩主居館跡

御《お》根《ね》小屋《ごや》跡は臥牛山南山麓にあり高梁高校の校地となっている。藩主の住居と政庁の御殿群があった場所で、敷地を画する高石垣が現存する。戦国が遠のいた平和な時代にあっては、天守をはじめとした山上の施設は権威の象徴となり、現役の城としての機能はこの場所に集約されていた。前面の小高下谷川は内堀としての役割を果たし、その南方には城下町が広がっていた。根小屋周辺や東側が武家地、西側の高梁川沿いが町人町である。東方の山裾には石垣造成された寺社が数多く点在する。

備中松山城跡は中世山城と近世山城を同時に満喫できることが大きな特徴で、山城・山麓御殿・城下町の立体的な構造が体感できる。

**紺屋川筋**　城下を流れる紺屋川はかつて城の外堀の役割を担っていた。周辺には藩校・有終館などがあり、町の歴史を感じられる

### 登城&観光 memo

**武家屋敷が残る城下を散策**

高梁市の中心市街地は松山城の城下町を踏襲している。石火矢町は土塀で区画された中級武家の屋敷街が残り、旧折井家と旧埴原家は内部が公開されている。本町は、商家の建物が数多く残り、池上邸は商家資料館となっている。紺屋川筋には蔵が美しい町屋街が残る。関ヶ原の戦い後に当地に赴任した小堀遠州が築庭したと伝わる国指定名勝の頼久寺庭園も見逃せない。高梁市歴史美術館では松山城に関する展示があり、パノラマ模型がある。

安土城の登場以降、城は政治の中心地として平地や台地に築かれるようになる。しかし、防御面などの理由から、中世の山城を改修して引き続き居城とする例もあった。石造りに変貌した城を訪れ、築城技術の変遷を感じてみよう。

## 山上に残る石垣を訪ねる

# 石造りの山城5選

一二三段の石垣と現存天守

香川県

石垣上にそびえる天守

## 丸亀城［まるがめじょう］

扇の勾配を描く三の丸の石垣

現存天守が残り、日本一の重層石垣を有する城。慶長2年（1597）に生駒親正《いこまちかまさ》・一正《かずまさ》父子が、西讃岐《さぬき》の抑えとして築城したが、本拠地に高松城（香川県）を構えていたため、一国一城令《いっこくいちじょうれい》によって廃城になった。しかしその後、山《やま》崎《ざき》家治《いえはる》が入封《にゅうほう》して再建され、安永6年（1777）に京極高和《きょうごくたかかず》によって完成した。

瀬戸内海を見下ろす高さ66mの亀山に、本丸・二の丸・三の丸の高石垣が重なり、見事な一二三段を形成している。一段でも20m近くあり、山麓から山頂までの石垣の高さは日本一の60m。天守は現存12天守の一つで、京極氏の時代に造営された三重三層の層塔型《そうとう》である。北側の大手にある堅固な枡形《ますがた》虎口《こぐち》や、上に行くほど垂直に反り立つ「扇の勾配」と呼ばれる高石垣も見どころだ。

2018年の台風と大雨で石垣が崩落。現在、修復工事が進められている。

崩落した石垣

**所在地** 香川県丸亀市一番丁
**電車** JR「丸亀駅」から徒歩約10分
**車** 高松自動車道「坂出IC」から約20分

栃木県

## 唐沢山城

［からさわやまじょう］

**名将たちを幾度も退けた堅城**

本丸の高石垣

関東七名城、関東一の山城と称される。平安末期に佐野《さの》氏が築き、山頂には始祖である藤原秀郷《ふじわらのひでさと》を祀《まつ》る。標高242mの急峻な山頂を本丸とする大規模な連郭《れんかく》式山城で、城内には織豊《しょくほう》期の改修で築かれた高石垣が残る。特に8mを超える本丸の高石垣は見事。

要害の地にあるため、幾度も小田原北条《ほうじょう》氏や上杉《うえすぎ》氏に攻められている。その後、徳川家康に佐野藩3万5千石を安堵《あんど》され、麓に佐野城（栃木県）を築城、唐沢山城は廃城となった。

**所在地** 栃木県佐野市富士町
**電車** 東武「田沼駅」から徒歩約40分
**車** 北関東自動車道「佐野田沼IC」から約10分

新潟県

## 村上城

［むらかみじょう］

**完成された切石積みの石垣**

出櫓の高石垣

標高135mの臥牛山《がぎゅうさん》に築かれた山城を、慶長3年（1598）に村上頼勝《むらかみよりかつ》が石垣造りの近世城郭に改修した。その後も堀直寄《ほりなおより》が惣構《そうがまえ》などを設け、松平直矩《まつだいらなおのり》が現在の縄張に改修を行う。その後、享保5年（1720）に内藤弌信《ないとうかずのぶ》が入封し、村上藩として幕末まで続いた。

江戸時代に築かれた切石積みの石垣が良好に残っている。特に出櫓《でやぐら》や本丸などの高石垣は必見。二の丸の四ツ御門の複雑な構造も見応えがある。

**所在地** 新潟県村上市二之町
**電車** JR「村上駅」から徒歩約25分
**車** 日本海東北自動車道「村上瀬波温泉IC」から約10分

島根県

## 津和野城

［つわのじょう］

**中世城郭を石造りに改修**

人質曲輪の石垣

鎌倉時代から吉見《よしみ》氏が14代にわたり居城。関ヶ原の戦いに坂崎直盛《さかざきなおもり》が入城し、総石垣造りの近世城郭に大改修した。城内の石垣が良好な状態で現存し、特に人質曲輪《くるわ》の高石垣は圧巻の迫力。最高所の三十間台からの眺望も必見だ。

直盛は大坂夏の陣で、徳川家康の孫・千姫《せんひめ》を妻にすることを条件に彼女を救出。しかし、約束を反故にされ、姫の強奪計画をたて切腹を命じられる。その後、津和野城は亀井《かめい》氏の居城になり、明治まで続いた。

**所在地** 島根県鹿足郡津和野町後田
**電車** JR「津和野駅」から徒歩約20分
**車** 中国自動車道「六日市IC」から約1時間

大分県

## 佐伯城

［さいきじょう］

**全国にも稀な石造りの堀切**

本丸と二の丸の間の堀切

関ヶ原の戦いの後、海部《あまべ》藩2万石を与えられた毛利高政《もうりたかまさ》が、慶長11年（1606）に新築した総石垣の近世城郭。石垣の山城はほとんど中世の城を改修して築かれるが、新築は大変珍しい。

縄張は安土城（滋賀県）築城にあたった近江《おうみ》の市田祐定《いちだすけさだ》、石垣は天正期姫路城（兵庫県）の石垣施工を指揮した播磨《はりま》の羽山勘左衛門《はやまかんざえもん》が行った。標高144mの八幡山山頂一帯に築かれ、山頂主郭部の石垣や、麓の三の丸の石垣と櫓《やぐら》が現存。全国でも珍しい石垣造りの堀切《ほりきり》が残る。

**所在地** 大分県佐伯市大手町
**電車** JR「佐伯駅」からバスで「大手前」下車、徒歩すぐ
**車** 大分自動車道「佐伯IC」から約10分

**【監修者】　小和田哲男（おわだ・てつお）**

昭和 19 年（1944）、静岡県生まれ。早稲田大学大学院文学研究科博士課程修了。静岡大学名誉教授、日本城郭協会理事長。日本中世史（特に戦国時代）を専門に研究しており、日本の城郭にも造詣が深い。NHK 大河ドラマ「秀吉」、「功名が辻」、「おんな城主 直虎」、「麒麟がくる」などの時代考証を務める。主な著書に『戦国の城』（学研新書、2007 年）、『名軍師ありて、名将あり』（NHK 出版、2013 年）、『戦国武将の生き方死にざま』（新人物文庫、2009 年）、『家訓で読む戦国 組織論から人生哲学まで』（NHK 出版、2017 年）、『明智光秀·秀満』（ミネルヴァ書房、2019 年）、『戦国武将の叡智』（中公新書、2020 年）など。

**【編者】　かみゆ歴史編集部（滝沢弘康、小関裕香子）**

歴史関連の書籍·雑誌·ウェブ·デジタル媒体の編集制作を行う。ジャンルは日本史全般から、世界史、美術史、宗教·神話、観光ガイドなど。城関連の主な制作物に『別冊歴史 REAL「名城歩き」徹底ガイド』（洋泉社、2016 年）、『よくわかる日本の城 日本城郭検定公式参考書』（学研プラス、2017 年）、『山城を歩く』（洋泉社、2018 年）、『決定版 日本の城』（新星出版社、2020 年）、『廃城をゆく』シリーズ（イカロス出版）など。

**【執筆者】**

今井晃（上越市教育委員会／春日山城）、大野康弘（若狭国吉城歴史資料館館長／国吉城）、加藤理文（日本城郭協会理事／山中城・高天神城・諏訪原城）、木場幸弘（高取町教育委員会／高取城）、島孝寿（鳥栖市教育委員会／勝尾城と支城群）、髙田徹（城郭史料研究会／岩村城）、中井均（滋賀県立大学教授／小谷城・観音寺城・玄蕃尾城・飯盛城）、中川京太郎（竹田城埋蔵文化財センター／竹田城）、中西義昌（北九州市立自然史・歴史博物館学芸員／岡城）、西股総生（城郭·戦国史研究家／杉山城·滝山城）、乗岡実（丸亀市教育委員会／備中松山城）、福島克彦（大山崎町歴史資料館館長／周山城）、舟木聡（安来市教育委員会／月山富田城）、細田隆博（鳥取市教育委員会／鳥取城と太閤ヶ平）、かみゆ歴史編集部（P10 ～ 20、50 ～ 51、82 ～ 83、116 ～ 117、146 ～ 147、174 ～ 175）、山本ミカ（P52、84、118、148）

**【装丁・デザイン・制作】**　株式会社ウエイド

**【画像協力】**　恵那市教育委員会、掛川市役所戸塚和美、恵林寺、小牧市教育委員会、滋賀県教育委員会、島田市博物館、上越市教育委員会、信玄公博物館、竹田市教育委員会、東京大学史料編纂所、鳥栖市教育委員会、中津川市観光課、本間智恵子（ちえぞー!城行こまい）、松野町教育委員会、丸亀市教育委員会、村上市教育委員会、米子市教育委員会

**隠《かく》れた名城《めいじょう》　日本《にほん》の山城《やまじろ》を歩《ある》く**

2020 年 6 月 15 日　第 1 版第 1 刷印刷
2020 年 6 月 25 日　第 1 版第 1 刷発行

監　修　小和田哲男
編　者　かみゆ歴史編集部
発行者　野澤伸平
発行所　株式会社山川出版社
〒101-0047　東京都千代田区内神田 1-13-13
電話　03(3293)8131（営業）
03(3293)1802（編集）
https://www.yamakawa.co.jp/

印刷　半七写真印刷工業株式会社
製本　株式会社ブロケード

 ISBN 978-4-634-15175-8